蒋传光 主编

个人信用分
平台企业大数据应用的法律规制

杨帆 著

上海人民出版社

总　　序

党的十一届三中全会以来，伴随着改革开放，我国社会主义现代化建设进入新时期。在党的领导下，我们走出了中国特色社会主义法治道路，坚持党的领导、人民当家作主、依法治国的有机统一，坚持依法治国和以德治国相结合，建设社会主义法治国家，形成中国特色社会主义法律体系等，取得了社会主义法治建设的一系列重大成就。

党的十八大以来，中国特色社会主义进入新时代，面对世界百年未有之大变局和国内改革发展稳定的艰巨任务，法治在治国理政中的功能和作用进一步凸显。基于这种认识，针对法治建设领域存在的问题，我们党坚持全面推进依法治国，推动我国社会主义法治建设取得历史性成就、发生历史性变革，"社会主义法治国家建设深入推进，全面依法治国总体格局基本形成，中国特色社会主义法治体系加快建设，司法体制改革取得重大进展，社会公平正义保障更为坚实，法治中国建设开创新局面"。①这些成就的取得，离不开成熟法学理论的引领和支撑。

这些事实也表明，在法治理论建设和实践探索的过程中，无论是中国特色社会主义法学理论体系的构建，还是全面依法治国实践的深化；无论是社会主义法治国家建设的顶层设计，还是操作层面的具

---

① 习近平:《高举中国特色社会主义伟大旗帜　为全面建设社会主义现代化国家而团结奋斗——在中国共产党第二十次全国代表大会上的报告(2022 年 10 月 16 日)》，人民出版社 2022 年版，第 9—10 页。

体法治;无论是良法善治理念的确立,还是以宪法为核心的中国特色社会主义法律体系的完善,这些目标的实现,是与深入的、系统的法学理论研究分不开的。"上海师大法学文库"的出版,就寄希望于能够为我国法治建设的理论和实践添砖加瓦,为我国法学研究的繁荣贡献绵薄力量。

上海师范大学法学学科经过建设和发展,在法学理论、法律史学、宪法与行政法学、民商法学、国际法学、诉讼法学等领域形成了自己的研究特色,产出了一批有一定影响力的学术成果。希望"上海师大法学文库"的出版,对进一步推动法学学科建设,促进学术研究和交流,提升学科内涵,扩大学术影响,培养学术新人等方面,能够起到促进作用。

蒋传光

目　　录

前　　言

　　信用是数字经济发展的关键条件。中国信用治理的立法与实践一直处于渐进过程之中。《社会信用体系建设规划纲要(2014—2020年)》首次提出积极推广网络环境中产生的各类信息在社会领域中的应用、交换与共享。三鹿奶粉、地沟油、徐玉玉案等一系列信用缺失的重大事件曝光后,国家发展改革委员会、中国人民银行、中共中央网络安全与信息化委员办公室等多部委联合发布指导意见,要求市场监管信息与电子商务平台掌握的信息汇聚整合,构建大数据监管模型。在中央财经委员会第八次会议上,习近平总书记指出要"建立健全以信用为基础的新型监管机制"。2020年底,中国人民银行副行长陈雨露谈及中国征信市场即将迎来黄金发展期。同日,朴道征信成为继百行征信以后的第二个市场化个人征信机构。2021年,中国人民银行颁布《征信业务管理办法》。2022年,《"十四五"数字经济发展规划》明确提出"推进政企联动、行业联动的信用共享共治"目标。可见,建设法治中国与发展数字经济的基本国策决定了中国正在迈向多元主体共治个人信用的新阶段。

　　个人信用分正是在这种历史背景下产生的。个人信用分以传

1

统银行业为发展起点,逐步扩展到互联网借贷活动。①随着信用评价算法的开发,私人组织开始运用各类数据预测个人的信用价值,在更多的微观经济活动中广泛地使用个人信用分。②纵观发展历史可以发现,个人信用分兼具公共物品与私人物品的双重属性,个人信用分的生产和应用是一项包含了不同动机与利益的复杂活动。个人信用分一定程度上可以评价主体的偿债能力与偿债意愿,能够作为金融监管机构识别与预测互联网金融风险的工具,故具有公共物品属性。平台企业生产与运用个人信用分,其目的不仅是盈利,而且试图将个人信用分作为自我治理的手段来替代政府监管。③不仅如此,个人信用分还因平台企业成为失信联合惩戒的执行对象,因而具备政府治理工具的深层内涵。针对个人信用分被赋予的多重使命,如何在信息公开与信息保护之间取得平衡,就成为学者关注的重点。

域外学者自 20 世纪 70 年代起对个人信用分展开研究。这方面的研究正随各国的个人信息保护立法而不断深入。当前,域外的个人信用分研究焦点主要在信用评价算法规制的必要性与可行性、个人信息处理规则、个人信息保护与反歧视领域,具体包括:个人信用分中的算法歧视问题④、算法治理问题⑤、算法自动评分的

① Aitken：*"All Data is Credit Data"：Constituting the Unbanked*. Competition and Change 21，274—300(2017).

② Bumacov，Ashta，Singh：*Credit Scoring：A Historic Recurrence in Microfinance*. Strategic Change 26，543—554(2017).

③ 胡凌：《超越代码:从赛博空间到物理世界的控制/生产机制》,载《华东政法大学学报》2018 年第 1 期。

④ Zarsky：*Understanding Discrimination in the Scored Society*. Washington Law Review 89，1375—1412(2014).

⑤ Campbell-Verduyn，Goguen，Porter：*Big Data and Algorithmic Governance：The Case of Financial Practices*. New Political Economy 22，219—236 (2017).

公平性与准确性⑥、个人信用评估的公平性等命题。⑦《支付服务指令》(Payment Services Directive，PSDII)生效后，欧盟地区原先建立在互惠原则基础上的信息共享安排已然成为一项法律义务。这更促使各国在发展消费信贷、保护个人信息与反歧视之间建立平衡，避免个人被简化为统计学客体，更深入地审视数字经济生产方式对传统征信制度的影响。⑧

　　信用的生产与信用治理机制的效果均根植于特定的社会政治经济文化背景。这决定了个人信用分的法律机制不能脱离本土实践，研究者必须注意到域外经验的局限性。域外研究中对该问题主要存在三类法律机制：以美国为代表的行业自律机制，以德国为代表的个案利益衡量机制，以及以欧盟为代表的金融监管机制。从实践效果来看，三类法律机制均难以解决个人信用分生产与应用中特有的多方利益失衡问题，对我国个人信用分法律规制研究的借鉴意义也相对有限。以德国为例，由于德意志联邦银行的全国信贷登记系统并不对外开放，SCHUFA 在征信活动中基本占据市场主导地位。SCHUFA 自 1997 年开始制作 SCHUFA 信用分，截至 2019 年已储存了 6 700 余万名自然人与超过 600 万家公司的近 9.5 亿条信息。⑨SCHUFA 的股东包括专业信贷机构、储蓄银行、私人银

---

⑥　Citron，Pasquale：*The Scored Society：Due Process for Automated Predictions*. Washington Law Review 89，1—33(2014).

⑦　Howells：*Data Protection，Confidentiality，Unfair Contract Terms，Consumer Protection and Credit Reference Agencies*. Journal of Business Law，343—359(1995).

⑧　Ferretti：*Re-thinking the Regulatory Environment of Credit Reporting：Could Legislation Stem Privacy and Discrimination Concerns?*. Journal of Financial Regulation and Compliance 14，254—272(2006).

⑨　沈忠浩：《综述：第三方征信机构有力支撑德国信用体系》，载 http://www.xinhuanet.com/2019-07/17/c_1124764909.htm，2021 年 1 月 18 日访问。

行、合作社银行和零售商。SCHUFA 还与 9 500 家信贷公司、信用卡公司、租赁公司、贸易公司、邮购公司、保险公司、电子商务公司、百货公司和债务催收公司等成为合作伙伴。股东与合作伙伴是 SCHUFA 信用分的主要信息提供者。基于互惠原则,SCHUFA 仅向信息提供者提供 SCHUFA 信用分。这种闭环式的信息交换行为将 SCHUFA 信用分限于个人消费生活与商事交易领域,较少出现个人信用分滥用问题。SCHUFA 作为独立的征信机构向真正参与交易的第三方提供信息支持,不依据 SCHUFA 信用分自行作出交易决策,从而也不存在与我国类似的平台企业法律性质模糊问题。

聚焦到我国,法学界对个人信用分的研究主要存在两种进路。一是算法规制进路。我国处于"评分社会"的初始阶段,评分机制与信息、数据、算法紧密结合,构成一种新型权力。[⑩]个人信用分是平台提供的基础服务,具有优化法律规则、弥补公共治理缺陷、强化市场优势地位的功能。[⑪]其规制核心应当是算法黑箱的透明化,在数据处理过程中强化平台责任与技术开发者的法律责任。[⑫]二是个人信息保护进路,即通过《民法典》《个人信息保护法》《消费者权益保护法》的适用实现各方利益平衡。研究者观察到信息与万物存在状态相对、信息技术是征信制度生产力前提的经验事实,提出以个人信息保护理论理解与捍卫个人信用的初步思路。[⑬]有观

---

⑩ 周辉:《变革与选择:私权力视角下的网络治理》,北京大学出版社 2016 年版,第 1—5 页。

⑪ 胡凌:《数字社会权力的来源:评分、算法与规范的再生产》,载《交大法学》2019 年第 1 期。

⑫ 张凌寒:《风险防范下算法的监管路径研究》,载《交大法学》2018 年第 4 期。

⑬ 参见章政、田侃主编:《中国信用发展报告(2019～2020)》,社会科学文献出版社 2020 年版,第 34—37 页;王鹏鹏:《论个人信用信息公开的私法规制》,载《北京理工大学学报(社会科学版)》2020 年第 3 期;刘晗、叶开儒:《平台视角中的社会信用治理及其法律规制》,载《法学论坛》2020 年第 2 期;张勇:《个人信用信息法益及刑法保护:以互联网征信为视角》,载《东方法学》2019 年第 1 期。

点认为《民法典》规定信息主体与信用评价机构之间的法律关系适用个人信息保护规定,即是对个人信用采取了权益保护的立法方案。⑭有观点则认为《民法典》与《个人信息保护法》事实上形成了"个人信息权"这一新型公法权利⑮,弥补了个人信用权益的私法保护局限。⑯还有观点认为应将个人信用纳入扩展了的消费者权益范畴。⑰

两种研究进路的背后是对于"个人信用治理规范体系应当如何设计"的复杂理论分歧。⑱这些理论分歧源于对数字信用与传统征信的基础关系缺乏统一认知,自然导向极具差异性的法律规制路径。理论上主要存在两种规制方式。一种规制方式是参照上海

---

⑭ 程啸:《论我国民法典中个人信息权益的性质》,载《政治与法律》2020 年第 8 期。

⑮ 周汉华:《个人信息保护的法律定位》,载《法商研究》2020 年第 3 期。

⑯ 吴旭莉:《大数据时代的个人信用信息保护——以个人征信制度的完善为契机》,载《厦门大学学报(哲学社会科学版)》2019 年第 1 期。

⑰ 参见王思锋:《网络销售中信用构建与消费者隐私权法律保护的国际经验考察》,载《消费经济》2011 年第 1 期;张守文:《消费者信息权的法律拓展与综合保护》,载《法学》2021 年第 12 期。

⑱ 长期以来,学界在信用权创设必要性与权利属性方面存在极大的争议。民法领域曾存在两次信用权利化思潮。第一次思潮是 2002 年《民法典》编纂工作第四次启动时,以王利明为代表的学者认为有必要参考台湾地区"民法典"之债编的补充规定,在商誉权、名誉权以外设立信用权,作为一种独立的商事人格权,围绕信用权侵害行为的性质、因果关系、损害赔偿等核心问题,在民法典中实现对信用权的体系结构安排。第二次思潮是近年《民法典》编纂工作再次引发民法体系与商法体系应否分立的争论。有学者提出信用权属于民事权利,应通过"信用权利—信用义务—失信责任"的制度逻辑,实现个人信用民法调整与个人征信体系的契合。有观点则认为信用权属于商事权利,需要构建涵盖信息征集、公示、评价、守信激励与失信惩戒的商事信用制度。亦有学者在对个人信用权益纠纷司法案例进行分析后,提出并无构建信用权的必要,应通过司法解释对名誉权、姓名权扩张适用来保护个人信用。参见胡大武:《侵害信用权民事责任研究》,西南政法大学 2008 年博士学位论文;尚国萍:《个人信用的民法调整研究》,中国政法大学 2018 年博士学位论文;赵旭东:《商事信用的界定与制度构成》,载《浙江工商大学学报》2019 年第 5 期;张继红:《个人信用权益保护的司法困境及其解决之道——以个人信用权益纠纷的司法案例(2009—2017)为研究对象》,载《法学论坛》2018 年第 3 期。

市的治理经验,从"假定、处理、制裁"三要素入手,将个人信用分纳入公共信用治理范畴。[19]另一种规制方式是将有关个人的信用评价全部整合在征信范畴中。这种法律规制以信用评价机构的组织性质作为划分标准,分为中国人民银行管理的信贷征信、地方政府管理的地方性征信和私人组织实施的市场化征信[20],强调在理论基础、主体构成、客体要素和主体权利责任方面采取不同的配置思路。[21]当前的规制实践采取了第二种规制方式,并不依据目的和权源对信用治理规范作分层建构,而是将个人信用分的生产者——平台企业集团中的某个子公司,由监管机构运用传统的"风险隔离墙"制度,直接对该子公司套用严格的市场准入制度与信贷征信监管模式,以此实现有效规制的目标。

个人信用分的法律规制是因大数据和人工智能技术发展而兴起的新问题,而个人信用治理则是各个国家从古至今都在不断探索的老问题。完全摒弃已经时间检验和社会广泛认可的信用治理机制,重新架构一套全新的信用治理机制,这并不现实,也难以符合立法的经济性考量。信用本质上是市场交易活动中的一种信息服务或产品。信用评价以实现交易活动为目的。交易活动是获得信用评价的前提。[22]在数字经济转型背景下,更有必要深入、系统地研究个人信用分的实践形态和价值功能,更加细致地对比数字信用与传统征信的行为机理及其潜在风险,进而在传统征信制度

---

⑲ 罗培新:《遏制公权与保护私益:社会信用立法论略》,载《政法论坛》2018年第6期。

⑳ 刘铭卿:《论电子商务信用法律机制之完善》,载《东方法学》2019年第2期。

㉑ 姚佳:《个人金融信用征信的法律规制》,社会科学文献出版社2012年版,第1—10页。

㉒ 姚佳:《征信的准公共性与大数据运用》,载《金融法苑》2018年第12期。

的基础上设计数字信用的法律规制方案。尤其是在中国语境中，在中央与地方大量出台社会信用体系建设文件、调动社会与市场力量参与个人信用治理既成事实的情况下，唯有对其中存在的个人信息权益失衡问题开展清醒的探讨并形成统一的认识，引入新的治理知识与问责机制，为技术发展预留充分的空间，同时也为个人信息权益合理分配提供清晰的指引，方能在保护个人信息权益、激励平台负责任参与数字信用共治和保障社会信用治理效能之间寻求必要的平衡。

基于此，本书从个人信用分的历史演进与当代实践出发，通过个人信息保护、算法规制和平台治理三种分析视角，对数字信用与传统征信在行为机理、理论基础和具体制度等层面进行比较研究，分析如下：

第一，信息处理是个人信用分的起始环节。考察发现：(1)现行个人征信制度难以契合该信息处理行为的技术特征，从而导致规制效用有限。(2)现行人格权制度难以有效地保护个人信息权益。(3)现行个人信息保护制度存在行为指引不足的局限。究其原因，信用概念的演化推动信用评价算法的发展，进而引发信用治理形式的革新。信用治理形式的革新为平台的信息处理行为提供正当性依据。而平台的信息处理行为看似中立与客观，其私人价值取向与其公共治理功能之间却存在冲突。应当通过情境完整性理论的应用来加强个人信息保护公私规范之间的衔接，形成与新型信息处理行为技术特征相契合的制度规范。

第二，信用评价算法应用是个人信用分的"技术标签"。当前的个人征信制度在信用评价算法应用及其风险规制方面的效用十分有限。有关人工智能技术承载物致害风险的法律制度也难以直接地回应信用评价算法应用风险，原因在于：(1)现行产品责任制度虽具有一定的合理性,却缺乏可操作性,故需要改进。(2)责任保险制度除面临费率认定等诸多问题外,还与我国的现实需求相悖,故不应适用。应当通过产品责任与算法规制的融通并行,规制信用评价算法应用,保护个人的知情、查询、异议、纠错权益和财产利益。产品责任制度着眼于填补被评价者的实际损失,信用评价算法规制着重保护被评价者的预期利益。产品责任制度应当在算法缺陷认定与举证责任承担两方面予以合理改造。信用评价算法规制需要以一定限度的算法透明为指导原则,以保护人的自主性为出发点,协调与跨越不同的规制安排。

第三,个人信用分的应用场景不断扩展,其滥用问题随之显现。实践中的滥用行为可归纳为个人虚构信用、平台排除或限制竞争、消费信贷诈骗和数字信用共治中的滥用四种类型,涉及个人信息权益、平台经济利益、网络交易秩序、社会信用和经济安全五类法益。然而,过度依赖司法途径不利于有效地保护被评价者的合法权益。原因在于,司法中的利益衡量方法乃是将涉案利益与公共利益对比,将平台与个人视为平等民事主体,以此为基础开展的利益衡量必然导致利益重要性天平的倾斜。本书提倡构建一种过程性规制方案,有机地整合事前许可、事中干预和事后监管三类规制措施。该规制方案由两部分组成:一是将符合条件的平台企业界定为数字市场的基础设施,并施加具有针对性的治理措施;二是在履行个人信息保护职责的部门、中国人民银行、市场监督管理部门和反垄断执法部门的合作下,充分推动第三方主体有效参与,构建面向新型征信市场的多元治理结构。

需要说明的是:第一,各国家地区对"个人信息"与"个人数据"的表达,建立在该国家或地区的社会文化与法律传统基础上。为便于引述文献,本书未对"个人信息"与"个人数据"进行明确区分。

在论及欧盟立法时,本书采用"个人数据",而在论及中国立法时,本书则采用"个人信息"。第二,本书也未区分信息的"处理者"与"控制者",而是遵循《个人信息保护法》的立法精神,在讨论中国法律机制优化时采用"处理者",在述及欧盟立法时采用"控制者"。第三,本书观察比较个人信用分与传统征信服务或产品,二者的评价对象均是自然人。为便于区分,下文以"被评价者"指称个人信用分的评价对象,以"被征信者"指称传统征信服务或产品的评价对象。

第一章
个人信用分的基础问题

第一节　个人信用分的溯源与演进

个人信用分是网络环境中评价个人信用的主要形式。个人信用分是指平台企业利用大数据和人工智能技术,将能够评判个人信用的各类数据按照某种测度进行排列组合,计算得到与个人履约特质相挂钩的概率值或等级。交易活动中,针对个人开展信用评价的行为在中西方皆早已有之。信用评价有利于准确地评估个人履约能力,降低交易风险。从历史发展角度看,信用评价经历了从人工到自动化的发展历程。个人信用分位于该发展历程的前端。传统上由独立于交易活动的信用评价机构生产的个人信用分,其价值与功能受到平台企业的重视,被应用于网络空间之中,演变为平台企业生产的个人信用分。

一、从信用评价到个人信用分

个人信用分以信用评价为发展起点。信用评价作为一种重要的交易风险控制措施,贯穿于消费信用的整个发展历程。首先,需要对消费信用稍加阐释,以明晰本书的研究背景。

消费信用指以刺激消费为目的,向消费者提供实物、货币、货币代用品等资金融通产品与服务的行为。㉓消费信用既依附于金融市场，又依附于商品市场，作为一个相对独立的市场形态还具有自身的运行特点与运行规律。一般认为，消费信用是商品经济发展到高级阶段的产物。㉔消费是社会再生产的最终环节，与生产之间存在正向的关联关系。强劲的消费能够刺激生产，促进社会发展。因此，消费信用被视为各国经济增长的关键驱动因素。最初，在19世纪的英国，俱乐部成员分期付款被认为是最初形态的消费信用。俱乐部成员基于获得一件商品的共同愿望达成合作，每个成员每周向俱乐部支付固定款项，当俱乐部筹集的款项足以购买该商品时，成员就以抽签方式决定由谁获得商品。这种分期付款活动一直持续到最后一名俱乐部成员也获得该商品方得终止。㉕20世纪20年代至20世纪后半期，个人消费需求大增。消费信用获得爆炸式增长，并逐步演化为无场景消费信用与场景消费信用两种类型。无场景消费信用指企业直接向个人提供固定价格的产品或服务。场景消费信用则将企业与个人置放于购买医疗服务、教育资源、小额生活用品等微观交易行为之中。㉖企业与个人之间基于具体交易活动而形成的合意内容也更为灵活。

消费信用领域，针对个体开展的信用评价在中西方早已有之。早期的消费活动发生在人与人互动的现实生活之中，个人信用评价也以口碑、名声或书面报告为主要表现形式。在19世纪后半期

㉓ 廖理、张金宝：《消费金融研究综述》，载《经济研究》2010年第1期。

㉔ 清华大学中国金融研究中心：《第二届中国消费金融研讨会综述》，载《经济研究》2011年第1期。

㉕ ［美］托马斯等：《信用评分及其应用》，王晓蕾等译，中国金融出版社2005年版，第3页。

㉖ 杨才勇等：《互联网消费金融：模式与实践》，中国工信出版集团、电子工业出版社2016年版，第92页。

至 20 世纪初期的中国,江浙地区的钱庄已设置了负责调查借款人信用的专职岗位——"跑街"。"跑街"承担实地走访调查的职能,其工作内容主要是调查借款人的财产殷实与否和营业发达与否,实时掌握借款人的债务履行情况,对钱庄借款活动给出支持或反对的专业意见。[27]"跑街"给出的专业意见即是当时的个人信用评价。个人信用评价在美国消费信用领域的应用,最早可追溯至1850 年一些商业报告公司出版的书籍。这些书籍以特定字母或数字展示个人的信用等级。[28]随着个人信用评价的使用者不断增多,后来又发展出原始的"付费人肉搜索"服务:使用者向评价者支付对价以了解交易对象的信用状况。评价者通过实地走访、社区花车欢迎仪式(Welcome Wagon)等方式打探交易对象的个人信息,或从报纸、公开报道中获得有关交易对象婚育、事故、逮捕、死亡、购物、政见、性取向等方面的各种传闻,最终形成有关交易对象个人状况的书面报告。[29]

至 20 世纪 30 年代,贷款风险量化评分制度初步形成,美国联邦经济研究局发现统计模型和专家系统均有助于辅助消费信用决策。[30]第二次世界大战后,美国的消费信用需求急剧增长,消费者的债务水平飙升。专门的咨询机构开始通过自动化决策与统计分类技术,快速判断消费者的信用情况,为邮购公司等市场主体提供营销对象筛选服务。现代的个人信用评价正是在此基础上借助以

---

[27] 孙建国:《信用的嬗变:上海中国征信所研究》,中国社会科学出版社 2007年版,第 80—83 页。

[28] Lauer,*Creditworthy:A History of Consumer Surveillance and Financial Identity in America*,New York:Columbia University Press,2017,p.6.

[29] 同前注 28,Lauer 书,p.57.

[30] 专家系统方法指智能计算机程序系统利用特定领域的大量专家所提供的知识与经验,进行反复匹配、推理、判断与验证,模拟人类决策过程,并将最终结论呈现给用户。

下两项条件发展起来的。

第一项条件是，计算机技术的发展应用将消费信用从真实世界推向网络世界，并促使个人信用评价的形式从人工升级为自动化。20 世纪 50 年代，大型计算机系统的投入运行使数据处理能力获得飞跃式进步。FICO 公司首次研发出个人信用评价统计模型。至 1968 年，个人信用评价已成为美国人经济身份的重要参数，受到大型财团、多数零售企业与占总数三分之一的银行使用。PreScore 公司首次将信息数据库与统计方法封装成信用评价模型。联邦住房抵押公司和联邦全国抵押协会对该模型的采纳，进一步扩展了个人信用评价在经济与社会领域的影响力。20 世纪80 年代后期，个人信用评价已在信用卡申请、住房抵押贷款、反洗钱、反欺诈、债务催收、税务检查、儿童抚养费支付、犯人假释、移民就业资格核查等活动中获得广泛应用。

第二项条件是，信用评价技术的演化提高了数据的经济价值。据统计，1998 年已有超过 85%的网站收集个人网络用户的邮箱地址、账户名称、电话号码等信息。网站鼓励个人网络用户提供更多信息以获取在线定制体验，实则将这些信息用于挖掘消费者的剩余价值。在线搜索记录、在线消费记录、网络社交媒体信息等"数字足迹"被持续地生产出来。在线性判别、逻辑回归、多元自适应回归、决策树模型、贝叶斯网络、马尔可夫模型等传统的统计学方法之外，人工神经网络、K 近邻判别、支持向量机等非统计学方法不断出现。㉛在多种信用评价技术组合运用下，经营者利用这些数据推测个人的未来行动就具备了可能。

随后，在未受法律规制与政府监管的情况下，一些全国性信用

㉛　余炫朴、李志强、段梅：《个人信用评分体系比较研究及其当代价值》，载《江西师范大学学报(哲学社会科学版)》2019 年第 4 期。

评价机构开始自发存储大量的个人信息,建立起庞大的个人信用监督系统。[32]《金融服务现代化法案》颁布后,消费者的个人信息因各类经济组织合并而获得快速的传播。信用评价机构获取信息更加便利,产品与服务也更加多样。信用评价机构开始在交易发生前,预先作出信用评价。[33]这时的信用评价机构虽然独立于交易活动,却已然转变为信用经纪人,为控制交易风险提供重要的保障措施。随着信用评价市场深入发展,又分化出仅评价信用的机构与仅研发统计模型的机构这两类市场主体。[34]在此基础上,平台企业开始使用个人信用分控制网络交易风险。个人信用分的发展过程可以归纳为以下两个阶段。

在第一阶段,平台企业通过控股、参股、协议合作等方式,与独立的信用评价机构建立合作关系,使用其所生产的个人信用分。比如脸书申请的信用贷款专利显示,当脸书个人用户申请贷款时,脸书的合作信用评价机构向合作借贷机构出示该个人用户的社交好友的信用分。合作借贷机构以此判断是否受理该个人用户的贷款申请。[35]又如

---

[32]　这引发了关于消费者个人信息保护的公共辩论,直接推动美国形成以《公平信用报告法》为核心的信用行业管理法律体系、以《隐私权法》为核心的个人信息保护法律、以《信息自由法》为核心的政府信息公开法律。三者共同构成美国的消费者个人信用保护法律体系,确立了个人信用评价行为的合法性边界:信用评价机构仅出于合法商业事由方能制作信用报告;政府经法院授权方可获取信用报告;必须披露个人信息的来源、性质、内容,个人信息删除期限,个人因信用报告导致的负面影响的救济方式,个人事先获得通知的权利,以及确立政府监督管理机关。参见李朝晖:《个人征信法律问题研究》,社会科学文献出版社 2008 年版,第 44—48 页。

[33]　同前注 28,Lauer 书,p.253。

[34]　National Consumer Law Center, Fair Credit Reporting §1.2.2(8th ed. 2013). In Hurley, Adebayo: *Credit Scoring in the Era of Big Data*. The Yale Journal of Law and Technology 18, 155—160(2017).

[35]　*Authorization and authentication based on an individual's social network* (2015-8-4),http://patft.uspto.gov/netacgi/nph-Parser? Sect1 = PTO1&Sect2 = HITOFF&d = PALL&p = 1&u = %2Fnetahtml%2FPTO%2Fsrchnum.htm&r = 1&f = G&l = 50&s1 = 9100400.PN.&OS = PN/9100400&RS = PN/9100400,accessed on 2020-12-24.

ZestFinance 公司开发了一套行之有效的信用评价模型后,京东与百度分别与该公司达成合作。ZestFinance 帮助京东从其购物平台收集的数万个数据点(Data Point)中识别和选择最具预测性的信用信号。㊱百度则将百度搜索、定位与支付功能产生的数据输入该信用评价模型,以提升百度金融对缺乏公共征信记录人群的信用风险控制能力。同样地,谷歌也早已通过投资信用评价机构 Credit Karma 的方式开展互联网借贷服务。㊲

在第二阶段,平台企业本身成为信用评价模型的开发者与信用评价的生产者,平台生产的个人信用分即为本书所研究的个人信用分,这种情况在我国尤为典型。㊳在网络环境中,大型平台企业获得与控制了海量数据。平台企业具有足够的技术能力,自行开发信用评价模型,挖掘数据中蕴含的个人行为模式与行为特征,捕捉个人历史行为与未来行为之间的关系。个人信用分日益嵌入以平台为中心的数字生产与数字生活之中。平台企业以自身声誉为个人信用分的准确性提供背书。平台企业与接入平台的商户均是个人信用分的使用者。个人信用分的重复使用能够促使其他市场主体对平台企业产生更强烈的依赖,作为风险联防共同体,共同

㊱ *Using ML to Launch a Credit Business in China*,https://zest.ai/pdf/case-study-jd-com-using-ml-to-launch-a-credit-business-in-china. pdf,accessed on 2020-12-25.

㊲ *Will Google bring good fortune to Credit Karma*?(2014-3-12),https://www.cbsnews.com/news/will-google-bring-good-fortune-to-credit-karma/,accessed on 2020-12-25.

㊳ 根据华盛顿邮报,Facebook 声称已于 2017 年开发了用户声誉评分系统 Actionable Insights,分值分布于 0—1 区间,以识别恶意行为者,打击虚假新闻,提高网站运营风险识别能力。但是基于商业秘密保护、隐私侵权风险等考虑,脸书对于该声誉评分系统运作方式的信息披露十分谨慎。参见 Dwoskin E.,*Facebook Is Rating the Trustworthiness of Its Users on A Scale from Zero to One*(2018-8-21),https://www. washingtonpost. com/technology/2018/08/21/facebook-is-rating-trustworthiness-its-users-scale-zero-one/,accessed on 2021-2-26.

跨越信息不对称的鸿沟。

我国的个人信用分随平台企业支付系统的搭建而获得快速发展。随着支付经营许可资质逐步向私人部门开放,在中央对手方构成的主流支付网络以外,平台企业建立起与日常生活紧密关联的小微支付网络。我国是全球最大的支付市场,稳定用户群体活跃比例达到69%。其中,支付宝拥有逾5亿月活跃用户,微信支付拥有逾9亿月活跃用户。二者合计占据中国支付市场比例的94%。[39]我国平台企业支付系统的蓬勃发展使得资金融通高度依赖互联网,银行业务的离柜交易率已超90%。[40]实践中,芝麻信用分、天猫淘气值、腾讯信用分、美团信任分、携程程信分、京东小白信用分、滴滴行为分等的分值高低,是个人网络用户能否获得互联网借贷额度的关键因素。在互联性日益增强的世界里,平台企业支付系统与个人信用分共同为消费信用发展提供了有力的支撑。

综上可见,我国的个人信用分有别于域外的商业实践。各类市场主体在背对背的网络交易中,对准确判断交易对手个人信用的需求更为急迫。个人信用分是平台经营者的价值取向、海量数据,以及信用评价算法共同作用的产物。[41]其源于平台企业自身的风险控制需求,以历史行为特征预测未来行动概率,并能够帮助其他使用者衡量个人网络用户的履约能力,在平台提供的各类网络交易场景中客观地做出交易决策。

---

[39] 乔恩·弗罗斯特、莱昂纳多·甘巴科尔塔、黄毅等:《大型科技公司来敲门:金融结构的消融》,载《金融市场研究》2019年第9期。

[40] 郭树清:《金融科技发展、挑战与监管——郭树清在2020年新加坡金融科技节上的演讲》,载http://www.cbirc.gov.cn/cn/view/pages/ItemDetail.html?docId=947694&itemId=915,2020年12月8日访问。

[41] [加]雷蒙·安德森:《信用评分工具:自动化信用管理的理论与实践》,李志勇译,中国金融出版社2017年版,第23页。

二、个人信用分的基本生产流程

平台企业将各类数据按照特定的排列组合输入信用评价算法,计算得到个人信用分。[42]信用评价算法由参数驱动,由程序员编程。其隐含着这样一种假设:存在某种测度可以将被评价者区分为信用良好、信用不良两种基本分布。在信用良好与信用不良的中间地带,还可以运用其他技术方法对被评价者的个人信用进行更加细致的区分。在从单一信用评价算法向集成信用评价算法的优化过程中,方法选择、样本处理、权重设置、变量取舍都取决于技术专家的主观判断。整体来看,个人信用分的生产是多种信用评价算法组合运用、信息与数据相互印证、主观判断与机器学习相结合的动态过程。个人信用分的生产可以划分为数据采集与筛选、算法开发与应用两个环节。

(一)数据的采集与筛选

首先,采集数据的渠道多种多样,既可从平台企业集团内部获取,也可从行政部门、公用企业、私人企业通过购买、合作、置换、技术输出等方式获取。[43]采集方式一般分为大数据技术工具自动采集与人工输入两种方式。大数据技术工具自动采集方法利弊兼具。通常情况下,大数据技术工具自动采集具有确定性与及时性的优势,理论上能够有效避免人工操作的失误。但是,信用评价算法可能被设计为"抛弃"标识符中出现的细微差异,从而在数据转换过程中出现"视而不见"的问题。这些问题难以逐一获得人工验证。例如,TransUnion 曾将两名女性 Judy Thomas 和 Judith

---

[42] 信用评价算法是由多种统计学方法、非参数方法、人工智能方法组合构成的决策模型与支持技术。同前注25,〔美〕托马斯等书,第2—5页。

[43] 关健:《芝麻信用建开放平台:"不担心坏人钻空子"》,载 http://tech.sina.com.cn/i/2015-02-09/doc-iczzmvun5960338.shtml,2021 年 2 月 27 日访问。

Upton 的个人信用档案混淆。二者的社会安全号码仅差一位数字。1996 年至 2002 年间,后者的坏账一直显示在前者的个人信用报告中,这使前者蒙受了极大的经济损失与精神损失。[44]在前者提起诉讼数年后,TransUnion 才对此予以纠正。

其次,个人信用分远远超过传统信用评价机构采集的数据维度。传统上看,FICO 模型主要使用个人付款历史、个人债务总额、个人信用记录时限、个人信用额度申请情况以及个人接受消费信贷产品服务五类信息。就个人信用分而言,平台企业收集与使用的数据类型通常与平台企业的主营业务密切相关。平台或接入平台的业务类型数量越多,平台使用的数据类型也就越多。平台企业在技术能力范围内掌握的一切数据均可用于个人信用分的生产。商业实践显示,个人的年龄、性别、收入、网页浏览习惯、心理测试结果、历史信用分、教育经历、通信消费、住所情况等数据均可能受到平台企业的使用。下面以芝麻信用分为例详细说明。

芝麻信用分所使用的信息主要来源于三个渠道。一是该平台企业集团成员提供的信息,如淘宝网提供的电子商务交易信息,支付宝提供的互联网支付信息,蚂蚁金融提供的互联网消费借贷信息。二是接入该平台技术架构的公共主体提供的信息,这些公共主体包括公安部门、市场监督管理部门、司法部门、税务部门、交通部门、电信公司、学籍、公用企业等。三是网络媒体、网约车、雇佣中介、其他平台企业、线下签署合作协议的超市与便利店等市场主体提供的信息。[45]上述信息被进一步归纳为五种类型:(1)身份信

---

[44] Neal R.,*Mistaken Identity in Credit Report*,CBS News(2002-6-31),https://www.cbsnews.com/news/mistaken-identity-in-credit-report/,accessed on 2021-2-25.

[45] 如新浪微博、滴滴打车、领英、美团、国美、百度、一号店等。阿里巴巴下设的蚂蚁金融通过与上述交易对方签署合作协议,构建起与个人日常生活密切相关的 O2O 支付渠道。

息包含姓名、身份证号、薪资范围、学历学籍信息、工作信息、网络转账信息、网络支付信息、资产管理信息。(2)履约信息主要指不动产、动产、金融产品、个人公积金支付信息。(3)信用记录信息指个人使用与偿还消费信用贷款的情况,以及是否进入司法机关失信被执行人名单。(4)社交信息包括通讯录、亲属关系、网络转账记录等。(5)行为偏好信息是核心优势资源,可以较全面地反映个人日常生活状态,包括个人在淘宝网中的浏览与消费信息,住所、手机号码及其更换频率,支付信息与公共事业缴费信息等。各类信息经筛选、清洗与加工,按照标准分值规则将被评价者标识为不同的风险等级,用于电子商务营销推介等目的。

最后,在数据筛选环节,信用评价算法的科学设计需要建立在对消费群体长期跟踪、调查、统计、分析的基础上。理论上看,信用评价算法所使用的数据样本规模越大,可利用的特征变量越多,其对个人信用的刻画也可能越精细。随着机器学习进程的不断推进,早期算法迭代中不被认为具有相关性的数据也可能被重新赋予新的意义。因此,经筛选并输入信用评价算法的数据将极大地影响个人信用分的高低。

(二)算法的开发与应用

信用评价算法的开发方法包含监督技术、无监督技术、半监督技术三种类型。[46]实践中,信用评价机构大多独立设计信用评价算法,封装为最终的统计模型。例如,Experian 采用 FICO 与 FICO II 模型,Equifax 使用 Beacon 模型,TransUnion 开发 Empirica 模型[47],

[46] World Bank Group, *Credit Scoring Approaches Guidelines* (2019), https://pubdocs.worldbank.org/en/935891585869698451/CREDIT-SCORING-APPROACHES-GUIDELINES-FINAL-WEB.pdf, accessed on 2021-4-30.

[47] Amplify Credit Union, *Understanding Credit Score Algorithms* (2017-12-8), https://www.goamplify.com/blog/improvecredit/understanding-credit-score-algorithms, accessed on 2021-2-25.

芝麻信用采用 DeepCredit 技术。[48]信用评价算法开发一般需要遵循以下三个主要步骤,具体包含指标设定、权重设计、重抽样与模型训练、"好客户—坏客户"临界点设定等若干环节。[49]

第一,定义信用程度(creditworthiness),指定评判信用程度的目标变量。技术开发者对信用作出定义,将信用程度划分为非常值得信赖、值得信赖、不太值得信赖、不值得信赖等多个层级。目标变量的筛选往往反映开发者的主观判断。

第二,将数据转化为机器可用的形式。信用评价算法无法直接分析描述性文字、视频或图片,需要通过人工标记提炼出机器可用的结构化维度,对图片展示内容加以描述,作出"美/丑""好/坏"等价值判断,手动分配细分标签等。例如,将个人阅读条款的时长信息视为"个人责任水平"的评判指标,将时长信息所对应的责任水平由低至高转化为 0—2 级序数。0 代表根本不关心,2 代表对细节一丝不苟。又如,将个人收入水平与该地区平均收入水平比对以评估个人虚报收入的可能性,根据个人"始终可被联系到的时间"来判断个人的"稳定性"。原始数据转化为机器可用形式后,开发者再使用信用评价算法进行处理,从多个转换数据中生成描述个人特定品质特征的独立决策集,从而将个人归入某种类别。[50]

第三,通过机器训练和特征选择完善统计模型。机器训练能够加速信用评价算法迭代,挖掘与信用程度最相关的因素,摒弃不

---

[48]　助力共享经济,芝麻信用背后的技术,载 https://developer.aliyun.com/article/713198,2021 年 2 月 27 日访问。

[49]　楼裕胜主编:《征信技术与实务》,中国金融出版社 2018 年版,第 82 页。

[50]　*U.S. Patent Application No.14/276632*(2014-5-13),http://appft.uspto.gov/netacgi/nph-Parser?Sect1＝PTO2&Sect2＝HITOFF&u＝%2Fnetahtml%2FPTO%2Fsearch-adv.html&r＝21&f＝G&l＝50&d＝PG01&p＝1&S1＝zestfinance&OS＝zestfinance&RS＝zestfinance,accessed on 2021-2-25.

相关的因素。在对初步筛选的因素进行分析、剔除、合并等规范化处理后，机器自动整合形成指标。每一指标均可反映被评价者的部分特征。随后，机器再引入自变量与因变量，分析自变量与因变量的关系，并决定每一指标的权重。在机器学习过程中，最具预测性的指标将被赋予更大的权重，并组合封装成最终的统计模型。

信用评价算法开发环节的核心问题是输入数据与输出结果的准确性问题。一方面，每一类数据都不足以单独判定个人的信用状况，存在准确性不足的风险。个人网络行为与现实生活行为可能存在较大偏差。平台使用数据样本的数量、维度不足可能导致误判。外部环境变化亦可能引发被评价者的个人行为脱离惯性。当信用评价算法输出结果与一般理性人的判断相异时，被评价者可能成为“统计学推论下的合理受害者”，人工调整与修正就变得极为重要。人工介入方式包括检验统计模型运行过程，重新设定变量、权重或“好客户—坏客户”临界点，变更公司政策，甚至开发新的信用评价算法。(51)在重抽样与模型训练环节，平台企业输入统计模型的数据常存在比例失衡情况。信用评价算法容易关注多数类数据的特征，忽略少数类数据的特征。(52)此外，人工介入也存在引入新偏见的可能性，需要通过重抽样促使样本达到平衡，尽量降低信用评价算法误判概率。另一方面，随着越来越多的数据被整合到信用评价算法训练的过程中，虚假关联的发生率亦可能升高。但是在“向均值回归”的统计规则影响下，反复观察与训练也有助于降低虚假关联程度，提高信用评价算法的准确性。

信用评价算法应用则是建立机器学习与人工干预基础上的自

(51) 同前注25，[美]托马斯等书，第182—186页。

(52) 李毅、姜天英等：《基于不平衡样本的互联网个人信用评估研究》，载《统计与信息论坛》2017年第2期。

动化决策行为。信用评价算法应用指在不同的统计模型中分别输入数据,将每一统计模型的输出结果按照设定的权重,计算输出个人信用分,并完成自动化决策。[53]例如,蚂蚁集团利用芝麻信用分实施"3—1—0"互联网借贷模式。个人用3分钟申请互联网贷款,贷款款项1秒钟到达个人支付宝账户,全程实现0人工干预。个人信用分能够缩减人工核查、信息录入、撰写报告等传统征信的必要工作流程,通过信用评价算法自动分析与输出分值,因此能够显著降低授信成本与提高授信效率。在信用评价算法应用过程中,开发者需要不断地维护、运营与调整算法,在确定评分计算的间隔时长、避免评分出现较大的波动、引入新的特征变量等方面持续地加以改进。

实践中,信用评价算法往往作为商业秘密受到严密保护。据报道,芝麻信用分开发团队有逾百名工作人员,仅核心成员了解算法系统内核。在支付宝"开放社区"网站,支付宝官方账号明确回复不对外披露芝麻信用分开发技术。[54]ZestFinance 在其信用评价算法的专利申请书中对所采用的变量进行了模糊化处理,只披露被评价者的最终得分是由模型组合产生的分数总和。至于何种变量最为重要、模型如何计算、计算结果是否准确等问题的答案,均难以确定。学者大多从外部视角观察信用评价算法应用的一般规律,倒推获得信用评价算法工作方式与潜在风险的知识。研究表明,芝麻信用管理有限公司倾向于对具有稳定密切合作关系、特定职业与工作单位性质、资产与收入水平较高、频繁使用支付宝开展支付结算、拥有长期小额信用消费习惯的个人授以较高的芝麻信用分。[55]

---

[53] 关伟、袁星煜:《商业信用征信》,中国金融出版社 2018 年版,第 155 页。

[54] 支付宝开放社区交流专区,载 https://forum.alipay.com/mini-app/post/2001017?ant_source = opendoc_recommend,2021 年 5 月 13 日访问。

[55] 张岩、王晖、李宛娴等:《互联网信用评分机制的潜在缺陷与改进思路——基于"芝麻信用"的调查研究》,载《金融监管研究》2017 年第 9 期。

综上所述,个人信用分的生产是通过信用评价算法分析海量数据的活动。个人信用分可用于欺诈信息验证、负面关注名单、违约风险识别、一人公司或小微企业法定代表人信用评估等多种新型用途。⑯个人信用分的生产与应用客观上产生了两方面效果。其一,数据越多,信用评价算法的准确性与预测性越高,信用评价算法的复杂程度相应越高。其二,信用评价算法的开发与完善不可避免地需要付出相当程度的"额头滴汗"努力,信用评价算法的商业价值与保护需求不断增强。

第二节　个人信用分的运用

个人信用分源于网络交易环境中控制信用风险的商业需求。平台企业塑造了个人信用赖以生发的开放式封闭网络空间,促使个人信用分成为平台交易控制力的关键要素。同时,个人信用分也因具备直面个体的强大管理功能,而被应用于更广阔的信用治理领域。

一、个人信用分在经济领域的运用

（一）平台在网络交易活动中的独特功能

现代意义上的平台是由代码、算法、规范⑰、数据四类核心要素构造的具备"基础服务"⑱功能的私人经济组织。代码提供技术

---

⑯　例如短期租赁活动中的逾期支付、超期租借行为,互联网借贷活动中的套现、洗钱行为,电子商务活动中的虚假交易、制假售假行为等。

⑰　规范主要由已制度化的平台规则及其他尚未制度化的各类商事惯例构成。

⑱　"基础服务"源于《个人信息保护法(草案二次审议稿)》中所称的"基础性互联网平台服务"。《个人信息保护法》第58条不再采用"基础性互联网平台服务",而是代之以"重要互联网平台服务"。当前法律未对"基础性互联网平台服务"或"重要互联网平台服务"加以界定。仅商务部办公厅在《关于开展第一批电子商务进农村综合示范绩效评价工作的通知》中将仓储配送、在线支付列为互联网平台能够提供的基础服务。后文结合平台的技术能力与当前的商业实践,梳理并列举了平台基础服务的基本内容。

支持,将因大数据技术发展而使成本得以降低的生产性资源纳入交易网络。在此过程中,大量数据不断涌现。算法通过分析数据和预测行为,来提高交易效率。零散的市场要素需要由各类规范尽可能地组织起来,形成稳定的生产活动,开展持续的价值交换。代码、数据、算法、规范四类要素共同构成了涵盖生产交易过程、具备基础服务功能的有机整体。只有同时具备四项要素的私人经济组织,才属于平台企业。平台企业并未采用传统的企业组织形式。[59]将构成平台的各项要素单独拆分出来不意味着将大平台拆分为小平台,而是可能产生平台经济形态难以存续的效果。

　　从技术上看,互联网可以划分为一系列层级。每一层级执行的功能不同,对应的辅助资源与输出产品亦不相同,此即"分层模型"[60]理论。依据该理论,平台赖以存在的网络环境建立在两大信息结构之上:由相互连接的物理硬件构成的物理信息结构,以及由支持数据包传输的网络通信协议构成的逻辑信息结构。二者共同

---

　　[59]　平台企业集团内部的股权结构设计要求采取不突破现行法律法规、组合各类法律关系来实现形式合法性。例如,阿里巴巴集团将子公司淘宝网按照消费群体差别,逐步拆分为淘宝、闲鱼、天猫商城、天猫超市、天猫国际等子公司或经营部门。无论股权如何组织与调整,各类产品/服务实际上采用的是同一套技术架构。企业集团投资控股的子公司,同样需要与这套技术架构链接方可实现商业价值最大化。而技术架构的有效运行必须依赖于能够反映实际控制人意志的公司治理。公开披露的蚂蚁科技集团股份有限公司招股说明书显示,实际控制人与他人合资成立有限公司,再以有限公司为主体向下投资设立有限合伙企业,作为上市公司的主要股东,此即通过公司制度隔离投资风险的商业策略。根据股权结构向上游追溯会发现,提供基础服务的各公司之上并不存在同一个控股公司,以此防止特定基础服务的运营风险向平台的其他部分传导。可见,平台不是传统上在生产与再生产关键环节具有明确边界的组织实体。只有从实际控制人角度入手,才能清晰地划定互联网平台的边界。因此,本书所称"互联网平台"均是指由代码、数据、算法、规范四类要素合成的技术架构,在涉及责任承担时也可理解为是技术意义上的、同一实际控制关系下的企业集团整体。

　　[60]　Farrell, Weiser: *Modularity, Vertical Integration, and Open Access Policies: Towards Convergence of Antitrust and Regulation in the Internet Age*. Harvard Journal of Law and Technology 17, 86—134(2003).

构成平台的基础层。平台经营者利用基础层向终端用户传输数据，这被称为内容层。基础层与内容层的衔接需要平台经营者或接入平台的应用程序提供商开发有助于终端用户使用的程序与函数。此即平台的应用层。[61]社交网络与社交产品塑造了终端用户之间的社会关系，构成了平台的社会资本，这是构建在内容层之上的社交层。[62]平台是上述多个层次叠加的信息技术产物[63]，具有独特的基础服务提供能力与数据控制功能。

　　一方面，平台提供的基础服务具有显著的垄断特征。基础服务是平台的关键竞争力。基础服务能够简化商业流程、降低交易与合规成本。从商业实践来看，基础服务至少包括支付结算、身份认证、数据分析与技术服务、物流、资金融通、行为管理与调控。[64]平台本质上是实现创新与提供服务的技术架构。无论其外在形态是硬件终端、软件系统、搜索引擎或是一个网站，平台均能围绕技术服务的内核，调动传统生产组织难以利用的闲置资源。日益增多的小微企业依附于平台提供的基础服务。平台的技术架构为网络行为规则有效实施提供了低成本的制度环境。[65]此外，小型平台与大型平台之间还存在着"依赖—控制"的股权投资关系。[66]大型

---

　　[61]　搜索引擎、网页浏览器、电子邮箱均可被视为应用层。

　　[62]　为强化网络连结功能、构造连续社交场景、深度锁定用户，以社交层功能为主的互联网平台往往也会内嵌搜索引擎等应用层功能。

　　[63]　Winn：*The Secession of the Successful：The Rise of Amazon as Private Global Consumer Protection Regulator*. Arizona Law Review 58，193—212(2016).

　　[64]　行为管理与调控既包括对进入网络空间个人的行为调控，也包括对平台自身的管理，具体而言可能同时或非同时涵盖平台规则、信用评价、在线纠纷解决机制、自设计保护隐私机制四方面内容。

　　[65]　戴昕、申欣旺：《规范如何"落地"——法律实施的未来与互联网平台治理的现实》，载《中国法律评论》2016年第4期。

　　[66]　谢富胜：《平台经济全球化的政治经济学分析》，载《中国社会科学》2019年第12期。

16

平台由此具备了从"生产—消费"延伸至更广阔领域的影响力与控制力。平台不排斥技术架构开放,也欢迎数据端口开放。⑥⑦平台通过开放来维持垄断地位。从这个意义上看,数字经济生产方式下的"开放"具有全新的内涵。

另一方面,平台同时具备加快数字资源流通与减缓数字资源流通的双重功能。双重功能强化了平台对数据要素的支配能力。平台利用基础服务经营许可,吸附了大量的数据。提高数据在平台内部的流动效率,能够加强生产资料自我转化的能力。降低数据向平台外部流动的效率,有助于削弱竞争对手的基础服务能力。数据本身具有非排他性。但是,数据市场的成本结构存在两项重要特征:高昂的沉没成本和趋近于零的边际成本。⑥⑧技术手段可以低成本地控制数据。这正是平台有别于传统经济组织实施竞争的关键要素。为了击退竞争对手利用技术手段实施的"搭便车"行为,平台势必采取多种方式加强对数据的控制力。⑥⑨

其中,平台常以技术输出方式构建利益共同体,将创新从分散转变为集中,通过统一的技术架构与技术规范施加控制力。⑦⓪这类竞争策略植根于技术引发的轴辐效应⑦①,间接地推动了数字经济朝着更为高效与封闭的"纵向一体化"模式发展。⑦②2020 年末,监管

---

⑥⑦　同前注 60,Farrell,Weiser 书,p.86—134。

⑥⑧　殷继国:《大数据市场反垄断规制的理论逻辑与基本路径》,载《政治与法律》2019 年第 10 期。

⑥⑨　例如,投入更多的技术来确保自身资源不受非法抓取,以具有排他效力的许可合同提高信息与数据的合法流动成本与违约成本。

⑦⓪　郭倩:《多类产品补贴腾讯产业互联网帮扶中小微企业数字转型》,载 http://www.jjckb.cn/2020-05/22/c_139077871.htm,2020 年 7 月 27 日访问。

⑦①　Ezrachi, Stucke, *Virtual Competition*:*The Promise and Perils of the Algorithm-driven Economy*,Massachusetts:Harvard University Press,2016,p.46—50.

⑦②　[英]阿里尔·扎拉奇、[美]莫里斯·E.斯图克:《算法的陷阱——超级平台、算法垄断与场景欺骗》,余潇译,中信出版集团 2018 年版,第 193—247 页。

部门首次对三起平台企业股权收购行为展现出加强审查的态度[73],但却未对平台输出技术的行为施加足够关注。截至2020年9月,阿里巴巴发起设立的"共享智能技术联盟"已吸收包括光大银行、众安保险、联想集团、联通、万达等近30名成员企业。[74]国家出于利用互联网取得新一轮竞争优势目的,为平台企业技术扩张提供了一定的空间,试图通过"轻触式"监管平衡新旧经济模式转换过程中的利益冲突。以降低国家干预程度促进平台企业发展的举措并不罕见。美国《通讯端正法案》第230条豁免平台的出版者责任与发行者责任[75],美国联邦存款保险公司允许大型企业开展互联网借贷业务等举措,均难以脱离此种考虑。然而,基础服务经营许可发放行为本身容易集中数字资源。平台的技术输出行为更是降低了数据流通的需求。从这个意义上看,数字经济生产方式下的"封闭"也具有了全新的意蕴。

综上所述,平台利用代码、算法、规范、数据四类要素优势,通过提供与垄断基础服务,创造了现代信用赖以生发的开放式封闭网络空间。平台内部或同一利益集团能够实现相对畅通的数据共享,创造更高的流通价值。平台外部或非同一利益集团之间则保持数据阻断的状态。这种兼具开放与封闭含义的网络空间,为个人信用分的发展提供了一个有机的复杂环境。

---

[73] 市场监管总局反垄断局主要负责人就阿里巴巴投资收购银泰商业、腾讯控股企业阅文收购新丽传媒、丰巢网络收购中邮智递三起未依法申报案件处罚情况答记者问,载 http://www.ipraction.gov.cn/article/gzdt/bmdt/202012/330516.html,2020年12月18日访问。

[74] 蚂蚁集团发起成立"共享智能技术联盟"促进安全数据协作,载 https://developer.aliyun.com/article/773604?spm=a2c6h.12873581.0.0.4ecb27f8D2uevD&groupCode=ant,2021年2月27日访问。

[75] 刘文杰:《从责任避风港到安全保障义务:网络服务提供者的中介人责任研究》,中国社会科学出版社2016年版,第26页。

（二）个人信用分的交易控制能力

互联网催生了一系列人为建构的、基于信用的网络组织，并不断接入松散的、基于数据交换关系的关联集群。"真实世界中的互联网治理来自成千上万的由互联网协议连接起来的网络运营商与服务提供者"。⑦各主体通过交流与博弈实现利益均衡，逐渐理解与接受了某些具有普遍约束力的惯例、规则与程序。原本松散的联合形式开始向着局部制度化乃至正式结构化转变，最终实现网络关系制度化。分析可见，个人信用分是维系平台网络关系制度化的重要工具。

一方面，个人信用分在个人与平台之间建立起信息关系。个人网络用户使用平台开展更多的交易与支付结算，就容易更快速地提升个人信用分和消费信用额度。平台通过合作协议方式，将支付渠道扩展至居住、出行、娱乐、教育、医疗等领域。这为个人信用分在互联网以外的真实世界发挥效用提供了渠道，促使个人信用分成为个人声誉在数字社会的主要延伸。

另一方面，个人信用分在平台与电子商务经营者之间建立起信赖关系。数字经济以交易主体"缺场"为显著特征，要求形成与之相适应的风险控制机制，解决信息不对称问题。⑦个人账户、个人信息、个人信用分共同构成的"微观权力结构"内嵌在平台的整个技术架构中，形成独特的"账户—信息—评分"机制。⑦平台利用"账户—信息—评分"创造的信息反馈与声誉制约系统，为市场主体提供了可控的交易环境，也为数字经济发展提供了必要的信用

⑦　[美]弥尔顿·L.穆勒：《网络与国家：互联网治理的全球政治学》，周程等译，上海交通大学出版社2015年版，第12页。

⑦　于风霞：《完善社会信用体系促进我国共享经济发展的思考与建议》，载《电子商务》2018年第8期。

⑦　胡凌：《论赛博空间的架构及其法律意蕴》，载《东方法学》2018年第3期。

保障。

由此,平台将个人信息与个人信用整合进入平台共同体的行为规则之中。个人信用分作为平台交易控制能力的关键要素,深嵌于网络交易的各个环节。[79]在从熟人社会向工业社会再向信息社会的转换过程中,交易双方的约束条件渐次减弱。但是,网络交易需要可控的环境条件。个人信用分正是为了克服上述障碍所设计的"端到端"机制,以实现与网络交易活动相匹配的,更为细密、精确、实时的信用管理目的。实践中,部分平台企业早已超越了《电子商务法》第9条界定的法律属性,能够通过个人信用分延伸平台意志,增强平台价值,获取经济利益。具体来看,个人信用分在经济领域一般存在以下两种应用方式。

第一种,个人为获取经济生活福祉与公共服务便利而使用个人信用分。在居住、出行、交通、旅游、教育、医疗、物流领域,个人信用分的应用十分普及。上海、杭州、苏州、合肥等地图书馆为高芝麻信用分值人群提供无需办理借阅证明、缴纳押金即可借阅书籍的服务。达到一定芝麻信用分值的个人可在浙江图书馆免费办理读者卡,获得免押金借阅文献,免费查阅中国知网、万方数据库、维普中文科技期刊等在线服务。[80]具有高芝麻信用分的驾校学员可以先学习驾驶后支付培训费。在医疗领域,阿里健康与上海、杭州、武汉、广州等地的部分公立医院合作,达到一定芝麻信用分值的个人可在消费信用额度范围内获得预先诊疗、延后付费的便利。此外,平台仅允许达到特定芝麻信用分值的个人购买蚂蚁保险"相

---

[79] 杨立新:《网络交易平台提供者民法地位之展开》,载《山东大学学报(哲学社会科学版)》2016年第1期。

[80] 解决居家防疫需求浙图打造无接触图书馆,载 http://zj.cnr.cn/zjyw/20200213/t20200213_524973195.shtml,2020年11月2日访问。

互宝"产品,并享有预约三甲医院专家号、手术安排加急、协助紧急住院等便利。通过阿里健康与相互宝等平台服务与产品,平台获取了包括患者挂号记录、诊疗记录、药品订单、体检报告、医保凭证在内的相关信息。这些信息又继续被应用于阿里健康运营的医美、口腔、疫苗、体检等多个在线医疗领域。

第二种,企业往往将个人信用分用于控制互联网借贷风险。互联网借贷机构面向大量缺乏公共征信记录的借款人。与商业银行、基金公司、证券公司这类大型正规金融机构相比,借款人具有微粒化、分散化、偿还能力低、信息透明度弱的显著特征。因此,互联网借贷机构的资金周转效率更低,信用违约风险更高。个人信用分就成为互联网借贷机构的重要决策因素,在辅助贷款活动中发挥着重要的作用。辅助贷款模式下,平台企业、金融机构、互联网借贷机构之间就借款人的信用情况实现"共享"。平台主要承担辅助贷款决策的功能,贷款机构则向平台支付相应的费用。[31]平台利用个人信用分筛选目标客户,为互联网借贷机构提供客户引流服务与信用风险控制服务。个人信用分较高则更易获得低利率、长周期的信用贷款,个人信用分较低则面临着更严苛的授信条件与较高的借贷利率。某些情况下,平台中具备贷款资质的金融机构也会联合平台以外的互联网借贷机构,按照一定比例共同向借款人发放贷款。[32]在 2021 年《关于进一步规范商业银行互联网贷款业务的通知》颁布以前,商业银行与金融科技公司联合贷款的国内市场规模曾经高达人民币 2 万亿元。其中,蚂蚁集团一度占据

㉛　朱太辉、龚谨、张夏明:《助贷业务的模式运作、潜在风险和监管演变研究》,载《金融监管研究》2019 年第 11 期。

㉜　中国人民大学中国普惠金融研究院:《助贷业务创新与监管研究报告》,载 http://www.cafi.org.cn/upload/file/20191012/1570861861752680.pdf,2020 年 11 月 2 日访问。

50%以上比例。[83]不难发现,个人信用分对于金融安全的意义
重大。

二、个人信用分在社会领域的运用

(一)平台参与社会信用治理的制度与技术条件

在我国,平台企业成为数字信用共治的重要行为主体。平台
协同治理既是数字信用共治的方法,也是数字信用共治的问题来
源。数字信用共治犹如便利的统一标签,涵盖了行政监管、私人自
治、行业自律、公众监督等多种行为模式。在万物互联的时代,数
字信用共治过程充满了多样化的利益主体与利益诉求,各种规制
力量呈现出复杂的关系。

1.制度条件

多元主体共同治理的理念贯穿于社会信用体系建设进程。
1996年,我国开始转为买方市场,消费信用获得快速发展。1999
年,社会信用制度建设启动。个人信用治理规范大量出现。[84]2004
年,十六届四中全会报告最早正式提出"社会协同、公众参与"的
治理理念。2011年,国务院《关于加强和创新社会管理的意见》
要求建立健全社会诚信制度,这成为社会信用体系建设目标的制
度保障。2014年《政府工作报告》明确要求实行多元主体共同治
理,再次巩固了数字信用共治的基调。《社会信用体系建设规划
纲要(2014—2020年)》是数字信用共治的最高级别规范文件。
根据该规划纲要以及国家发展改革委员会、国家商务委颁布的数
个指导意见,平台企业应当对个人网络用户采取信息统计、评价、

---

[83] 银行与金融科技公司联合放贷已达2万亿风险隐患几何,载http://data-base.caixin.com/2019-10-26/101475667.html,2020年11月2日访问。

[84] 李晓安:《我国社会信用法律体系结构缺陷及演进路径》,载《法学》2012年第3期。

记录等活动，并积极推广这类信息在社会各领域的应用、交换与共享。

2016 年，三鹿奶粉、地沟油、徐玉玉案件等一系列信用缺失重大事件曝光后，国家发展改革委员会、中国人民银行、中共中央网络安全与信息化委员办公室等多部委联合发布《关于全面加强电子商务领域诚信建设的指导意见》，要求市场监管公开信息与平台企业掌握信息汇聚整合，构建大数据监管模型。同年，国务院颁布《关于建立完善守信联合激励和失信联合惩戒制度加快推进社会诚信建设的指导意见》，再次重申应当充分运用社会协同方式，引导行业组织、信用服务机构、金融机构、商业销售机构等市场服务机构使用信用评价结果，依据法规采取约束与惩戒措施。根据上述文件，阿里巴巴、百度、腾讯、京东作为平台企业代表，与最高人民法院形成失信联合惩戒合作关系。[85]被纳入司法机关失信被执行人名单的个人，在平台中的行为受到限制。[86]不仅如此，进入失信联合惩戒合作关系的平台能够通过法院系统获取普通公众无法公开查询的信息，如被执行案件的履行情况与结案时间。[87]2019 年《关于促进平台经济规范健康发展的指导意见》再次强调，网络空间中的信用属于社会信用的重要部分，平台既应利用政府公开信息提升网络空间的信用治理水平，也应以其掌握的数据补充社会信用体系，加强对失信主体的约束及惩戒。

---

[85] 失信联合惩戒围绕着失信被执行人黑名单展开，在行政性约束措施与司法性约束措施的基础上，灵活吸纳市场性约束、行业性约束、社会性约束多重力量，例如限制消费、强制停产整顿、鼓励举报失信行为等。其机理在于通过"成本—收益"方法，使失信主体因失信行为而受到的损失远大于从失信行为中获取的利益。

[86] 李文杰：《44 部门签署备忘录联合惩戒失信被执行人》，载 https://www.chinacourt.org/article/detail/2016/01/id/1797471，2020 年 11 月 2 日访问。

[87] 参见(2018)浙 0192 民初 302 号民事判决书。

上述规范共同推动了个人信息跨行业、跨政企流通，为平台基于公共利益目的处理个人信息提供了制度条件，也进一步扩展了个人信用分能够使用的数据类型。

2. 技术条件

在社会信用建设实践中，政府部门依赖大型平台提供的技术支持。平台为数字信用共治提供了底层技术架构。在集中式服务场景、平台规模效应、牌照许可管理制度的共同作用下，大型平台建构起庞大的个人信息库。这是平台开展数字信用共治的基础资源。以腾讯、阿里巴巴为代表的大型平台依托自身的技术系统，成为电子政务的交互接口与基础平台。[⑧]个人如需获得电子政务服务，则不可避免地需要同意平台收集其财产收入、纳税金额、公积金等信息。平台利用技术优势构建起"政府—企业—个人"信息流通链条。平台企业的市场优势地位进一步获得巩固。

由此可见，平台的价值功能超越了传统的商事组织边界。平台兼具宏观风险预防与微观治理作用，是公共治理的延伸场域。其既带有宏观表征，也包含微观维度，具有特殊的结构与价值功能。平台具有治理个人信用以控制交易风险的内在驱动力，也因其具有相对于政府部门的技术优势，而在数字信用共治中日益成为核心环节。

（二）个人信用分是社会信用的重要组成

汉语中的"信"是一个高度凝练与复合面向的词汇，涵盖"诚实""守信""相信""信赖""信仰"等多重语义。我国法律制度中的"信用"也相应地包含诚信、信任、延时交付、资金借贷、公正执法等多重内涵。社会信用概念的统合下，存在着多位阶的制度规范，分

[⑧] 张建锋：《数字政府2.0：数据智能助力治理现代化》，中信出版社2019年版，第75—92页。

别指向信用的不同维度。比如,原《合同法》规定了平等主体之间诚实行权履约的行为准则,实则指向信用的道德维度与经济维度;《征信业管理条例》将企业与个人的借款、履约、税费、行政处罚、司法判决信息与公用事业缴费信息等作为信用的评判对象,实则指向信用的经济维度;而《企业信用信息公示暂行条例》则将企业生产经营活动中形成的、反映企业财产与运营状况的信息作为信用的评判对象,实则指向市场主体职业伦理这一特定道德维度。一切类型的信息均可反映个体信用的某个侧面。这为个人信用分被纳入社会信用治理体系提供了历史文化语境与价值观念基础。

根据现行制度规范,个人信用分能够使用的信息类型十分广泛。根据《信用基本术语》(GB/T22117-2018)及《信用信息分类与编码规范》(GB/T37914-2019),信用指个人或组织履行承诺的意愿及能力,信用信息是个人或组织在社会领域与经济领域产生的与信用有关的记录,以及与评价其信用价值相关的各类信息,包括但不限于基础登记类信息、公共信用类信息、运营及财务类信息、金融信贷信息、社会评价信息。《信用信息分类与编码规范》更是在附则中列举了信用信息的具体类型,并通过"其他类"表述作出兜底规定。因此从平台视角来看,网络环境中能够体现个人在社会活动与经济活动中履行承诺的意愿、能力与价值的各类数据均可用于生产个人信用分,无论该数据是个人信息还是传统意义上由机器自动生成的"数字足迹"[89]。

不仅如此,失信联合惩戒制度也激励平台企业尽量广泛地处

---

[89] World Bank Group, Financial Consumer Protection and New Forms of Data Processing Beyond Credit Reporting(2018-11),http://documents.worldbank.org/curated/en/677281542207403561/pdf/132035-WP-FCP-New-Forms-of-Data-Processing.pdf,accessed on 2020-11-2.

理数据与更多地生产信用分。在失信联合惩戒实践中,平台利用个人信用分对被评价者采取提醒告诫、声誉不利、资格剥夺与自由限制等行为。《关于建立完善守信联合激励和失信联合惩戒制度加快推进社会诚信建设的指导意见》并未对失信行为加以界定,而是提出严格依照法律、法规与政策的规定,科学界定失信行为与守信行为的要求。有观点认为,这实际上是将如何界定失信行为的任务交由规范制定者。平台在其合法经营的范围内,对何种行为构成失信、采取何种措施惩戒失信实则具有较大的自主决定空间。[90]平台处理信息的边界即是其自主决定空间的边界。

根据《人民日报》报道,2015 年 7 月起,最高人民法院与芝麻信用管理有限公司通过专线共享失信被执行人信息。芝麻信用管理有限公司对失信被执行人进行芝麻信用分降分处理,在平台运营的网络空间中或者平台与外部第三方合作的小额借贷、酒店、租房、租车等网络消费场景中,限制失信被执行人的贷款、购置资产、旅游、出行、住宿、租赁、大额消费等线上与线下个人行为。[91]仅2015 年 7 月至 2016 年 9 月期间,芝麻信用已累计限制超过 52 万名失信被执行人。[92]失信联合惩戒机制对失信被执行人带来了强烈的影响。有报道称失信被执行人尤为关注个人信用分,失信被执行人的芝麻信用分查询率较其他群体高 12 倍,甚至催生了雇佣职业评价师"刷高"芝麻信用分、未经信息主体同意即交易支付宝

---

[90] 沈岿:《社会信用体系建设的法治之道》,载《中国法学》2019 年第 5 期。

[91] 徐隽:《最高法首次联手芝麻信用共享被执行人信息——"老赖"不还钱法院出重拳》,载 https://www.chinacourt.org/article/detail/2016/01/id/1779861.shtml,2020 年 12 月 29 日访问。

[92] 李万祥:《全方位惩戒让"老赖"寸步难行》,载《经济日报》2016 年 10 月 4 日,第 7 版。

芝麻信用分查询账号等"炒信"③行为。在多个政府部门的协调下,阿里巴巴、腾讯、京东、58同城、顺丰、滴滴等八家公司签署《反"炒信"信息共享协议书》,监测、报送与共享"炒信"名单,对行为人实行标注风险、扣除信用分值、降低信用等级、行为限制等惩戒手段。④同年,仅阿里巴巴就通过技术手段发现179个信用炒作网站和5 060个利用社交软件从事信用炒作的群体。

个人信用分还被应用于网络内容管理领域。比如,新浪微博制定了《微博信用规则》,实施用户信用积分制。当用户违反《微博社区公约》等规则受到举报时,新浪微博判断违规行为属实,则对用户予以扣分。用户低于60分时,其新浪微博首页显示"低信用"字样,用户在微博空间中的行为受到限制。《微博2020年4月社区管理工作公告》⑤显示,当月即对2.5万个发布时政有害信息账号、76万个发布涉黄信息账号、50个发布不实信息账号、3.6万个发布垃圾信息账号采取了禁止评论、限制访问、关闭账号等措施。

综上所述,平台企业建立起消费信用、民生、社交、公共服务等诸多场景。平台横向触达的经济领域越广,个人信用分传递的范围越大,失信被执行人的失信成本越高。个人信用分能够动态、灵活地反映交易风险,客观上确实有利于社会信用治理能力的改善与提升。通过平台的实施行为,个人信用分的运用范围从经济领

③ 根据《关于对电子商务及分享经济领域炒信行为相关失信主体实施联合惩戒的行动计划》,"炒信"指在电子商务领域与分享经济领域,以虚构交易与好评、删除不利评价等形式,为己或为他提升信用水平,包括虚假评价、恶意注册、刷单、泄露倒卖个人信息、合谋寄送空裹包裹等组织、参与或协助行为。

④ 刘梦雨:《反"炒信"联盟让网络评价回归本真》,载《中国改革报》2017年3月14日,第10版。

⑤ 微博2020年4月社区管理工作公告,载 https://weibo.com/ttarticle/p/show?id=2309404505866681319687,2021年1月13日访问。

域扩展到社会领域,其直面个体的信用治理功能获得放大,成为社会信用体系建设中的重要信息工具。

第三节　个人信用分的属性

个人信用分具有征信的本质属性。个人信用分与其他领域的个人信用评价虽然在功能上关联,却存在明显的差异。个人信用分是大数据应用的产物,而大数据应用则深刻地改变了传统征信的诸多方面。

一、个人信用分具有个人征信的本质属性

传统上,个人征信指由专门的征信机构将交易对象分散在各个领域的信用材料汇集起来,形成有关交易对象的信息集合、记录和评价,为交易对手系统了解交易对象的信用状况提供服务。根据德国加氏经济辞典(Gabler's Wirtschaftslexikon),个人征信是信用咨询从业者收集自然人信用的有关信息,加以整理、分析、存档,作出主观评价,并将该评价结果提供于客户的活动。[96]在台湾地区"中华征信所"出版的《征信典范》中,狭义的个人征信意为调查、验证他人信用,广义的个人征信还包括询问他人对己的信用。[97]个人征信在市场交易活动中具有促进信息流通、预警交易风险的效果。[98]从价值功能与规范目的两个层面考察,个人信用分虽由平台企业生产,但是具有征信的本质属性。

(一)与个人征信的价值功能一致

个人征信的基本功能是通过个人信用的传递,降低信息不对

---

[96]　陈重任:《奥地利征信机构营运概况》,财团法人金融联合征信中心 1995 年版,第 4 页。转引自张鹏:《个人信用信息的收集、利用和保护:论我国个人征信体系法律制度的建立和完善》,中国政法大学出版社 2012 年版,第 26 页。

[97]　李凌燕:《消费信用法律制度研究》,法律出版社 1999 年版,第 224 页。

[98]　李曙光:《中国征信体系框架与发展模式》,科学出版社 2006 年版,第 11 页。

称带来的交易风险,约束市场主体的交易行为。个人信用分具有揭示风险的基本功能,能够加强风险与价格之间的紧密关系,遵循由市场决定资源配置的基本规律。分析发现,个人信用分与个人征信具有相同的价值功能。

1. 缓解信息不对称的价值

信息不对称是指,在市场活动中交易双方掌握的信息并不均衡,掌握信息比较充足的一方通常具有信息优势地位,掌握信息相对较少的一方则处于相对不利的地位。由于信息不对称情况的存在,价格并非解决冲突的最有效安排。[99]经济活动中的交互行为与博弈行为就成为重要的参考因素。当信息传递及时和充分时,即便交易双方仅发生一次性交易,该一次性交易结果仍会被交易各方的潜在交易对象视为重要的参考因素。此时,一次博弈的结果无异于重复博弈的结果,履约即成为最优策略。而当信息传递滞后时,上一次交易的结果不能被及时地观察到,从而影响下一次交易的选择。此时,履约的收益不一定高于不履约的收益,因此会带来逆向选择与道德风险问题,大大提高交易成本。[100]可见,信息不对称对个人信用的确立具有极大的影响。

为降低信息不对称带来的损失,需要尽可能多地收集信息。信息收集的成本属于沉没成本。征信则是降低信息收集成本的重要手段。为促进征信有序化运行,政府往往采取特殊经营许可管理制度、产品与服务标准化、信息互惠共享等制度来管理征信活动。[101]由于政府的参与,征信机构掌握的信息较为丰富、全面与客

---

[99] 张维迎:《博弈论与信息经济学》,上海三联书店1996年版,第3页。

[100] 白云:《个人征信体系的法经济学基础》,载《法学论坛》2013年第2期。

[101] 中国人民银行征信管理局:《现代征信学》,中国金融出版社2015年版,第278—296页。

观。大部分交易主体都能通过一定的途径实现信息共享。征信机构还通过信用记录与不良信息披露的方式,监督与约束经济组织和经济活动。因此,个人征信能够在很大程度上抵消信息不对称带来的影响。

同样地,平台中的交易各方在时间与空间两个维度均存在隔绝情况。为了保障平台经济形态的健康发展,必须将交易方的信用情况及时地向潜在交易对象发布。一般而言,平台常被视为网络交易空间的提供者,独立于交易各方。个人信用分就成为网络交易环境中成本相对低廉的信息公开机制。平台在汇集与处理信息方面存在着天然的技术优势。个人信用分能够反复提供给多个交易主体。利用个人信用分了解交易对方的信用状况,可以有效地避免与风险较大、声誉不佳的个人缔结交易,避免因判断错误而丧失可得利益。

2.维护经济活动秩序的功能

个人征信具有维护市场交易秩序、促进经济整体运行的功能。个人征信除为经济活动提供决策支持以外,还通过公布不良信息的方式给予违约的被征信者以相应的失信惩罚,为日后的经济活动提供警示。个人征信亦能对社会资源的配置产生积极影响,为资金的合理流向提供决策依据。可见,个人征信为经济活动提供良好的社会环境,具有促进经济发展的积极作用。

个人信用分的功能则更多地体现在维护网络市场交易秩序方面。个人信用分能够迅速营造价值认同与共情连结,准确地把握个体偏好,发动个人网络用户与利益相关者采取一致行动[102],通过

---

[102] 张欣:《数字经济时代公共话语格局变迁的新图景——平台驱动型参与的兴起、特征与机制》,载《中国法律评论》2018年第2期。

"游击式扩张"策略达到"大而不能禁"[103]的效果。在平台共同体一致行动中,个人信用分有利于平台规则的闭环实施。平台规则、个人信用分、平台在线纠纷解决机制(Online Dispute Resolution, ODR)互相补充,共同构成平台的自组织内生秩序。三者的关系随内外部条件变化,能够对网络市场交易秩序实现动态调整。其中,平台 ODR 是征求意见、私下协商、商事调解、单方强制等纠纷调解措施的集合。[104]平台 DOR 大致存在机器审查、多人合议、异议复审三个环节,一般采取以下步骤:第一步,平台利用积累的大量纠纷解决数据,开发纠纷解决模型。争议双方按照特定指令将信息输入模型后,模型自动输出指引,辅助双方解决纠纷。如未能成功则进入第二步,引入人工参与纠纷调解,即先由与交易无关联关系的不特定公众投票表决,如仍未解决争议则由平台人工介入。[105]平台 ODR 具有公众参与性,但是制定与变更过程却相对封闭。不透明的规则形成程序割断了过程正当与结果正义之间的内在关联。个人信用分与平台规则和平台 ODR 结合适用,恰恰能够为平台在基础应用层面与资源配置层面控制个人网络用户提供约束力与执行力,有效支撑着微观交易活动中个人信用的持续供给。

以美团信任分为例。美团信任分是美团的平台规则与袋鼠评

---

[103] Pollman,Barry:*Regulatory Entrepreneurship*. Southern California Law Review 90,383—448(2017).

[104] Sarat 与 Grossman 利用私人性与公共性、正式性与非正式性两对参照概念,提出了现代社会纠纷解决方式定位工具。两对维度相互结合构成四种基本的纠纷解决类型,即私人非正式性、公共非正式性、私人正式性、公共正式性。可以发现,互联网平台的内部纠纷调解机制能够覆盖除公共正式性以外的其他全部类型。See Sarat, Grossman:*Courts and Conflict Resolution:Problems in the Mobilization of Adjudication*. The American Political Science Review 69,1200—1217 (1975).

[105] 刘铭卿:《论电子商务信用法律机制之完善》,载《东方法学》2019 年第 2 期。

审团机制产生效用的交汇点。袋鼠评审员的筛选标准包括地理位置、历史消费水平、近期违反平台规则情况等。据笔者了解,美团利用算法自动选取美团信任分值较高的个人用户,以通知推送方式提示用户参加交易纠纷的在线仲裁环节,利用第三方非专业人士的知识水平与能力,对商户与消费者各自提交的聊天记录、截图、照片、视频、录音等证明材料加以鉴别、判断与投票。评审案件从用户给出差评的交易争议案例中由算法自动选取。投票规则是24小时内,17票中获得9票的一方获胜。袋鼠评审员可以匿名发表评审观点并显示于评审页面。违反《美团外卖用户服务条款》的用户将被取消袋鼠评审员资格。资格取消情形包括以"刷单"等不诚信方式帮助商户提升信用分值、恶意评价或敲诈勒索、在美团平台的互联网借贷活动中恶意套现、扰乱投票秩序等。美团信任分值较低的个人则通常无法参与袋鼠评审团,仅能对个人已完成的单笔交易做出评价,如接受美团对商户服务、菜品质量的在线问卷调查,或对其他消费者的评价内容做出"有用"或"无用"的评价。消费者越多参与袋鼠评审团,意味着在美团平台的活跃程度越高,即越有助于获得更高的美团信任分,从而具有更多被邀请参加评审活动的机会。个人用户对各项平台规则的优质遵守,例如按时评价产品与服务、定期实施平台内互联网借贷行为、依约履行共享服务支付行为等,均有助于提升美团信任分,从而更多地获取参与评审的机会。

与之相似的案例还包括,二手交易网站"闲鱼"于2017年创设了"闲鱼小法庭"。当发生退款纠纷时,由算法自动判断是否开启在线纠纷解决机制。参与评审的资格要求为历史交易未获差评,且芝麻信用分达到650分以上。投票规则同样为24小时内17票中获得9票即获胜。对评审结果有异议时,个人用户可否就评审结果提出申诉将由人工进行判断。作为国内首个平台 ODR 的淘宝网"大众评审团"机制,自 2013 年至今已有累计 172 万人参与完成 1 600 余万次评审活动。[106]

综上所述,个人信用分将一系列平台规则串联为一个闭环。个人更多地提供信息,更高频率地使用平台的各种支付服务,参与交易活动,就能够更高地提升个人信用分,获取生活便利,参与平台主导的网络交易秩序维护活动。由此,个人成为平台的利益相关者,直接参与平台规则的实施,在平台提供的激励下创设新的平台规则。个人信用分并非平台的单方强制性规则,而是具有用户参与、信息驱动、全景协同的特征。平台既是平台规则的制定者与执行者,也能利用个人信用分动员个人用户应用规则、认同规则、维护规则乃至创造规则。正因如此,个人信用分建立在参与者共同认可的价值观念基础之上,能够强化参与者的集体意识与守规精神,具有更强的内部激励效果,从而有效地促进网络交易活动的正常运行。

（二）与个人征信的规范目的相同

1. 促进信用经济发展的需要

对个人征信进行法律规制立基于信用经济发展的现实需求。信用经济是商品经济的发达形态。"信用经济建立在信息不对称与有限博弈的基础上,这就使得征信活动的产生有其必然性。"[107]信用经济为征信活动提供了赖以生存的基础。随着信用经济的发展,信用交易形式日渐丰富,征信活动也变得更为复杂。在大多数国家,个人征信不仅为借贷市场提供信息支撑,也为电信、公用事业、劳动、运输等各个市场开展专业决策提供必要的信息。随着信用经济的迅速发展,充分掌握个人的信用状况愈发重要,对个人征

---

[106]　大众评审,载 http://pan.taobao.com/♯n1,2021 年 1 月 2 日访问。
[107]　同前注㉑,姚佳书,第 30 页。

信的需求愈加迫切。不规范的个人征信将直接影响对个人信用的判断与信用交易的决定，进而影响信用经济的发展。因此，法律机制的完善与健全有助于解决上述问题。

与之相似，对个人信用分进行法律规制同样以促进数字经济发展为规范目的。

首先，平台是数字社会中个人信用治理规范的交汇点。[108]个人信用治理规范可以"通过建立一个人们互动的稳定结构来减少不确定性"[109]。稳定的秩序结构有助于维系数字经济发展进程中的一致性、连续性及确定性。[110]由于社会结构与社会联结方式的改变，传统建立在人格依赖基础上的信用，在发生机制和维系机制上发生显著变化。这种变化的关键特征是从单纯的人格依赖转向以现代企业为核心的制度依赖。人格依赖隐藏在现代企业之中，并依靠现代企业的有效运转，成为企业与个人、企业与企业、企业与政府之间的联结点。政府部门常倾向于以权力为媒介，将简化社会复杂性的过程集中化。相对体现自由意志的、通过契约形成的现代企业就成为政府部门观测、监督个人信用的重要枢纽。在此意义上，平台可被视为"是用建立在契约关系基础上的连带责任对个体进行更为有效的监督和约束"[111]。平台具有"半自治社会场域"[112]的显著特征。借助数据、技术、网络实名管理制度，平台在极短的

---

[108] ［英］安东尼·吉登斯：《现代性的后果》，田禾译，译林出版社2000年版，第74页。

[109] ［美］道格拉斯·C.诺斯：《制度、制度变迁与经济绩效》，杭行译，格致出版社、上海三联书店、上海人民出版社2014年版，第7页。

[110] ［美］E.博登海默：《法理学——法哲学及其方法》，邓正来译，华夏出版社1987年版，第206页。

[111] 张维迎、邓峰：《信息、激励与连带责任——对中国古代连坐、保甲制度的法和经济学解释》，载《中国社会科学》2003年第3期。

[112] Moore：*Law and Social Change*：*The Semi-Autonomous Social Field as an Appropriate Subject of Study*. Law and Society Review 7，719—746(1973).

时间内建立起身份认证、行为追踪、个人信用分相结合的规范化治理结构。而作为市场主体的互联网平台难免存在非理性行为。因此，对个人信用分开展法律规制，本身属于现代个人信用治理规范体系建设的题中之义。

其次，个人信用分是平台构造的声誉，若缺乏有效的约束机制，不规范的个人信用分存在较大的负外部性，不仅损害数字经济的健康发展，还容易通过平台向其他社会经济领域传播。个人信用分在技术层面呈现出从统计学方法向非参数方法、从运筹学方法到人工智能方法的演变过程[113]，而且正在演化为概率学与统计学意义上的"机器信任"[114]。这使得个人信用分容易脱离被评价者的自我控制，具有被评价者的个体自主性不断受到压制的潜在风险。工商业社会中的声誉依靠口耳相传，仅在组织体内部发挥作用。由于互联网具有典型的自由化、扁平化、去中心化特征，数字社会中的声誉在传播后果方面远超传统声誉。这使得声誉的性质发生了变化。声誉得以通过信息技术，超越传统的产业组织，在更大的范围内产生效用。在数字信用共治的背景下，"一个领域的声誉积分可能会被不加告知地应用至另一个毫不相关的领域，产生比传统上罪犯歧视、性别歧视、地域歧视更大的危害"[115]。因此，有必要建立个人信用分的法律机制，消解不当评分产生的负外部性。

2. 协调多元主体利益的需要

个人征信不是一个行业，而是一个信息共享的星状网络，连接

---

[113]　姜明辉、许佩、任潇等：《个人信用评分模型的发展及优化算法分析》，载《哈尔滨工业大学学报》2015 年第 5 期。

[114]　余盛峰：《法律的"死亡"：人工智能时代的法律功能危机》，载《华东政法大学学报》2018 年第 2 期。

[115]　胡凌：《在线声誉系统：演进与问题》，载胡泳、王俊秀主编：《连结之后：公共空间重建与权力再分配》，人民邮电出版社 2017 年版，第 120 页。

着银行、保险公司、证券公司、财务公司、公用企业等互相关联的市场主体。就个人征信的法律主体而言，至少包括个人、征信机构、征信使用者、信息提供者、监管机构五类主体。各主体之间存在的利益冲突主要体现在信息公开与信息保护的关系方面。仅凭征信活动的自然发展，不足以解决该利益冲突，必须通过法律的强制性力量加以协调。

个人信用分亦涉及个人、评分者（平台）、使用者、信息提供者、监管机构等主体，同样面临着多元主体利益冲突的难题。该利益冲突背后的问题仍然是信息公开与信息保护应当如何权衡。事实上，随着"数据要素市场"[116]概念的提出，个人信用分生产与应用中的信息公开与信息保护之间的关系更为复杂。信息公开与信息保护均是数字社会的基本需求。[117]在数字信用共治的背景下，基于社会成员共享信息资源与维护公共利益的要求，个人信息需要公开。信息技术日益加大市场主体的信息处理能力鸿沟，又必须对个人信息加以保护。个人信用分中的多元主体利益协调，与围绕着个人信息产生的数字信用共治和数字经济发展等具体问题，是相互影响和相互制约的。而且个人信用分的主体利益协调比传统征信复杂得多，更加强调通过法律机制进行规范。

尤其是在为弱势方提供倾斜性保护的问题上，传统征信往往只着重关注被征信者的隐私权益，较少对被征信者的预期财产利益提供特殊观照。预期财产利益是指信息主体许可他人使用自己的信息，该许可使用行为在日后具体经济活动中将会转化而成的

---

[116]　参见《关于构建更加完善的要素市场化配置体制机制的意见（2020 年 3 月 30 日）》第六点"加快培育数据要素市场"。

[117]　齐爱民：《信息法原论：信息法的产生与体系化》，武汉大学出版社 2010 年版，第 20 页。

经济利益。本书认为，传统征信是征信机构对市场主体提供的产品或服务，其中的基础法律关系均属于民事法律关系，如交易双方之间的买卖合同关系、个人征信机构与交易方的信用咨询服务合同关系。民事损害赔偿的基本原则是填平性赔偿原则。该原则以弥补权利人的实际损失为目的。权利人的损失金额与侵害人的赔偿金额相当。不允许权利人因该笔损失的发生而获得额外的利益。当交易发生在个人与金融机构之间时，个人的地位有别于一般的消费者。个人权益属于金融消费者权益范畴。金融消费者权益兼属私人利益与公共利益，有助于促进个体利益与社会利益的融合。因此，传统征信制度无需再为被征信者的预期财产利益提供特别保护。

而对于个人信用分来说，被评价者的弱势地位被埋藏在复杂的平台经济形态之下，其预期财产利益常常无法获得法律上的正视或承认。一方面，个人信用分未必基于平台与被评价者之间真实发生的交易，被评价者的预期财产利益诉求缺乏基础法律关系的支撑。在平台作为多边市场的情况下，平台仅为买卖双方提供网络交易环境，收集与使用交易中提交或新生成的数据。此时，平台与被评价者的法律关系实际上更接近《民法典》第 1030 条规定的"民事主体与征信机构等信用信息处理者之间的关系"。另一方面，平台与被评价者之间事实上不具备平等的民事主体地位，被评价者受到的损害不应按照填平性赔偿原则计算。根据 GDPR 第 4 条规定，信息处理包括全部或者部分通过自动化信息处理技术实施并最终形成结构化数据集的行为。"信息处理"与"信息利用"相比，具有更高的风险，更易招致信息主体的无助状态。[113]平台与被

---

⑬　孔令杰：《个人资料隐私的法律保护》，武汉大学出版社 2009 年版，第 43—44 页。

评价者的信息能力显著不平等,二者关系属于力量不均的"信息处理法律关系",而非平等民事主体之间的"信息利用法律关系"。⑲因此,被评价者的权益与建立在平等民事主体地位基础上的民事权利存在着本质区别,不应适用填平性赔偿原则。

个人信用分虽然也承载了被评价者的信息人格利益,但却更多地关联了被评价者的预期财产利益。个人信用分并非国家作出的评价,不以权威背书提供具有公信力的保证。因此,个人信用分虽一定程度涉及被评价者的人格利益,但是通常不会直接导致被评价者的人格尊严受损。例如,个人的芝麻信用分从 800 分降至 700 分,一般不会带来其他社会成员的道德非难与身份排斥。⑳但个人信用分减等往往对被评价者造成交易机会减少、经济效益降低的负面影响。平台提供了大量的公共福利与共享经济服务入

---

⑲　我国《民法典》与 GDPR 有关"信息处理"的规定相异。GDPR 详细地规定了控制者、处理者、受托处理者等各类行为主体。在我国,"信息处理"则涵盖了收集、存储、整理、保存、加工、传输、公开等环节,并未特指是发生于信息力量不平等主体之间的行为。《个人信息保护法》也采取了与《民法典》相同的"信息处理"定义。上述法律未对"信息处理"与"信息利用"进行区分,"信息利用"仅构成"信息处理"的一个环节。然而,随着个人信息日益成为数字经济的生产要素与社会信用治理的基础资源,企业与政府部门大规模处理个人信息早已广泛铺开、渐成主流。在信息流通过程中,行为主体的类型日趋分化,不仅会产生不同的功能定位,也会导向迥异的权利义务关系。笔者认为,从司法实践的效果来看,确有必要根据主体行为能力的强弱,区分"信息处理行为"与"信息利用行为",方能更为精确地对不同主体施加不同程度的权利、义务与责任,突破将信息力量显著不均衡的主体之间的法律关系不适当地套入私法规范。国家机关、法定机构及其工作人员的个人信息保护义务被不合理地设置在《民法典》第 1039 条,正是反面例证。因此,后文所称"信息处理"均是基于此种观点,将该行为定义为发生在信息力量不平等主体之间的信息行为。

⑳　然而,无法全然排斥个人信用分中所蕴含的信息人格利益。原因有二:第一,由于每一个体对声誉的感受程度不同,被评价者亦有可能因个人信用分减等而承受极大的精神痛苦。第二,当信息来源于政府部门时,公权力对信息真实性提供了国家背书。利用该种信息生成的个人信用分亦在一定程度上体现出国家对个人信用的权威判断。因此,本书主张个人信用分主要指向,而非唯一指向被评价者的信息财产利益。

口。较低的个人信用分将显著制约这些福利与服务的可获得性，并会影响到被评价者未来可能获得的诸多财产利益。商业实践中，个人信用分是个人购买打折机票、免费借阅图书馆书籍、低价使用共享单车、低价租房的主要依据。以刷高个人信用分为噱头的网络信用欺诈行为的出现，更是表明个人信用分对被评价者预期财产利益的巨大影响。在"徐某与芝麻信用管理有限公司隐私权纠纷案"[120]中，虽然该案原告提出的"隐私权受到侵犯"的诉由未获法院支持，但也意味着被评价者的预期财产利益并未得到应有的关注。

二、个人信用分与其他领域个人信用评价的差异

在我国，其他领域中的个人信用评价主要指政府部门作出的公共信用评价与《电子商务法》规定的消费者评价。在社会信用体系中，个人信用分与上述两类信用评价均属于个人信用在不同领域的具体表现形式。各种个人信用评价的功能定位具有关联关系，运用范围存在一定的交叠，但是在运行机理与法律性质方面的差异十分明显。

（一）个人信用分与公共信用评价的差异

我国的公共信用评价可以分为两类：一类是中国人民银行征信中心研发的个人信用分，另一类是各地方政府以本地行政信息库为基础，利用大数据技术对公民做出的个人信用分。

1. 平台生产的个人信用分与中国人民银行个人信用分在运行机理方面存在差异

根据 Kallberg 和 Udell[122]、Olegario 等人研究[123]，按照政府的

---

[120] 参见(2018)浙 0192 民初 302 号民事判决书。

[122] Kallberg，Udell：*Private Business Information Exchange in the United States*. In Miller M. ed.，*Credit Reporting System and the International Economy*，Cambridge：MIT Press，2003，pp.203—229.

[123] Olegario：*Credit Reporting Agencies：A Historical Perspective*. In Miller M. ed.，*Credit Reporting System and the International Economy*，Cambridge：MIT Press，2003，pp.115—161.

介入程度不同,征信分为私人征信与公共征信两种运作方式。[124]在从计划经济向市场经济转轨的历史背景下,我国的私人征信发展极为缓慢。[125]中国人民银行首先创建了公共征信系统,作为征信的主要运作方式。中国人民银行公共征信系统是金融信用、金融监管、政务管理的连结点与输出端口。中国人民银行规定金融机构应当采集与提交企业与个人的特定类型信息,并设立全国金融信用信息基础数据库管理这些信息。[126]中国人民银行征信中心研发的个人信用分正是运用该数据库生成的公共物品。

个人信用分与中国人民银行个人信用分在表现形式上,均是个人未来行为可能性的概率值。二者均契合个人征信"评价主体偿债能力与偿债意愿"的本质属性。与中国人民银行个人信用分相似,平台自身以及接入平台的市场主体能够通过个人信用分方便地识别、量化、衡量个体履约风险,作出潜在风险最小的经营决

---

[124] 根据世界银行定义,公共征信指本国中央银行主导信用登记、存储、评价与使用,是一种非市场化的运作模式。公共征信目的主要是便于金融监管机构判断个人或企业的总负债水平、企业集团发展趋势、产业发展趋势,具有维护金融稳定的强烈公共利益色彩,具备公共产品的属性。私人征信则是提供信用服务的符合特定条件的私人企业,按照所有权与组织形式不同可分为私人投资商业化模式运营的公司、金融机构联合组建的行业协会、银行与个人共同拥有的公司三类形式。参见李朝晖:《个人征信法律问题研究》,社会科学文献出版社 2008 年版,第 1 页。

[125] 我国亦存在私人征信。与公共征信相比,私人征信发展极为缓慢,且面临困境。目前,百行征信、朴道征信是我国仅有的两家已经批准设立的私人征信机构。2018 年,芝麻信用、腾讯征信、考拉征信等八家企业与互联网金融协会共同出资设立百行征信。实际控制上述八家私人企业的互联网平台通过支付、结算、在线社交、互联网借贷等产品与服务,积累起海量的个人信息,构成每一平台的核心优势资源。八家私人企业是否应当向百行征信提供互联网平台所掌握的个人信息问题引发了业界与学界的广泛热议。随后,芝麻信用明确表示其已退出个人金融信用业务领域,与百行征信之间无信息或数据交换的需求。百行征信发展面临信息互通、共享的困境。朴道征信于 2020 年 12 月 25 日获得中国人民银行批准设立,但是在如何获取数据与如何开展征信业务方面,暂未明确。

[126] 陈历幸:《我国金融业统一征信平台建设中的问题及其法律应对》,载《法学》2011 年第 4 期。

策。二者在金融风险控制方面存在功能交叠，均能作为金融监管机构识别与预测互联网金融风险的工具。二者在功能上的其他相似之处还包括揭示交易风险、降低交易成本、扩展交易范围、提高决策效率、维系市场秩序、完善社会信用治理。

个人信用分与中国人民银行个人信用分的区别在于收集与使用的信息类型、信用刻画程度、使用目的、运作模式四个方面。

首先，在信息类型差异方面，公共征信系统收集的信息一般来源于中国人民银行直接监管的银行、信用社、基金公司、财务公司等金融机构。[127]我国《征信业管理条例》采取反向排除技术，列举了征信机构不得收集和限制收集的信息类别。中国人民银行公共征信系统收集的个人信息可归纳为四类：个人基本信息、个人财务性信息、社会公共生活信息、守法信息。[128]具体类型包括：银行、公安、工商、税务、社保、司法、教育、建设、技术监督、公用事业费用、公民个人学历、公民职业资格、住房公积金与社会保障等各个社会生活领域的个人信息。但是，该系统直至 2017 年才基本实现商业银行、信托公司、小额贷款公司、租赁公司、财务公司等各类金融机构信贷信息的全面采集。与信贷信息相关的其他信息，如债券信息、保险信息等的采集工作则刚刚开始推进。中国人民银行第二代征信系统在标准化报告中预留了个人公用事业缴费信息一栏。此举激发了广泛争议，该信息尚未被中国人民银行征信中心实际使用。[129]

---

[127]　[德]尼古拉·杰因茨：《金融隐私——征信制度国际比较》，万存知译，中国金融出版社 2009 年版，第 108 页。

[128]　个人基本信息包括姓名、性别、年龄、籍贯、身份证件、政治倾向、婚姻状况、教育经历、住所地址、邮政编码、通讯方式、职业经历；个人财务性信息包括工资收入、金融机构贷款、税务缴纳、信用卡、证券与不动产及其他资产；社会公共生活信息包括社会保险缴存情况等；守法信息包括刑事、行政、民事违法记录等。

[129]　中国人民银行征信中心有关负责人就征信系统建设相关问题答记者问，载 http://www.pbc.gov.cn/goutongjiaoliu/113456/113469/3811137/index.html?from＝timeline，2020 年 11 月 2 日访问。

　　个人信用分使用的信息与中国人民银行征信中心收集的信息存在一定的交叉，一般包括两种类型：一是个体存在意义上自然生成的基本身份信息；二是通过平台技术架构挖掘的信息，如社交媒体信息、个人的社会关系、消费偏好、住所、职业、网页浏览停留时长、网络消费信息等。个人信用分的信息来源与信息类型高度分散，信用评判功能、信息处理风险与具体应用场景紧密关联。

　　其次，在信用刻画程度方面，中国人民银行征信中心收集的信息存在时滞，并且是根据历史行为对个人信用作出的判定。这类信息具有历史面向，可能难以及时、完整地反映个人信用情况。例如，中国人民银行个人信用分要求具备两年信贷记录。而90%的互联网小额借款人在中国人民银行公共征信系统中并无信贷记录，是消费信贷中所谓的"白户"。而个人信用分抽取、集成、使用大量实时产生的信息，通过信用评价算法对个人未来行为按照历史行为惯性作出预测，大大提升了个人信用的及时性。个人信用分正是主要用于评估这类"白户"的信用情况。

　　再次，在使用目的方面，中国人民银行征信中心通过金融信息披露制度与信用评级制度，收集金融市场交易信息。在这一过程中，金融机构是主要的信息提供者，具有信息提供义务。各类金融机构与中国人民银行共同构成公共征信系统的使用者。公共征信系统服务于控制金融风险和维系金融稳定的目标。中国人民银行采集个人信息的行为正当性，建立在其监管职能的客观性和公正性基础上。但是，公共征信系统以金融监管为主要目的。公共征信系统的使用者一般仅限于中国人民银行与金融机构的特定授权人员。与之相比，个人信用分的信息提供者既有平台自身，也有接入平台的各类电子商务经营者，还有接入平台的行政部门。个人信用分以识别优质客户、降低信贷交易成本、获得最大盈利为目的,一般不存在用途方面的局限。实践中,个人信用分既用于网络消费信用与线下消费信用,也用于金融监管与社会信用治理。

最后,在运作模式方面,中国人民银行征信中心是传统征信体系的信息出入口。受历史因素影响,中国人民银行征信中心处于个人征信体系的核心地位,具有高度的非竞争性与垄断性。[130]2021年9月17日,中国人民银行颁布《征信业务管理办法》,以公共物品规制理念,将个人信用分直接纳入中国人民银行管理的征信体系中,以中国人民银行管理的征信机构作为各类新型征信产品与服务的输出端口。然而,各平台之间、平台与征信机构之间存在着数据资源的激烈竞争关系。这种竞争关系根植于数据权属的不确定性。事实证明,传统的个人征信体系并不能很好地解决由此带来的数据孤岛难题。

2. 平台生产的个人信用分不具有地方政府个人信用分的行政裁量属性

地方政府个人信用分的设计直接借鉴了中国人民银行个人信用分。但是,地方政府个人信用分并不着重展示与财产相关的个人履约状态,而是对个人既往行为进行重新合并评价,即在已生效的正式法律文书之上开展新的肯定性或否定性评价。[131]地方政府个人信用分用以评判个人信用的信息大体来源于生产经营活动形成的信息与行政部门履行职权归集的信息。按照管辖权限,各部门均形成了各自的行政信息库。地方政府以行政信息库为基础,

---

[130]　经济转轨前期,我国通过人民银行对金融业实现了严格控制与绝对垄断。与发达经济体相比,我国既面临本国金融发展与创新的紧迫性,又面临域内外金融风险冲击和以巴塞尔协议为代表的国际规则本土化适用难题。因此,首先依托中国人民银行建立起高度统一的公共征信系统就成为当时历史条件下的必然选择。

[131]　王瑞雪:《公法视野下的信用联合奖惩措施》,载《行政法学研究》2020年第3期。

利用大数据技术开展信用评价活动。

从上海、福州、宿迁、威海、濮阳、荣成、榆林、鄂尔多斯等城市的地方性规范与治理实践来看,地方政府个人信用分依赖的信息除来源于自身所掌握的行政信息库以外,还来源于中国人民银行、民政部门、市场监督部门、公共治安部门、交通部门与司法部门,主要涉及行政许可、检查、处罚信息,财政税收信息,行政协议信息,行政人员管理信息,公共服务信息,金融服务信息六类。地方政府个人信用分彰显了政府对个人的褒扬或责难态度。其与信用联合奖惩措施连接,能够继续对个人形成新的法律责任,利用声誉触发褒奖或制裁,具有不确定性从而产生一定的正当性问题。[132]

第一,地方政府个人信用分是地方政府利用大数据技术建立的个人信用认知框架。由于行政规制行为存在严格的时效性,在框架建立过程中,行政机关需要对可能的设计方案与构成要素积极地进行择取。当真实的世界突破了原有的认知框架时,行政机关按照自身的裁量与评价,选择是否修正认知框架。这一过程中,行政恣意的形式隐秘,不易察觉。行政事实行为与行政评价行为相互胶着,难辨彼此。[133]看似客观、中立的地方政府个人信用分,事实上可能"隐匿"了行政机关的裁量与评价,而且也难以与行政行为的事实基础相剥离。

第二,地方政府个人信用分将负面个人信息披露与失信联合惩戒相结合,容易造成羞辱、群体性排斥的效果,强化行政行为的不确定性。地方政府个人信用分在内容与形式方面均存在过于宽

---

[132]　Habermas, *Communication and the Evolution of Society*, Oxford: Polity Press, 1979, p.178.

[133]　洪延青:《藏匿于科学之后? 规制、科学和同行评审间关系之初探》,载《中外法学》2012 年第 3 期。

泛的问题,事实上扩充了规范处置后果,反而难以为个人提供充足的引导功能,甚至可能对个人在就业、教育、居住、交通、医疗等方面的基本权利构成一定程度的负面影响。

与之相对,平台生产的个人信用分具有更强的民主性价值。其原因如下:

一是市场经济环境的复杂与多变使得社会信用治理面临着敏感、复杂的利益调整。碎片化、局部修补式、行政裁量性的社会信用治理手段捉襟见肘。随着中国社会形态与社会结构的信息化转变,行政部门逐渐认可平台利用个人信用分能够有效治理平台网络空间的事实。与地方政府个人信用分相比,平台生产的个人信用分暗含着公众参与与协作治理的意蕴,能够注入更多的民主性价值。

二是大型平台承担行为治理职能,是国际范围内广受认同的治理经验。虽然各国在基本观念、执法机构等方面存在较大差异,但是目前有效的"平台—政府"协同治理机制存在一些共同的规律:第一,其背后的机理均在于发现有效的激励机制,调动被治理对象参与治理的积极性,提高执法效果。第二,通过原则性立法与开放式监管,辅以能动的监管者与外部利益攸关方,促进平台承担更多的责任。[134]随着信息传递更加便捷,网络沟通日益通畅,集体行动的组织成本大幅下降。平台具有很强的去中心化特征,能够吸引目标客户、提升用户体验、激励信息创造与分配经济利益。平台业务模块化程度的提高强化了个体网络行为的塑造,为平台规则提供了稳健的生成条件。[135]借助心理学、行为学促销等信息传播

---

[134] Bamberger, Mulligan, *Privacy on the Ground: Driving Corporate Behavior in the United States and Europe*, Cambridge: MIT Press, 2015, p.15.

[135] Benkler: *Law, Innovation, and Collaboration in Networked Economy and Society*. Annual Review of Law and Social Science13, 231—250(2017).

手段,平台更易生产规模可观的奖励与制裁,实现行为规范的内化、激励与表达,从而产生更强劲的规制效果。

(二)个人信用分与电子商务信用评价的差异

2019 年正式实施的《电子商务法》明确规定,电子商务诚信体系建设是当务之急。电子商务信用评价具有法定地位。该评价制度旨在将平台中的各类主体纳入市场监督管理范畴,提升电子商务交易活动的透明度,构建市场化的约束机制与激励机制。该评价制度由《电子商务法》第 39 条与第 70 条构成。其中,第 39 条规定平台经营者应当建立健全信用评价制度,以便消费者对平台内销售的商品与提供的服务进行评价,此即"平台内的信用评价"。第 70 条则站在外部视角,提出支持依法设立的第三方独立信用评价机构开展并向社会提供电子商务信用评价服务,此即"平台外的信用评价"。可见,电子商务信用评价由两种截然不同的评价主体与评价内容构成。整体来看,电子商务信用评价与个人信用分在功能定位上存在一定的相似性,但是在权利来源方面具有显著的差异。

1. 个人信用分与平台内的信用评价在权利来源方面存在差异

《电子商务法》第 39 条指向平台内的信用评价,评价主体是消费者,评价内容是接入平台的电子商务经营者所提供的商品或服务。网络交易市场相比传统市场的信息不对称现象更为突出。消费者做出交易决策更多地依赖于网页展示的商品描述与其他消费者基于个人偏好、购买体验等主观感受做出的评价。[136]美国电子商务实践中曾大量存在购买合同中设置禁言条款,阻碍消费者做出信用评价的行为。例如 Airbnb 平台上的房主在短期租房合同中

---

[136] 阎维博:《〈电子商务法〉中的信用评价:运行逻辑与实施路径》,载《中国流通经济》2020 年第 10 期。

约定,如房客给予差评则有权扣留押金。Palmer v. KlearGear 案揭示了禁言条款对个人信用的危害。2012 年,KlearGear 在与 Palmer 夫妇签署的在线交易合同中以不显著方式设置了禁言条款。Palmer 无法与 KlearGear 取得联系,遂在 RipoffReport.com 网站上发布了不利于 KlearGear 的评价。随后,KlearGear 以 Palmer 夫妇无法在 72 小时内删除该评价为由,声称其违反禁言条款,索赔 3 500 美元,并将该笔索赔金额作为 Palmer 拖欠 KlearGear 的债务向信用评价机构报告。该信息最终出现在 Experian 与 Equifax 两大全国性信用评价机构的报告之中,导致 Palmer 夫妇无法获得用于基本生活需求的紧急小额贷款。[137]

　　平台内的信用评价由 e-Bay 首先创立。基本规则是每笔交易完成后,购买者与销售者均获得一次评价对方的机会,可以在“好评”“中评”“差评”中选择一种,分别对应 1 分、0 分、- 1 分。最终得分之和,即为被评价者的个人信用分。当分值低于 - 4 分时,系统自动禁止被评价者实施网络交易活动。[138]当分值到达 10 分时,被评价者 ID 获得一个星形图标。分值不同则星形图标的颜色不同。其他用户可以便利地利用分值及星形图标颜色判断被评价者的信用状况。被评价者也可以允许他人查看自己的被评价记录,激励其他用户与自己开展交易活动。[139]

　　我国《电子商务法》同样提出平台应当制定合理、透明的信用

　　[137]　Calvert. *Gag Clauses and the Right to Gripe*:*The Consumer Review Fairness Act of 2016 & State Efforts to Protect Online Reviews from Contractual Censorship*. Widener Law Review 24,203—234(2018).

　　[138]　李伟安、吴德胜、徐皓:《网上交易中的声誉机制——来自淘宝网的证据》,载《南开管理评论》2007 年第 5 期。

　　[139]　高薇:《网络交易中的私人纠纷解决:类型与特性》,载《政法论坛》2013 年第 5 期。

评价规则,明确地将制定信用评价规则的权利赋予平台。实践中,淘宝网自2015年起采用五分制信用评价规则。[140]《淘宝网评价规则》对评价内容、评价删除与修正、评分计算逻辑、违规评价及其责任等方面作出规定。依据这套评价规则,网络交易各方均积累起相当数量可量化的信用,包含信用星级、好评率、差评率、好评数量、中评数量、差评数量、退款率、被投诉率、被处罚数量等指标。美团也采取五分制信用评价规则,制定了《用户评价规范》。商户评分由个人做出,包括服务、口味、包装、快递等评分指标,商户评分为近30天内全部评分的算术平均值。每个自然月内,相同交易主体之间仅取前3次评分。消费者向美团投诉商户时,美团还有权直接在商户信用评价得分的基础上扣减1—2分作为惩戒措施。

个人信用分与平台内的信用评价,在信用评判的功能方面具有一定的相似性与关联性。二者均旨在提供有关交易对手的声誉信息,提升网络交易的透明程度。但是,前者以商事惯例的形态存在,强调对个人履约能力与履约意愿划分层次,按照营销目的筛选出最具获利空间的消费群体。后者则源于商事惯例,是经过法律认可的正式制度安排,以吸引商户入驻、展现平台良好营商环境、争夺电子商务市场资源为目的。因此,二者均难以有效地服务于个人权益保护的需求。

二者的区别主要在于制定信用评价规则的权利来源不同。这决定了二者的功能定位必然存在差异。本质上看,信用评价规则制定权属于私人组织介入规制活动的法定权利。通常而言,私人组织介入规制活动的权利来源具有三种形式。一是契约。政府部

---

⑭ 应飞虎:《消费者评价制度研究》,载《政法论丛》2018年第1期。

门与私人经济组织就职责划分与治理目标协商一致后签订行政合同,纳入法律强制执行范畴。或者由私人组织之间基于自愿订立合同,被规制者向规制者让渡部分权利,规制者获得"规制权"。二是私人组织受法律授权或政府部门委托,在一定范围内获得与行使属于政府部门的职能。三是私人组织自身基于提供公共服务、防止特定市场失灵目的而建立起来。其权力根植于市场行为,服务于市场行为。[141]在美国,拥有或运营基础设施的大多为私人组织,难以通过法律直接科以义务,公私合作就成为一种必然的选择。[142]美国在公私协商行政立法、环保绩效考核等案例中均采取了行政合同形式,以《联邦咨询委员会法》《协商制定规则法》将协商过程制度化,并赋予司法审查以终局性的规则正当性裁量权。[143]德国与日本则承认"特许"属于行政委任,据此,私人组织介入经济与社会规制的活动具有"行政"本质。这使得私人组织作为政府部门的一个分支,需要适用行政法所预设的法律统制手段。[144]

就我国而言,个人信用分规则与平台内的信用评价规则均由平台主导制定,均在一定程度上反映平台的偏好与意志。但是,平台内的信用评价规则制定权属于《电子商务法》赋予平台的法定权利,体现了强烈的监管导向特征。其被学者称为从传统的被动监

---

[141] 胡斌:《私人规制的行政法治逻辑:理念与路径》,载《法制与社会发展》2017年第1期。

[142] 〔美〕约翰·D.多纳休、查理得·J.泽克豪泽:《合作:激变时代的合作治理》,徐维译,中国政法大学出版社2015年版,第123—124页。

[143] 《联邦咨询委员会法》及《协商制定规则法》详细地规定了公私协商立法程序启动的必要条件、协商范围、时间要求,以及公开、通告、批评、审议、退出程序等。参见〔美〕朱迪·弗里曼:《合作治理与新行政法》,毕洪海、陈标冲译,商务印书馆2010年版,第14—59页。

[144] 〔日〕米丸恒治:《私人行政——法的统制的比较研究》,洪英、王丹红、凌维慈译,中国人民大学出版社2010年版,第3—20页。

管向自我规制转型的必要措施。⑮由于《电子商务法》兼具商事法与监管法的双重法律定位,平台内的信用评价规则制定权具有鲜明的网络交易市场监管定位,是对社会信用体系建设的法律回应。在简政放权背景下,该权利内容即是政府部门授权平台实施信用评价行为。因此,平台内的信用评价受到监管需求的驱动,成为行政权力的延伸。而对于个人信用分而言,平台制定信用评价规则的权利,实际上来源于平台对网络空间以及对与平台具有合作关系的经营者的控制力。这种发生在网络空间的交易控制力与政府部门的行政权力相对,本质上是一种源于技术优势的经济性支配力量。⑯平台制定个人信用分规则的权利并未获得实定法的明确授权或行政部门的明文委托。因此在法律意义上,个人信用分充其量只是平台在商事实践中自发形成的市场导向型自我治理手段,具有鲜明的柔性特征。

2. 个人信用分与平台外的信用评价在评价主体与评价内容方面存在差异

《电子商务法》第 70 条指向平台外的信用评价,评价主体是独立于平台的专业信用评价机构,评价内容是平台及电子商务经营者提供的商品或服务。通过交易主体以外的第三方表明商品或服务的品质,缓解信息不对称的逆向效应所引发的市场失灵,以第三方声誉为商品与服务提供担保,促使交易顺利进行,这在理论上被称为"第三方执行"(Third-party Enforcement)⑰。典型的第三方

---

⑮ 杨立新:《电子商务法规定的电子商务交易法律关系主体及类型》,载《山东大学学报(哲学社会科学版)》2019 年第 2 期。

⑯ 张小强:《互联网的网络化治理:用户权利的契约化与网络中介私权力依赖》,载《新闻与传播研究》2018 年第 7 期。

⑰ 夏蜀:《规制第三方实施:理论溯源与经济治理现代化》,载《中国行政管理》2019 年第 6 期。

执行如产品质量认证、债券信用评级、资本市场中介服务。从经济学视角来看,平台外的信用评价正是一种第三方执行机制,使得有关网络交易信息的传递得以较低的成本实现。第三方独立信用评价机构扮演着网络交易市场"守门人"的角色。个人信用分与平台外的信用评价属于网络交易中并行的信用治理机制,在降低网络交易风险方面存在一定的互补关系。

三、大数据应用对个人征信的改变

个人信用分以大数据作为基础生产资料。大数据根植于互联网,大数据应用(big data application)[148]则重在知识的发现。大数据和人工智能技术能够采集、整理、分析、运算传统征信机构忽视的数据,挖掘其中蕴含的经济价值。然而,将大数据技术用于判断个人信用的实践尚在探索中。在个人征信发展较为完善的美国,监管机构也对该类技术的应用保持谨慎的态度。美国联邦储备系统(The Federal Reserve System)曾发出警告,大数据与个人信用之间暂未建立起普遍认同的实际联系,通过非信贷信息数据判断个人信用的方式存在风险,可能违反公平贷款法的规定。[149]如前所述,个人信用分并未改变传统征信机构收集、整理、加工、保存、公布个人信息的本质。但是,大数据应用带来了技术手段的更新,深刻地改变了传统征信的信息收集、整合与评判方式,还在信息来源与评价技术等诸多方面产生了突破。

---

[148] 大数据应用指对来自网络环境的巨量资料,以分析、研究、调控与生产等为目的,通过特殊的解决方案加以存储、处理和评估的行为。参见〔德〕Caldarola、Schrey:《大数据与法律实务指南》,赵彦清、黄俊凯译,台湾元照出版公司 2020 年版,第 37 页。

[149] Fed Governor Sounds Warning on Alternative Credit Scoring Data(2016-12-5),https://www.finextra.com/newsarticle/29865/fed-governor-sounds-warning-on-alternative-credit-scoring-data,accessed on 2021-7-22.

（一）超越了原有的信息处理范围

传统征信具有一些特定的运行规律,主要反映在征信目标与市场效率两个方面。[150]就征信目标而言,为实现评判个人履约能力与履约意愿的核心目的,征信机构只需要采集被征信者的关键信息。为了对关键信息作出补充,征信机构可以一定程度上扩大信息的采集范围。但是,基于降低"信息噪声"[151]的干扰与保护被征信者的合法权益之目的,信息采集范围不可无限度扩大。例如,公用事业缴费信息可用于补充核心信息,宗教、国籍、年龄信息则可能导致被征信者受到歧视而不得用于个人征信活动。就市场效率而言,过量的信息容易大幅提高数据库的维护成本,影响征信机构的运行效率,提高信息之间的冲突程度,从而影响个人信用的准确判断。是故,征信机构采集的信息应当精简,能够反映核心问题。

受制于传统征信活动的运行规律,征信机构在处理信息时需要相应地遵守限制性规范。限制性规范与运行规律共同为个人征信的信息处理行为划定了比较明确的边界。最主要的限制性规范包括三个方面:一是信息采集的质量限制要求。信息全面、准确、及时是衡量信息质量的重要标准。信息主体或信息提供者应当保证其所提供的信息是真实的,并应有意识地开展信息清洗、整合与归集行为。二是信息处理的客观中立要求。征信机构的信息来源于外部。征信机构应当采集被征信者历史行为的客观记录,采取一定的措施或技术手段进行核实。由此,个人征信结果才更准确,

---

⑮ 张继红:《大数据时代金融信息的法律保护》,法律出版社 2019 年版,第 360—361 页。

⑯ 信息噪声是指因技术故障或不完备导致发出信息与接受信息的过程中出现信息失真的现象,其类别包括:虚假信息、不良信息、危害公共安全的信息、恶意病毒信息等。参见信息噪声,载 https://wiki.mbalib.com/wiki/%E4%BF%A1%E6%81%AF%E5%99%AA%E9%9F%B3,2021 年 7 月 22 日访问。

更具有参考性与说服力。三是负面信息的处理限制规定。为保证被征信者具有重塑信用的机会,各国立法一般要求征信机构对负面信息的处理设置一定的期限,超出该期限则不可再次处理被征信者的负面信息。

大数据应用的显著特征是以相关性代替因果性。大数据应用提供了采取客观方法开展定量研究的可能。然而,大数据的获取与运用受制于行为人的价值判断。所有的大数据应用,其行为目的均是解释信息。解释信息的过程决定了何种信息可被采集,何种信息应当忽略。这一主观过程难以对信息的相关性形成切实的保障。在个人信用分中,平台的信息处理范围超越了传统征信的信息处理范围,产生了如下问题。

第一,大数据应用加剧了"信息噪声"的负面影响。大数据应用带来了丰富的数据,同时也带来了大量的"信息噪声"。在信息超载的情况下,信息验真的成本日益高昂,难以准确地判断信息的真实性。

第二,大数据应用降低了信息处理的公允性。受制于商事活动的趋利性,大数据应用通常仅限于互联网延伸到的场景,天然地排斥了互联网的非积极用户。这就导致对于客观条件相同的活跃用户与非活跃用户,前者更容易获得较高的个人信用分。后者则可能因拒绝使用"阿里花呗",或不常使用微信、QQ等社交工具,而被判定为信用不良用户。对于同一被评价者,由于其在不同互联网平台的活跃程度存在差异,各个平台也可能对其生成不同的个人信用分。这使得个人信用分展现出平台经营者的强烈主观色彩,从而缺乏公允性。

第三,大数据应用突破了负面个人信息的限制性规定。大数据应用改变了传统征信活动的信息存储方式。随着数据体量的不断增大,平台整合了服务器与存储器,将传统征信机构的本地数据库转化为"云"存储。在"数据云"中,负面个人信息得以多点存储、反复使用、跨场景应用,而负面个人信息是对声誉的极端贬损。对负面个人信息不加限制地处理,容易导致被评价者遭受进一步的偏见:他人根据被评价者的负面信用结论作出相应的选择,这些选择存在再次损害被评价者权益的潜在风险。

(二)降低了向外部流通信息的需求

世界范围内,个人征信是唯一从法律层面允许开展"信息流通"⑱的活动。为了保护个人的合法权益,任何政府部门、经济组织与个人,原则上必须对因职务行为、经济行为或生活行为获取的他人信息进行保密,除非法律规定可以公开。无论是从成本收益角度、资本逐利角度还是公共监管角度而言,征信机构之间的信息流通都具有必要性。个人征信是典型的信息密集型活动。信息来源越充分,信息比对越及时,信用风险预测越准确。然而,数据的生产成本是沉没成本,仅有一家征信机构收集全部的数据,很难实现成本与收益的均衡。数据的复制成本却趋近于零。数据一旦生

---

⑱　信息流通是以信息交换或交易为主要表现形式的复杂行为。有观点认为个人信息具有公共物品的特征,因此与信息控制相比,信息流通无需特别论证。然而,信息流通实际包含了多重主体之间的多种互动关系。正如2018年的一项欧盟报告指出的,在欧盟法规与政策文件中则往往交替使用"数据访问"或"数据传输"来表达信息流通中的共享与再利用含义。信息/数据之上是否存在以及存在何种财产权尚未形成共识。绝对化的信息/数据财产权构造亦存在着权利客体不明、法律排他性缺失、权利内容与范围缺乏公示效力的权利配置障碍。司法方面,可以认为"新浪诉脉脉案"肯定了信息/数据具备可共用性或非排他性的事实。但该案确立的"三重授权"规则显著提升了企业的合规成本与准入成本,可操作性实际上存疑。由此可见,信息流通尚处于较为初级的法学研究阶段,且该问题本身具有复杂性。参见前注⑩,张继红书,第360页;梅夏英:《在分享和控制之间:数据保护的私法局限和公共秩序构建》,载《中外法学》2019年第4期;Everis, Study on Data Sharing between Companies in Europe(2018-4-24), p.vii;金耀:《数据治理法律路径的反思与转进》,载《法律科学》2020年第2期。

产出来即可被任意使用。正因如此,每一家征信机构都努力地占据市场。这导致征信市场最终只有少数征信机构组成,存在自然垄断趋势。[153]为避免信息重叠带来的管理困难和避免增加不必要的管理成本,政府部门倾向于只为少数征信机构核发经营许可资质。因此,为了促进征信市场的良性运行,避免市场垄断最终导致的信息失真问题,征信机构必须在竞争中寻求合作,开展信息交换活动。

然而对于平台而言,征信活动中原有的向外部流通信息的需求不再具有必要性。

第一,数据资源是平台的核心竞争优势。互联网产业天然地具有较高的市场集中度。[154]当前的互联网市场由少数市场参与者主导。受益于网络效应以及规模经济,互联网市场倾向于形成博弈失衡的市场结构。正是在这种市场结构之中,个人信用分连接了数字生产与个人消费,发挥着巨大的作用。数字经济本身是一个不平等的生产体系。其资产化基础是信息。对于平台而言,只有个人信息才具有生产与再生产的价值。个人自接入平台之时即被要求提供性别、手机号码、行为偏好等信息。在平台中,个人的一切行为均受到观察、记录、分析、使用或转售。这些信息沉淀为平台的原始资本、生产资料与市值评估基础。个人进入围绕着平台运行的庞大资本体系,被动地卷入生产关系之中,既是生产者,也是生产资料,更是最后的产品。[155]个人从纯粹的消费者转变为

---

① 王晓明:《征信体系构建制度选择与发展路径》,中国金融出版社 2015 年版,第 32 页。

⑤ 同前注⑫,〔德〕尼古拉·杰因茨书,第 12—16 页。

⑤ Cinnamon:*Social Injustice in Surveillance Capitalism*. Surveillance and Society 15,609—625(2017).

"产消者"(Prosumer)⑮。因此,平台掌握的数据具有巨大的经济价值。

第二,个人信用分所使用的数据资源一旦开放便覆水难收。平台不仅收集个人信息,还通过大数据应用进行深层次的价值挖掘,再行创造新的数据。开放数据等同于放弃竞争优势。数字经济是以信息技术为基础的新型社会生产方式。⑯平台的生产性体现在将零散的生产性资源聚集起来,利用算法实现资源的快速流动、有序分配与精准对接。⑱平台从每一笔交易活动中获取细微却源源不断的剩余价值,天然地缺乏数据流通的内在驱动力。如直接适用数据流通的强制性规定,平台的经济利益必将大为减损。

（三）削弱了个人征信机构的中立性

传统征信机构坚持中立性的基本立场,⑲这主要体现在四个方面:一是征信机构独立于具体的交易活动之外,与交易双方不存在直接的商业竞争关系,也不介入交易双方各自的细分市场竞争活动;二是征信机构在股东结构、组织管理、资产、人员等公司治理方面实现独立运作;三是征信机构自身或其所处的企业集团不从事金融业务,以免利益冲突或集团干预影响征信机构的客观性与公正性;四是征信机构应当独立研发统计模型。

个人信用分则容易突破机构中立性的基本立场,原因如下。第一,信息来源不具有独立性。个人信用分所使用的数据主要来

---

⑮　Prosumer 由 Producer 与 Consumer 两个词构成,指"消费者即生产者"的现象。参见 Toffler，Toffler，*Revolutionary Wealth*，New York：Alfred A. Knopf，2006。

⑯　胡凌:《从开放资源到基础服务:平台监管的新视角》,载《学术月刊》2019年第2期。

⑱　胡凌:《网络法中的"网络"》,载《思想战线》2020年第3期。

⑲　中国人民银行长沙中心支行课题组、刘敏:《个人征信市场发展初期的监管研究》,载《武汉金融》2017年第3期。

源于平台企业集团的各成员。个人信用分的生产与运用也并非一项独立的商业行为,而是依托于平台自身的业务发展需求。第二,组织结构不具有独立性。个人信用分的经营者往往采用公司组织形式。公司制度属于传统的风险隔离墙制度。个人信用分的经营者在形式上具有独立的地位,看似可以独立的运作与决策,但是个人信用分的经营主体与平台经营者之间,在技术架构、管理人员、内部控制机制等诸多方面存在交叉。第三,市场地位不具有中立性。平台企业集团的业务范围延伸到多种经济领域,平台与其他个人信用分使用者存在着一定的利益冲突与市场竞争。第四,技术研发不具有独立性。在信用评价算法研发方面,个人信用分的经营者往往无法脱离平台企业集团的技术支持。综上可见,个人信用分的经营主体并不具备传统征信机构必需的中立性立场。

(四)信用评价算法带来了新的风险

在传统征信中,信用评价的结果由统计模型的模型种类、变量定义、变量筛选等因素决定。这其中既有专业技术,也包含主观判断因素。但是,统计模型所要预测的目标只是个人信贷账户在未来特定时期内"变好""变坏"或"维持中性"的概率。通常而言,用于建立统计模型的变量都是经济意义上的有关交易细节、行为特征的客观记录。[160]统计模型的设计开发者也并不存在特定的市场竞争利益。

信用评价算法作为一种智能信息处理技术,是个人信用分的"技术标签"。信用评价算法应用过程是机器学习、人工干预与自动化决策交叉混用的过程。以芝麻信用分为例:第一,信用评价算法的风险指标设计依赖用以训练、验证、测试算法的数据集合,这

---

[160] 汪路:《征信:若干基本问题及其顶层设计》,中国金融出版社 2018 年版,第 113 页。

些数据很大程度上属于日常消费数据。分值较高者大多是阿里巴巴平台的活跃使用者。芝麻信用分对社交信息的收集与使用不足，网络社交平台的活跃用户可能难以获得较高的芝麻信用分，在阿里巴巴平台中可能受到更多限制。第二，根据《信用生活频道商户管理规范（试行）》⑩与《芝麻信用信用闭环异议处理合作说明》⑩等平台规则，仅在第三方提供的信息确实有误、信息主体遭受不可抗力、他人冒用芝麻信用分、系统错误四种特定情况下，芝麻信用分异议主张方可获得响应，芝麻信用分方可获得更正。对于统计模型输出结果导致的个人信用异议，平台并未向被评价者提供救济途径。

可见，信用评价算法的运用为被评价者带来了新的算法偏见风险，被评价者却难以获得有效地保护与救济。平台既是信用评价算法的研究开发者，也是设计制造者，还是部署应用者。信用评价算法偏见未必是平台经营者的主观期待，其既可能是因数据采集维度不足所致，也可能由信用评价算法开发与应用中不恰当的人工干预所致，但是均可能对被评价者带来强化不利益的后果。错误的信用评价算法在反复应用的过程中，容易导致不利益后果的弥散化，呈现出错上加错的恶性循环。

值得反思的是，出于回应百度医疗竞价排名导致的魏则西事件、滴滴大数据"杀熟"事件、朱烨诉百度案等社会焦点问题的考虑，我国《个人信息保护法》《电子商务法》《民法典》《互联网信息服务算法推荐管理规定（征求意见稿）》强调对信息推送、商业营销算法应用开展治理。当前，信用评价算法尚未引发较大的风险事件。

---

⑩　信用生活频道商户管理规范（试行），载 https://cshall.alipay.com/enterprise/knowledgeDetail.htm?knowledgeId = 201602359440，2021 年 3 月 1 日访问。

⑩　芝麻信用信用闭环异议处理合作说明，载 https://gw.alipayobjects.com/os/skylark/public/files/beaf00f33d7f24283bcf5ea318f1e448.pdf，2021 年 3 月 1 日访问。

立法者也并未对信用评价算法偏见的潜在风险予以足够的关注。

综上所述,个人信用分起源于缓解网络交易信息不对称的商业需求。在数字信用共治的历史背景下,平台成为新生的规制力量,促使个人信用分从网络空间迈向更宽广的社会领域。个人信用分具有征信的本质属性,与其他领域的个人信用评价具有功能上的关联关系,但是在运行机理、法律性质与权利来源等方面存在显著差异。正如学者指出的,"如果考虑体系化以及与社会信用体系的接入等问题,其实质差异可能是南橘北枳"⑯。个人信用分依赖大数据应用,而大数据应用不仅深刻地改变了传统征信的信息处理范围、信息流通需求、信用评价机构独立性,还为被评价者带来了"同人不同分"的算法偏见风险。基于这些情况,传统征信的法律规制机理在运用于个人信用分时就可能存在较大的适用偏差。

---

⑯ 姚佳:《征信的准公共性与大数据运用》,载《金融法苑》2018 年第 12 期。

第二章
个人信用分对征信规制机理的冲击

第一节 个人征信的法律规制机理

个人征信是仅以被征信者的个人信息为行为客体的特殊信息处理行为。个人征信的规制理念是在被征信者的信息公开与信息保护之间寻求平衡。传统征信活动中,被征信者个人信息权益的分配主要发生在个体与国家之间。传统征信的规制理念围绕"被征信者的个人信息权益应当如何合理保护"这一问题展开。被征信者个人信息权益受保护的法律基础是隐私权。传统征信的规制原则正是在隐私保护原则的基础上派生的。随后,隐私保护原则又被个人信息保护原则吸纳。因此,理论上看,个人征信的规制原则应当涉及个人信息保护原则(一般原则)与个人征信原则(特别原则)两类。然而,在《征信业务管理办法》颁布前,我国个人征信制度缺乏明确的法律原则,不仅应有的个人征信原则缺位,而且长期的公共利益倾向还导致特别原则与一般原则难以统合。这为我国的征信实践随意扩大信息处理范围下伏笔,也为平台利用传统征信机构所不处理的数据实施评分行为提供价值支撑。近年来,个人征信法律规制框架初步形成。现行个人征信法律制度一定程度上涉及大数据应用的前瞻性，但是就大数据应用对征信的实质改变尚有待深入思考。

一、协调个体权益与公共利益的规制理念

个人征信是整个社会范围内发生的信息固定、评价与传递机制。被征信者的信息经历了从信息提供者向个人征信机构再向信息使用者的流通过程。征信机构从信息提供者处获取有关个人信用的全部关键信息，经过整理、加工、保存后，以个人信用分或个人信用报告的形式出售给信息使用者。被征信者的个人信息是上述信息处理行为的唯一对象。

被征信者的个人信息权益具有易受侵犯且难获救济的特征。被征信者作为自然人，在市场经济中天然地处于弱势地位。被征信者既难以对抗市场主体受获利动机驱使的投机行为，也难以胜任从侵权人处自行获取证据的举证责任要求。这就导致征信活动面临着一个两难问题：市场的健康发展与社会的良性运行要求增加信息的透明程度，但是被征信者的个人信息权益必须得到妥善保护。因此，个人征信的基本规制理念是：必须在被征信者的信息公开与信息保护之间寻求价值平衡，兼顾个人信息权益与社会公共利益的有机统一。其实质是个体权益与公共利益的冲突与协调问题，反映了个体本位与社会本位的价值观念取舍结果。⑭

一方面，征信机构的经济利益与社会公共利益保持一致。征信机构以克减被征信者个人信息权益的方式，提高信息的透明程度，改善市场活动中的信息不对称情况。在有限的市场竞争环境中，征信机构作出的判断越准确，越有利于自身商誉提升、征信发展创新与社会安全稳定。反之，社会经济发展越繁荣，就会有越多

---

⑭　冯果：《由封闭走向公开——关于商事信用的若干理论思考》，载《吉林大学社会科学学报》2003 年第 1 期。

的个人信息被生产与公开,就越有利于征信机构对个人信用的准确评估。从这个意义上看,征信活动具有极强的公共性,因而不同于一般的信息处理行为。

另一方面,被征信者的个人信息权益与社会公共利益基本保持一致。以征信为目的而克减被征信者个人信息权益的行为,最终目的是使失信行为人付出较大的成本,促进社会与经济的健康发展。尽管被征信者的个人信息权益不可避免地受到影响,但是信息权益的克减最终仍能为被征信者带来经济利益方面的相应补偿,[16]即守信行为人能够获取相应的优惠,比如得到较低的利息贷款或优惠的交易条件等。

可见,虽然传统征信涉及多个主体,但是被征信者个人信息权益的分配主要发生在个体与国家之间。因此,传统征信的基本规制理念主要是围绕着"被征信者的个人信息权益应当如何得到合理的保护"这一核心问题,通过以下两个途径获得实现。

其一,就被征信者而言,在何种程度上确认、保护与限制被征信者的个人信息权益,是反映传统征信基本规制理念的一个重要方面。个人征信是对被征信者过往交易记录的采集、整理、存储、评估、传递与使用行为。个人信息的公开方式、公开程度、公开范围、正确与否等方面,显著地影响着被征信者的个人信息权益。而被征信者的个人信息权益包括哪些内容,以及被征信者的个人信息权益获得法律保障的依据为何,这是个人征信法律规制必须要回答的基本问题。

就被征信者个人信息权益的内容而言,学界已在相当程度上获得共识。被征信者的个人信息权益首先构成一种人格权益。在

---

⑯　王锐、熊键、黄桂琴:《完善我国个人信用征信体系的法学思考》,载《中国法学》2002年第4期。

此基础上,被征信者对这种人格权益的支配权衍生出相应的财产性权益。财产性权益包括既存财产利益与预期财产利益两个方面,涵盖被征信者许可他人使用个人信用后应当获得的合同对价和个人信用在未来具体经济活动中本可转化而成的经济利益两部分内容。基于上述信息权益,发达国家的个人征信法律制度大多为被征信者确立了同意与知情权、异议权、损害赔偿请求权等权能,分别是指信息采集必须得到被征信者同意,个人征信结果的使用主体、使用目的与使用范围应当向被征信者告知,被征信者得为不准确、不真实、不完整的信息提出异议,被征信者因违法的信息处理行为遭受损害时有权获得赔偿。上述权能为被征信者的人格权益与既存财产利益提供了较为完整的保护。但是,就预期财产利益而言,在工商业社会中,个人信用与被征信者的预期财产利益之间的关系并不紧密,被征信者的预期财产利益常需放置于具体的司法环境中分析是否具有保护的必要性。

在被征信者个人信息权益的法律依据方面,个人信息从封闭走向公开,体现了个人权益向公共利益的让位。但是,信息公开并不意味着私人空间的全面沦丧。研究显示,隐私权制度为被征信者的个人信息权益提供了最基础的法律保障。[166]然而,以捍卫私人空间为主要价值取向的隐私权,实际上并不关注个人信息的流通价值与个人信用的有效使用。随着数字经济的不断发展,越来越多的学者注意到,个人信息保护与现代征信活动在价值取向方面更具一致性。个人信息保护对于征信良性运行与信息合理利用具有较强的促进功能。个人信息保护在客体、内容与保护方式等方

---

[166]　应飞虎:《我国个人信用制度构建之检讨》,载《深圳大学学报(人文社会科学版)》2004 年第 2 期。

面,也发挥着隐私权等具体人格权所不可替代的作用。[160]现代征信活动的价值取向正在从单一维度的信息保护,转变为复合维度的信息保护与信息利用并重。被征信者个人信息权益的法律依据也相应地从隐私权转换为个人信息保护。

其二,就信息提供者、征信机构与信息使用者而言,如何限制各主体对被征信者个人信息的垄断、滥用等不法支配行为,则是反映传统征信基本规制理念的另一个重要方面。长期以来,这些不法支配行为主要是通过为主体设置相应的义务与责任加以限制的。与被征信者的个人信息权益相对应,信息提供者、征信机构与信息使用者必须承担信息保密义务、信息安全义务与信息质量义务,否则应当承担相应的民事责任、行政责任、刑事责任等。其中,信息保密义务要求征信机构不得向与被征信者不相关的第三方提供信息。信息安全义务要求征信机构必须维护、管理、更新、加密技术系统与信息资料,并对信息使用者的身份验证、使用目的与使用范围采取必要的技术措施。信息质量义务则要求征信机构必须对错误的信息做出封锁、调查、核实、修正、删除等行为。

综上可见,传统征信基本规制理念的两种实现途径,皆旨在保护被征信者的个人信息权益,以此寻求个体权益与公共利益之间的价值平衡。

二、保护私益的应然原则与强调公益的实然原则

(一) 侧重于被征信者权益的应然原则

如前所述,传统征信的法律规制理念是在个体权益与公共利益的冲突过程中,为被征信者的个人信息权益提供合理的保障。

---

[160] 齐爱民:《社会诚信建设与个人权利维护之衡平——论征信体系建设中的个人信息保护》,载《现代法学》2007年第5期。

在传统征信活动中，被征信者个人信息权益获得保护的基础法律依据是隐私权制度。传统征信的法律规制原则大多脱胎于隐私保护原则。

隐私保护原则起源于 1981 年经济合作与发展组织（OECD）颁布的《隐私指南》。[168]《隐私指南》明确指出自动数据处理技术的发展使得保护与个人数据相关的隐私具有现实必要，为此设置了经济活动中的隐私保护原则。此后，欧盟保护个人数据处理和数据自由流动的第 95/46/EC 数据保护指令与亚太经合组织隐私指南，均对 OECD 的隐私保护原则进行了引申与解释。但是，上述原则的基本内容并未改变，并被各国的个人信息保护立法所继受。

隐私保护原则包括八项规定：一是收集限制原则（collection limitation principle），个人数据的收集行为必须合法、公平，必要时应征得数据主体同意。二是数据质量原则（data quality principle），个人数据应当尽可能准确、完整、及时更新。三是目的特定原则（purpose specification principle），个人数据的使用仅限于特定目的或与特定目的不冲突的其他目的。四是使用限制原则（use limitation principle），除非数据主体同意或法律授权，否则不得披露个人数据，也不得将个人数据用于与《隐私指南》规定不符的用途。五是安全防范原则（security safeguards principle），必须采取合理措施防范个人数据遭受丢失、毁损、篡改、披露或未经授权访问等安全风险。六是公开原则（openness principle），必须公开个人数据的形态、性质、主要用途、数据控制人的身份与住所。七是个体参与原则（individual participation principle），数据主体有权知悉数据控制人是否保存其个人数据、与数据控制人控制的其个

---

⑯　Abrams：《新兴数字时代的隐私、安全与经济增长》，温珍奎译，载周汉华主编：《个人信息保护前沿问题研究》，法律出版社 2006 年版，第 16 页。

人数据保持联系、对关涉本人的数据提出异议。八是责任原则（accountability principle），数据控制者必须遵守上述原则，否则应承担责任。在上述原则之外，有些国家还进一步确立了其他原则。例如，原德国《联邦数据保护法》第3（a）条曾规定信息节约原则，即信息处理者尽量不采用或者少采用个人信息。[169]

个人征信是特殊的信息处理行为，属于个人信息保护法律适用问题的特别领域。代表性观点认为，个人信息保护在征信、新闻媒体、法律服务、医疗服务、金融服务、电信服务等特定行业的法律适用，在单行立法做出更加严格的规定时，应当优先采用单行立法。[170]从这个意义上看，个人征信的法律规制原则除了涉及一般原则以外，还可能涉及一些专门适用于征信活动的特别原则。

我国的个人征信法律制度虽然在征信机构的行为规范方面基本体现了上述隐私保护原则的具体内容，却并未形成明确的法律原则。《征信业管理条例》是征信领域法律效力最高的单行法。该法第3条要求从事征信业务的组织应当诚实守信。此处有关诚实守信的原则性规定意味着征信机构不得危害国家秘密，不得侵犯商业秘密与个人隐私。诚实守信原则是所有法律的通行原则。因此，该法并未指明个人征信活动应当遵守的原则究竟为何。2021年《征信业务管理办法》第6条则列举了征信业务应当遵守独立、客观、公正的基本原则，在该条后半段进一步将这些原则解释为两个层面的含义：征信机构不得违反法律法规的规定，不得违反社会公序良俗。该法中的独立、客观、公正原则应当被视为是立法者认可的、有别于一般原则的个人征信特别原则。

---

[169]　周汉华：《制定中国个人信息保护法的几个问题》，载周汉华主编：《个人信息保护前沿问题研究》，法律出版社2006年版，第223页。

[170]　同前注169，周汉华书，第238页。

（二）侧重于维护公共利益的实然原则

中国人民银行征信管理局指出,实践中公认的个人征信基本原则包括真实性、完整性、及时性与安全性原则。[170]其中,真实性原则指征信机构应当采取适当的技术措施、遵循适当的信息处理标准与程序、赋予被征信者知情、异议与纠错的权利,以保障被征信者的信息准确、真实、可靠。完整性原则指征信机构应当从所有与个人信用相关的信息来源,尽可能多地采集被征信者的正面信息与负面信息,并在足够长的时间内存储信息。及时性原则指征信机构应当及时更新被征信者的个人信息。安全性原则指被征信者的个人信息应当获得准确地界定与充分地保护。

不难看出,中国人民银行征信管理局站在征信监管立场上所提出的征信基本原则,具有浓厚的公共利益倾向色彩。虽然其中也包含了保护被征信者个人信息权益的内容,但是保障被征信者知情、异议、纠错、信息更新、信息安全等权益的目的,在更大程度上服务于中国人民银行公共征信系统所承担的金融安全与社会稳定任务。被征信者的个人信息权益相对而言容易受到忽视,尤其是完整性原则打破了征信活动仅处理关键信息的商业惯例,还突破了个人信息保护的一般原则。这为个人征信实践随意扩大信息处理范围埋下伏笔,也为平台企业利用征信机构所不处理的数据生产个人信用分提供了价值观念上的支撑。下文以完整性原则为例详细说明。

完整性原则对被征信者个人信息权益的冲击,直接体现在"信用信息"的概念界定问题中。"信用信息"概念反映了偏重公共利益的价值取向。"信用信息"一词最早源于 2000 年中国人民银行

---

[170]　同前注 101,中国人民银行征信管理局书,第 22—24 页。

《关于个人信用征信系统建设有关问题的通知》。随着中国人民银行展开信贷征信系统建设工作,"信用信息"概念被广泛地运用于食品药品安全、房地产、公安、交通、产品质量检测、电子商务等各行业法规、规章文件中。检视有关"信用信息"的制度规范,可以发现"信用信息"在两个方面存在概念界定困难:一是能够体现信用状况的究竟是何种信息类型;二是信息来源究竟是专指金融领域,还是经济领域,抑或是更大范围的社会领域。[112]这种情况突出地反映在2012年全国人民代表大会财政经济委员会开展的议案审议会上。审议过程中,中国人民银行提出社会各界对"信用信息"概念存在不同的理解,需要通过制定《征信业管理条例》等法规规章推动形成统一的理念。该观点得到了财政经济委员会的认可。[113]然而,2013年出台的《征信业管理条例》并未完成"信用信息"概念界定的工作。该条例在第14条列举了不得收集的信息类型与附条件收集的信息类型,仅是间接地划定了个人征信活动的信息处理边界,规定负面清单以外的信息均属于"信用信息"。

"信用信息"缺乏概念界定,面临着人人知、人人用却无人说清的客观现实。不仅中国人民银行颁布的一系列个人征信管理制度

---

[112] 自2005年至2008年颁布的一系列有关信用信息的制度规范,均试图对信用信息概念做出界定,却并未实现该制度目标。其中,2005年《个人信用信息基础数据库管理暂行办法》将个人信用信息界定为交易活动中的个人信用凭证,包括个人基本信息、信贷交易信息及其他能够体现个人信用状况的信息。根据《信用基本术语》(已废止)及《企业信用信息采集、处理和提供规范》(GB/T22118-2008),信用信息是指反映或描述"信用主体信用状况的相关数据与资料",分为政府、企业、个人三类信用信息。个人信用信息是能够体现个体在社会活动与经济活动中履行承诺的意愿、能力与价值的各类信息。

[113] 全国人民代表大会财政经济委员会关于第十一届全国人民代表大会第五次会议主席团交付审议的代表提出的议案审议结果的报告,北大法宝引证码:CLI.1.187201,2021年5月18日访问。

存在相似概念交叉、混淆与误认的情况[114]，而且有关"信用信息"概念的争议还延续到不同立法主体制定的其他法律规范中。电信、煤炭、电力等行业的监管部门各自发布了若干信用信息监管办法。在各部委制度规范的层层加码之下，"信用信息"被扩展成一个极为宽泛的概念。国务院层面也意识到"信用信息"概念不断泛化的问题，于2020年底在《关于进一步完善失信约束制度构建诚信建设长效机制的指导意见》中再次要求准确地界定"信用信息"范围。2021年《征信业务管理办法》第3条第2款规定"信用信息"具有三项要件，分别是识别个人信用状况之目的，金融等活动之用途，基本信息、借贷信息、相关信息与分析评价信息之类型。其中，"相关信息"具有概念上的随意性，"金融等活动"缺乏明确的指向。本书认为，该法同样未能完成"信用信息"界定任务。

基于以上客观情况，学者站在个人信息权益应获倾斜性保护的立场，对个人征信原则从不同角度进行了阐释。多数观点将知情作为前提性权益，呼吁基本的个人征信原则应当是知情原则。[115]知情原则要求征信活动应当确保被征信者充分地享有知情权。权利内容一般包括三个方面：其一，信息提供者向征信机构提供负面信息前必须告知被征信者；其二，信息提供者采用格式合同收集信息时必须向被征信者做出足以引起注意的提示说明，否则格式合

---

[114]　在中国人民银行制定的《金融消费者权益保护实施办法》中，金融消费者的个人金融信息包括身份信息、财产信息、账户信息、金融交易信息、信用信息等类型。可见，就同一立法主体制定的不同法律规范，个人金融信息、个人信用信息、个人征信信息等相似概念之间依然存在混淆的情况。

[115]　代表性观点参见翟相娟：《个人征信行为中信息主体的知情权研究》，载《河北法学》2013年第1期；姚朝兵：《个人征信法律规制比较研究——以信息主体同意权为视角》，载《湖北社会科学》2013年第9期。

同无效;其三,征信机构应当披露评价流程、评价方法、评价结果、评价表现等内容,以便外界知悉信用评价过程的合理性。此外,学界还提出个人征信应当遵循个人信息保护的一般原则,包括目的特定原则[176]、使用限制原则[177]、救济与责任原则等;[178]个人征信特别原则应当包含程序法定原则[179]、处理范围最小与副作用最小原则等。[180]

综上可见,传统征信的法律规制原则建立在隐私保护原则的基础上。随着个人信息保护立法的兴起,隐私保护原则又为个人信息保护原则所吸纳。个人征信作为特殊的信息处理行为,其所适用的法律规制原则在应然层面包括个人信息保护一般原则与个人征信特别原则。而我国的个人征信实践更多地从维护公共利益角度出发,长期以来制度中未能明确地提出相应的法律原则。这不仅一定程度上偏离了对被征信者个人信息权益的必要关注,也割裂了特别原则与一般原则的内在关联。

三、立基于传统征信行为方式的个人征信制度

个人征信法治化对于数字中国而言,其意义自不待言。自2009 年起,我国连续出台了《征信业管理条例》等法规和标准,逐步完善个人信息保护的相关规定,并对原有的法律进行了修订与修正。虽然规范的出台往往呈现出"头痛医头,脚痛医脚"的应急

---

[176] 张晓军:《论个人征信活动中保护个人信用信息隐私权之目的特定原则》,载《中国人民大学学报》2006 年第 5 期。

[177] 谈李荣:《金融隐私权与信用开放的博弈》,法律出版社 2008 年版,第 178—179 页。

[178] 张钱:《个人征信侵权责任认定中存在的问题分析》,载《法律适用》2014 年第 3 期。

[179] 张帆、唐清利:《社会征信体系建构中的信息公开、权义平衡与立法重构——以个人隐私保护为中心》,载《湖南社会科学》2014 年第 6 期。

[180] 同前注 16。

立法状态,然而近十余年来确实已经形成了初步的个人征信法律规制框架,尚待进一步实现严谨的规范结构。目前,我国的个人征信制度主要由征信管理制度与个人信息保护制度构成,涵盖 24 项法律、法规、规章、规范性文件和标准。整体来看,在个人征信法律制度中,上位法较为粗放,主要依靠下位法与标准来指引实践活动,而下位法与标准则通常以传统的征信技术、征信内容与评价方式为蓝本绘制。现行个人征信法律制度涉及大数据应用的前瞻性,但是就大数据应用对个人征信的实质改变缺乏深入的思考。

表 2-1　我国个人征信制度构成

序号	规范名称	与个人征信相关的规范内容	规范层级与所涉条款
1	《网络安全法》	网络运营者收集个人信息的原则、禁止规定与罚则	法律 第 22、41—44、64 条
2	《刑法》(1997年修订)	增设破坏计算机信息系统罪,2019 年最高人民法院《关于办理非法利用信息网络、帮助信息网络犯罪活动等刑事案件适用法律若干问题的解释》第 4 条将拒不履行信息网络安全管理义务,致使泄露征信信息 500 条以上的情形解释为该罪的严重后果情形	法律 第 286 条
3	《刑法修正案(七)》	增设侵犯公民个人信息罪,2017 年最高人民法院《关于办理侵犯公民个人信息刑事案件适用法律若干问题的解释》第 5 条将非法获取、出售征信信息 50 条以上的情形解释为该罪的情节严重情形	法律 第 253 条
4	《刑法修正案(九)》	补充规定单位或个人非法提供、出售、窃取个人信息的应当适用侵犯公民个人信息罪	法律 第 253 条
5	《民法典》	个人与征信机构的信息处理关系适用个人信息保护规定	法律 第 111、999、1030、 1034—1039 条

■ 个人信用分

序号	规范名称	与个人征信相关的规范内容	规范层级与所涉条款
6	《电子商务法》	电子商务平台经营者依法收集与使用用户信息的原则，平台服务协议与交易规则应当明确个人信息保护的权利与义务内容	法律 第5、23、32、79、87条
7	《消费者权益保护法》	消费者权利中包括消费者享有个人信息受到保护的权利，经营者义务中包括经营者收集与使用消费者信息的行为原则与相关义务	法律 第28、29条
8	《个人信息保护法》	个人信息处理的原则与规则、信息主体的权利、信息处理者义务与责任、自动化决策责任承担	法律
9	《征信业管理条例》	征信机构采集、整理、加工、存储、提供信息、异议、查询、删除的行为规范	行政法规
10	《征信业务管理办法》	将个人信用分纳入个人征信监管范畴	行政法规
11	《中国人民银行职能配置、内设机构和人员编制规定》	征信管理局的征信管理职能内容	行政法规
12	《金融消费者权益保护实施办法》	与征信管理相关的金融消费者合法权益受到保护，消费者信用信息属于个人金融信息，银行、支付机构、消费金融公司、征信机构等应当承担相关义务与主体责任	部门规章
13	《征信机构管理办法》	征信机构的设立、变更、终止条件与程序，高级任职人员管理，信息系统安全等监督管理规定	部门规章
14	《个人信用信息基础数据库管理暂行办法》	中国人民银行个人信用信息数据库的运行与管理规定	部门规章
15	《征信数据元注册与管理办法》	个人征信数据元的注册、管理、动态维护、信息共享规定	规范性文件
16	《征信投诉办理规程》	征信机构的投诉受理、取证核查、投诉处理、日常管理规定	规范性文件

（续表）

序号	规范名称	与个人征信相关的规范内容	规范层级与所涉条款
17	《个人信用信息基础数据库异议处理规程》	被征信者向征信管理部门提出书面异议的程序规定	规范性文件
18	《金融信用信息基础数据库接入机构征信合规与信息安全年度考核评级管理办法》	接入中国人民银行征信系统的商业银行与政策性银行,在内部控制、用户管理、合规操作、信息安全、技术保障等方面的规定	规范性文件
19	《征信数据元注册与管理办法》	征信数据元注册管理系统的运行与管理规定	规范性文件
20	《互联网个人信息安全保护指南》	完全自动化处理的用户画像技术应用于征信服务时,应当经过用户明确授权	规范性文件第6.3(c)条
21	《信息安全技术个人信息安全规范》	信息处理过程中的主体行为规范	国家标准
22	《征信数据元信用评级数据元》	个人征信数据元的基本概念、结构、表示规范、设计规则和方法、动态维护管理机制、交换格式等方面的指导	行业标准
23	《征信数据交换格式信用评级违约率数据采集格式》		行业标准
24	《征信机构信息安全规范》	征信机构的内部信息安全管理制度要求,信息安全技术要求,信息采集、加工、保存、查询、异议处理、跨境流动、安全评估等业务运作要求	行业标准

上述个人征信法律制度主要建立在传统的征信行为方式基础上,围绕中国人民银行公共征信系统展开。概括而言:

第一,在主体层面,征信机构是独立的信用中介机构,抽离于信息使用者与被征信者之间的具体民事法律关系。征信机构从第三方信息提供者处收集信息,对被征信者的个人信用作出判断。该种判断具有较强的客观性与中立性,能够显著地影响被征信者获得信贷、赊购与就业的能力。征信机构包括:中国人民银行征信中心,以及中国人民银行依法批准设立的两家私营征信机构。其中,中国人民银行征信中心对金融消费者履约行为进行客观的记录,对其履约意愿做出专业的判断,范围限于金融领域,与其他社会活动的关联程度较低。

征信机构的信息提供者包括政府部门与非政府部门两类主体。政府部门如公安、税务、民政、司法、国土资源管理、市场监督管理等部门,与被征信者之间属于行政法律关系。非政府部门主要包括各类金融机构、移动通信公司、公用企业等,与被征信者之间一般属于民事合同关系。例如,银行与个人之间的信贷合同关系、汽车金融公司与个人之间的消费金融合同关系。

第二,在权利义务内容层面,征信机构享有的具体权能包括调查权、信息处理权、信息发布权与信息使用权等。上述权能通过个人征信单行法授予。个人征信单行法在与《民法典》《个人信息保护法》等一般规定发生冲突时,具有优先适用的效力。征信机构以及信息提供者需要承担信息真实、准确、及时、完整的义务,以及通知、重新调查、更正、删除、保密、信息处理类型限制、信息保存期限限制、目的正当、程序正当、直接营销禁止等义务。

被征信者享有特定的权利。作为"公权力的代言人",征信机构与被征信者并不处于平等的民事主体地位。在征信机构对被征信者作出不准确、不公平、不真实的信用评价时,被征信者可以获得法律规定的倾斜性保护,以期展现与恢复被征信者的真实信用状况,避免征信机构的误导行为与信息使用者的判断偏差。被征信者享有知情、查询、异议、更正与赔偿等权利。其中,信用异议权是所有救济手段中最重要的权利。信用异议权是指在公法上赋予被征信者提出信用异议并获得纠正的权利。[181]在我国，被征信者在个人信息受到非法收集、个人信用被不当评判时，依法享有获得救济的权利，可以向征信机构或信息提供者提出征信异议，向中国人民银行各分支机构提出征信投诉，或向人民法院提起诉讼。

被征信者的个人信息权益还可被纳入金融消费者权益范畴获得保护。在个人征信活动涉及银行、支付机构、资产管理公司、消费金融公司等金融机构时，被征信者享有财产安全、知情、自主选择、公平交易、依法求偿、受教育、受尊重、个人信息特别保护等金融消费者权益。金融消费者权利扎根于民事权利，已经演化为一种权利义务非对等的特殊权利。以广发银行股份有限公司与常某轩金融借款合同纠纷案为例。[182]常某轩的身份证丢失后，他人冒用其身份与广发银行订立《网络金融消费贷借款额度合同》且拒不履行偿付义务，致使常某轩在中国人民银行征信系统中出现逾期记录。法院展示出明显的金融消费者倾斜性保护立场，认为广发银行作为金融机构应当更加审慎地核实交易对方身份信息的真实性，承担举证不能的不利后果。

在传统征信活动中，由于被征信者合法权益受到侵害的范围存在局限性，被征信者遭受的损失通常按照名誉权侵权处理。中国人民银行公共征信系统具有信息保存主体唯一性、信息查询主

---

[181]　为被征信者设置信用异议权是国际通行的规定。例如，美国规定被征信者可就争议信息向信息提供者提出 100 字以内的简短说明，信息提供者于 30 日内核查、更正、重新报送与通知征信机构。英国规定被征信者有权要求征信机构删除或修改所使用的错误信息，征信机构应当在收到异议的 28 日内将处理结果告知被征信者。德国亦规定被征信者有权获悉征信机构使用的个人信息，并要求征信机构作出更正。

[182]　参见(2019)粤 01 民终 6048 号民事判决书。

体法定性、信息传播范围封闭性三项特征。特别是中国人民银行
征信中心开发的个人信用分,目前并未对全部的金融机构开放,也
未对互联网借贷机构与金融消费者开放。[183]因此,法院倾向判定对
被征信者的损害后果仅发生在封闭的范围内,亦应在相应的范围
内修复或补救,典型案例如周某纲与中国邮政储蓄银行股份有限
公司重庆合川分行名誉权纠纷案。[184]

　　第三,个人征信的监督管理机制包括自律管理机制与公共监
督管理机制。行业协会在个人征信管理活动中发挥着重要的作
用。[185]个人征信行业自律管理是指依托行业协会,依照成员共同意
愿,由成员共同体自我实施约束、管理、规范与促进的自律管理活
动。管理方式主要包括约束成员行为实现市场有序发展、协调成
员共同制定标准、培育与认定征信从业人员、宣传与对外交流等。
个人征信的公共监督管理指,通过法律规范为个人征信市场秩序

---

[183]　刘新海:《数字金融下的消费者信用评分现状与展望》,载《征信》2020年第
5期。

[184]　参见(2018)渝0117民初8052号民事判决书。

[185]　域外征信行业协会逐步形成协会制、俱乐部制、会员制三类组织形式,分
别以美国消费者数据行业协会(The Consumer Data Industry Association,
CDIA)、英国信用账户信息共享组织(Credit Account Information Sharing, CAIS)
与日本征信行业自律组织为典型代表。美国消费者数据行业协会成立于1906年,
其会员既包括三大全国性信用报告机构,也包括许多地区性信用调查机构,涵盖了
个人信用报告、房屋抵押报告、商业账务催收、劳动雇佣背景调查等多种征信细分
领域。消费者数据行业协会的具体职责有设立行业标准、提供成员培训、宣传教育
消费者、举办行业年会、参与个人信用管理法律起草工作、设计标准报告格式等。
在2020年新冠肺炎疫情期间,消费者数据行业协会还展开重大突发公共事件中消
费者信用报告有关问题的研讨与咨询活动,例如信息报送、信贷援助、特殊格式、特
殊评分模型、国会议案解读等。英国信用账户信息共享组织则是由不存在股权关
系的金融机构与征信机构共同建立的私人组织,拥有350余名成员。任一机构需要
加入信用账户信息共享组织方有可能获取该组织成员的信息,信息共享方式与类型
则由组织成员共同决定。在日本,新成立的征信机构需提出书面申请,由银行业协
会、信用卡产业协会、信用信息联合会三大行业协会之一审查批准。行业协会审查批
准后,征信机构方可获得成员资格,并负有向本协会其他成员提供信息的义务。

建立运行框架，通过现场检查与非现场管理、行政强制执行等措施运用监管制度的机制。[186]个人征信公共监督管理主要由三部分工作构成：第一，征信机构管理，包括征信机构准入与退出管理、业务合规性管理；第二，信息提供者管理，包括不良信息告知、格式合同提示说明；第三，信息使用者管理，为防止滥用行为或不正当使用行为影响公平的竞争秩序，一般将信息使用目的与信息使用范围限于金融领域，要求征信机构不得任意向第三方提供被征信者的个人信息。两种机制之间并非截然分立的自治与管制关系。行业自律管理仅仅是手段而非目的。行政部门对行业自律组织的健全性、代表性与功能性加以控制，并对行业自律组织收集的行业信息数据进行日常监测分析。

第四，个人征信法律制度主要建立在传统的征信行为方式基础上。纵览上述制度规范的文本，实则难以捕捉到与大数据应用于个人征信活动直接相关的规范内容。随着近年来个人信息保护制度的完善，个人征信法律制度对大数据应用的回应，最突出地反映在《征信业务管理办法》和《个人信息保护法》之中。《征信业务管理办法》第50条将以"信用信息服务、信用服务、信用评分、信用评级、信用修复"为名义提供征信功能服务的行为，直接纳入该法的适用范畴，却并未对此做出详细的解释。立法文本以及立法起草说明中回避了大数据和人工智能技术对个人征信究竟造成了哪些变与不变的分析，而是在用语上去除"大数据"的痕迹，采取刻意牺牲精确成就表面的"大数据化"，以维持其个人征信统一监管法的风格。这既反映出举棋不定的立法态度，也不利于保证立法技术和立法语言的逻辑性、精确性与可操作性。《个人信息保护法》

---

[186]　同前注101，中国人民银行征信管理局书，第183—185页。

则对个人信息自动化处理行为应当适用的一般规则作出规定。其中,第 24 条与第 55 条分别提出信息处理者应当向信息主体履行告知与说明义务,透明、公正、公平、合理、事前评估的义务。然而,根据该法第 73 条对自动化决策的界定,上述条款仅是针对完全由计算机程序开展的分析、评估和决策情形。个人信用分中的大数据应用无法被化约为纯粹的计算机程序自动分析、评估与决策行为,而是难以剥离人类决策的人机紧密结合行为。因此,《个人信息保护法》的相关条款能否直接适用于个人信用分,还有待进一步考察。

第二节 个人征信规制机理的失范

大数据应用使得征信活动中传统的“个人—国家”二元利益结构被“国家—平台—个人”三元利益结构所取代。为了容纳新的利益形态,个人征信的规制理念已从“单纯强调信息保护”升级为“信息保护与信息利用并重”。然而,个人征信规制原则的更新存在滞后性。传统的公共利益导向不仅难以回应平台企业的利益诉求,还可能使被评价者的个人信息权益受到来自平台利益和公共利益的复合侵扰。从微观层面观察,现行个人征信制度与大数据应用的衔接不畅,导致个人信用分的法律性质、主体的权利与义务、新型征信活动的监督管理等问题均未被纳入规制视野。个人征信制度滞后性与个人信用分创新性之间的反差,使得既有制度并没有发挥对数字信用的激励作用却成为制约因素。进一步分析,传统的征信规制理论在应用于个人信用分时出现失范,其根本原因是个人信用分具有平台自治的外形却不具备平台自治的实质,而是与国家管制征信的理念存在牵连。其功能须以私人利益为诱因,经由私人组织执行,以达到管制目的,追求公益实现。随着平台企业成为数字社会的新生规制力量,社会公共利益、平台经济利益、个人信息权益之间日益紧张的冲突关系,难以在现行的个人征信制度中获得调和。

一、宏观层面:理念升级导致的征信原则适用困难

由于平台企业成为数字信用共治的重要环节,传统征信的"个人—国家"二元利益结构被打破。在新生成的"国家—平台—个人"三元利益结构中,平台经济利益并不总是与社会公共利益保持一致。单一维度的信息保护理念难以容纳新的利益形态,客观上需要转化为复合维度的信息利用与信息保护并重理念。然而,个人征信规制原则尚未相应地更新。传统的公共利益导向无力解决个人信用分生产与运用中的复杂利益冲突。

(一)数字信用共治推动征信规制理念的升级

在国务院制定的社会信用政策文件中,社会征信系统是与信贷征信系统并行的制度设计。将平台企业纳入社会征信系统肇始于2007年的《关于社会信用体系建设的若干意见》。该意见提出以信贷征信系统建设作为重点工作,全面建立信贷征信系统与社会征信系统并存的社会信用体系。中国人民银行统一部署下,信贷征信系统逐步设立。⑱中国人民银行征信中心成为当时唯一的个人征信机构。随后,工作重点转向社会征信系统建设。

平台利用大数据和人工智能技术在网络空间中开展个人信用管理活动,属于社会征信系统建设的重要内容。2014年,《社会信

---

⑱　信贷征信系统中的信息与数据,起初来源于商业银行、证券公司、保险公司等传统金融机构,后也囊括了P2P等互联网金融机构提供的信息与数据。后者即是指,中国人民银行通过网络金融征信系统(NFCS)开展互联网金融信息共享的"互联网征信"。该"互联网征信"已被纳入信贷征信系统实施统一管理。参见《中国人民银行对政协十二届全国委员会第四次会议第0291号(财税金融类021号)提案答复的函》(银函[2016]291号),北大法宝印证码CLI.4.289333,2021年7月29日访问。

用体系建设规划纲要(2014—2020 年)》指出社会成员信用记录缺失的情况严重,要求加快社会征信系统的建设工作,尤其是要完善网络信用法律制度与建设网络信用监管机制,对上网人员的网络行为实施信用评价与记录信用等级。2015 年,《关于运用大数据加强对市场主体服务和监管的若干意见》明确支持互联网企业依法采集市场交易活动与社会交往关系信息,并将此举视为信用服务活动的重要创新。同年,《关于积极推进"互联网 + "行动的指导意见》将互联网企业参与社会征信系统建设的行为统称为"网络征信"。该意见重申利用大数据技术加快网络征信建设,利用平台企业积累的信息完善中国人民银行的信贷征信系统,为社会与经济秩序提供有力支撑的工作要求。《促进大数据发展行动纲要》更是详细地描绘出意欲建立的网络征信理想图景,即由平台运用大数据技术建立网络征信系统,接入中国人民银行信贷征信系统,形成全国统一的信息共享与交换平台,初步建成社会信用体系。2017年《关于促进分享经济发展的指导性意见》再次明确提出各部委应当积极引导平台企业利用大数据监测等手段,健全主体信用记录。

国务院政策文件是《立法法》中有权直接创设相对人权利与义务的法律规范。上述文件可被视为是个人信用分的主要合法性依据。平台治理个人信用作为一种国家认可的非正式制度安排,出现在有关社会信用治理的许多政策文件中,在平台自治与公共规制之间建立起正式的关联关系。不仅平台建立的个人信用分规则符合规范性、公共性与自治性要求,具备转化为正式制度安排的潜质。⑱

---

⑱ 规范性指平台社群规范应当是一种抽象的制度安排,对成员的权利与义务分割、利益分配具有普适性。公共性指能够通过成员缔约、票决或其他协商机制形成合意。自治性指具备完善的制度安排、有力的激励与约束机制,能够实现自治目标。参见罗豪才、宋功德:《软法亦法:公共治理呼唤软法之治》,法律出版社 2009年版,第 141—144 页。

而且更为重要的是,治理个人信用是平台意志与国家意志的契合。通过治理个人信用来维系网络市场的平稳秩序既是平台意志也是国家意志,二者是局部与整体、个性与共性的关系。尽管重心定位存在明显的差异,但是平台意志与国家意志具有很多的相似与关联。这种契合主要表现为平台意志需要符合国家意志的要求,大体对应着国家与平台分治这一模式。在国家与平台分治个体信用的模式下,国家为平台确定一个外部、刚性、宏观、静态的框架,就国家与平台在个人信用治理中的关系作出大致规定,却不对平台如何治理个人信用作出具体的指示。平台在网络空间中享有比较充分的自治权与相对独立的意志。

个人信用分是平台相对独立意志的缩影。个人信用分规则由平台自行制定。其发端于平台控制网络交易风险的需求,具有明显的市场性,鲜明地反映了平台企业的经济利益诉求,也是平台企业的重要获利工具。在激烈竞争的互联网市场中,平台利用个人信用分提高自身对网络交易的控制能力,不断提升自身的市场支配力量。此外,个人信用分还对中国人民银行主导下的传统征信构成有力的竞争与制衡。可见,平台企业的经济利益与社会公共利益并非总是保持一致。

个人信用分中,被评价者个人信息权益的分配发生在个体、平台与国家之间。在个体层面,个人信用分涉及被评价者的人格权益、既存财产利益与预期财产利益。在平台层面,个人信用分承载着平台的数据经济利益与信用评价算法商业秘密。在社会层面,个人信用分关系到个人征信市场健康发展、数字信用共治良性运行、网络数据安全与国家公共安全等重要方面。随着生产方式向数字经济转换,各主体利益切分不公,将直接影响社会整体信用的营造。在公共利益、平台经济利益与个人信息权益的博弈中,传统上强调保护被征信者信息权益的征信规制理念，就不可避免地转化为信息利用与信息保护并举的新型理念。

（二）个人信用分难以适用个人征信原则

考察前文所述的个人征信原则，可以发现个人信用分与部分原则之间存在错位的情况。对个人信用分适用这些原则，不仅难以回应平台企业的经济利益诉求，还可能使被评价者的个人信息权益受到来自平台利益和公共利益的复合侵扰。

1. 知情原则会严重减损平台的经济利益

知情原则旨在克服信息不对称问题，实现个人征信的目的，却容易严重减损平台在信息处理与信用评价算法方面的财产性利益。知情原则与平台经济利益的冲突显著地体现在《征信业务管理办法》第 11 条与第 31 条。

该法第 11 条规定平台企业应向中国人民银行报告其所采集的数据。这实际上是将个人信用分所使用的数据强制纳入公共征信系统，并通过公共征信系统打破"数据孤岛"，在全部征信机构之间实现顺畅的信息流通。然而，平台的核心特征是利用技术连接了大量的数据源，分析并匹配数据资源与社会需求，形成生产资料占有与权力资源再生产的完整闭环。[189]数据是平台企业最为重要的竞争优势。数据不断转化为数字经济的动能，使平台受到利益驱动持续投入资金、人力、技术资源，实现生产与创新。数据与算法相结合产生巨大的交换价值是平台保持活力的关键因素。现实中，平台之间有关数据侵入、复制、窃取、争夺的纠纷层出不穷，例如大众点评诉爱帮网案、新浪诉脉脉案、淘宝诉美景案、顺丰与菜鸟的数据之争、华为与腾讯的数据之争等。强制要求平台剥离核

---

[189] Cohen, *Between Truth and Power: The Legal Constructions of Informational Capitalism*, Oxford: Oxford University Press, 2019, pp.269—271.

心资源并汇入公共征信系统,短期内可能有利于提升个人征信管理资源、缓解数据孤岛问题。但是,罔顾平台的经济利益诉求容易对平台经济形态构成毁灭性的打击,长远来看不利于数字经济的健康发展与良性循环,反而可能对公共利益带来不利后果。

该法第 31 条规定平台应当向中国人民银行报告信用评价方法、模型与主要维度。从立法沿革来看,该法征求意见稿曾规定平台应当对外披露信用评价方法与信用评价模型,以反映个人信用分的可信性,但是并未明确应当披露至何等程度。信用评价方法与模型属于信用评价算法的一部分。算法披露可能采取在系统后台标识、向行政部门报备、向社会公开参数甚至公开源代码等多种形式。算法应用确实带来算法歧视与算法支配的不利后果,运用算法透明原则打开算法黑箱极为必要。[190]但是,信用评价算法承载着平台利用个人信用分追求利润的经济价值,往往被视为平台的无形财产。公开披露信用评价算法的强制性规定,有可能便于第三方利用反向工程破解算法与操纵算法,从而严重侵害平台的经济利益。在正式颁行的法规中,信用评价算法披露范围限缩于中国人民银行,正是对该种风险的回应。

从域外经验看,算法透明并不意味着平台企业应当放弃相应的财产性利益。在美国,信用评价算法作为征信机构的商业秘密受到严格的保护。[191]德国信用立法虽然依据欧盟 GDPR 对个人数据设置了处理原则,符合处理原则的个人数据即可收集与使用,却在德国联邦法院的判例中明确将 SCHUFA 的信用评价算法列为商业秘密。理由是通过利益衡量方法发现,保护该计算方法的秘

---

⑩　汪庆华:《算法透明的多重维度和算法问责》,载《比较法研究》2020 年第 6 期。

⑪　同前注 6, Citron, Pasquale 书,pp.1—33。

密性与 SCHUFA 的竞争力和市场价值密切相关。[192]2018 年,德国开放知识基金会等数个公共组织曾发起 OpenSCHUFA 呼吁,要求 SCHUFA 公开信用评价算法以更好地保护消费者权利。1 800 多名民众捐赠了 4.3 万欧元以示支持,但并未取得实质性成果。在个人征信领域以外,对算法透明原则的适用一般也仅限于公开披露主要参数。欧盟在 2019 年《关于提高在线平台交易的公平性和透明度规则》中即规定,搜索引擎服务商负有向公众披露竞价排名算法主要参数的义务。[193]因此,信用评价算法披露要求虽然是算法问责的重要手段,但是在监管强度与监管密度方面都需要进一步考虑对平台企业的技术创新激励。

2. 真实原则与个人信用分的运行机理相抵牾

真实原则要求做出信用评价所使用的信息应当是真实、完整、准确的,以避免信息传递过程中出现失真。个人信用分的运行机理决定了真实原则仅适宜作为一种理想化标准予以参照。

个人信用分是带有算法设计者主观色彩的、面向个人未来行为的机器推断,存在因信息主体受外界影响突然改变行为惯性而产生错误推断的概率,算法在运行过程中往往还需要人工介入。同时,个人信用分并不完全依赖于平台收集信息的真实性,而是通过各种信息交叉、比对、识别,作出相对最具可能性的判断。因此,个人信用分难以完全符合传统征信在信息处理方面的客观、准确与可靠要求。

---

[192]　左今:《从德国 SCHUFA 的运作模式看市场化征信制度的建设》,载 https://mp.weixin.qq.com/s/CMF87m4ZaiDvn4i9-Tb5dg, 2021 年 1 月 17 日访问。

[193]　*Regulation（EU）2019/1150 of the European Parliament and of the Council of 20 June 2019 on promoting fairness and transparency for business users of online intermediation services*（2019-6-20）, https://eur-lex.europa.eu/legal-content/EN/TXT/PDF/?uri=CELEX:32019R1150&from=EN, accessed on 2021-1-12.

此外,个人信用分并非国家对个人信用做出的行政裁量,并不必然需要准确地反映个人信用。正是由于平台在数据处理维度方面的差异,使得各平台生产的个人信用分均在一定程度上能够反映出被评价者的部分信用特征,亦能促进个人征信产品与服务的多样化与开源化,有利个人征信市场的错位互补与繁荣发展。

因此,如直接对平台适用真实原则,平台对信息提供者的信息审核义务需相应地从线上环境转移至线下环境。这不仅存在对平台履行能力与成本负担未充分考量的问题,也加剧平台在现行法律框架中找寻准确定位的困难,还可能因需要重新设计一套与平台信息审核义务相称的制度规范,而大幅提升立法成本。

3. 公正原则与平台的价值追求相冲突

作为市场秩序法的重要组成部分,个人征信法律制度以平等对待市场主体为基本原则,体现着法律的公正价值,以此避免征信活动发生异化。然而,平台以营利为目的,通过对不同的个体赋予不同的信用等级,实现产品与服务的精准营销。换言之,差别化、个性化更有利于实现资源的最优配置。因此,公正原则与平台经济形态中利用差别营销实现获利的价值追求相悖。

4. 目的特定与使用限制原则的难以实现

目的特定原则与使用限制原则均要求将个人征信结果限于金融活动,将信息共享限于特定机构。例如,韩国在立法中明确将信息共享限于公共征信机构与私人征信机构之间;欧盟规定委托方付费的信用报告只能在限定范围使用;美国也规定符合条件的个人与机构方可使用信用报告。而个人信用分显然无法限制于特定的目的与范围,否则将失去其解决网络交易活动中信息不对称问题的核心价值。

5. 程序性原则的缺位

在程序性原则的指导下,征信活动需要在信息收集范围、信息使用程序、信息更正与删除等方面严格地依照法律程序实施,而个人信用分缺乏正当程序原则的约束,更多地依照平台规则开展,实践中在以下方面均缺乏正当程序的指导。

第一,平台使用已公开的负面个人信息生产出来的个人信用分,容易超越比例原则的限制。按照比例原则,负面个人信息是否应当公开披露与再行处理需由行政部门依职权实施利益衡量后作出决定。被评价者无法事先判断其个人信用分究竟在多大程度上受到已公开负面个人信息的影响,而依据负面个人信息生成的个人信用分又进一步制约着被评价者的诸多权益。比例原则的实施需要受公共利益阻却。公共利益作为信息处理的合法性基础之一,在《个人信息保护法》与《民法典》中基本保持一致。基于一般理性人的经验判断,个人信用分是数字信用共治的重要工具,应当属于符合公共利益的行为。而传统的个人信息保护理论认为,基于公共利益需要而收集与使用个人信息的权力,必须伴随不得随意泄露的法定义务。[⑭]我国社会信用体系建设过程中颁布了一系列政策与法规,行政部门掌握的个人信息传输给平台属于形式上的合法行为。失信联合惩戒隐含着"保甲长"式的信用治理理念,实践中容易异化为扭曲的激励机制与变相的集体性惩戒。学者已经注意到,个人信用分在线下环境广泛应用带来了诸如炒作信用、金融歧视等一系列负外部性问题,对被评价者的合法权益产生系统化的侵蚀后果。[⑮]

[⑭] 杨开湘:《宪法隐私权导论》,中国法制出版社 2010 年版,第 38 页。

[⑮] 马长山:《智慧社会背景下的"第四代人权"及其保障》,载《中国法学》2019 年第 5 期。

第二,平台的信息收集行为也容易突破《个人信息保护法》规定的最小原则。具言之,平台的行为符合《个人信息保护法》规定的合法、正当、必要原则,却可能违反该法第6条所规定的最小原则。其一,由于信息功能与应用场景密切相关,平台为消减信息不对称状态的影响,存在尽可能多地收集信息的主观能动性。其二,平台利用失信联合惩戒机制,还能够从法院系统获得公众无法查询的信息,加剧个人与平台之间的信息不对称问题。将公众无法获知的信息加工为个人信用分并继续开展商业化利用的行为,这容易强化各方信息失衡的风险。其三,随着信用评价算法的快速发展,大量曾经未能被收集的个人信息,或未被视为具有信用属性的数据,已经越来越多地成为判断个人信用的要素。上述三种因素均会促使平台突破最小原则的约束。

6. 责任原则的缺位与缺陷

责任原则对征信机构施加法律责任,促使其规范地实施征信活动,避免被征信者的合法权益受到损害。与之相对,平台对被评价者缺乏完善的救济机制。个人信用分难以符合权责一致、无权力不受监督、无权利不获救济的责任原则要求。不当或错误的个人信用分对被评价者权益造成的损害,难以通过私人协商、行政程序或司法程序获得适当的救济。

一方面,个人信用分规则经常以网络服务协议形式呈现,被设计为格式合同,属于有相对人的单方法律行为。平台往往保留单方变更服务内容、类型、方式、各方权利义务、仅以公告方式而无需单独通知个人的权利。个人只能点击接受或不接受,被动地获得信用评价算法对其自动做出的评分。在个人对信用分存疑时,只能以"全有或全无"方式,要么接受评分结果,要么停止使用评分服务。被评价者无法基于该规则向平台提出异议、删除、变更、恢复、赔偿等请求。

另一方面,个人信用分中出现的错误或不当行为,很难通过行政复议或行政诉讼获得纠正。个人信用分作为经济决策的依据,并不直接设定、变更、废止权利义务关系,不属于行政法律行为。通常情况下,法院只能依据私法规范,根据"谁主张谁举证"原则做出裁决。具体又存在以下两种情形:

一种情形是,司法裁判中倾向于将个人同意平台生产个人信用分而收集其信息的情形,视同平等主体之间的商事契约处理,适用《民法典》第1036条规定的三类信息处理合法性基础:处理信息主体知悉并同意的信息,处理基于公共利益或信息主体合法权益目的的信息,以及处理已公开的信息。在徐某与芝麻信用管理有限公司隐私权纠纷案中,法院正是依此认定芝麻信用分属于对个人信息的商业化合理使用行为。被评价者难以就个人信用分的具体用途举证,在权益受损时无法得到有效的救济。

另一种情形是,个人信用分由信用评价算法自动生成,个人同意平台收集其信息后方可获知评分结果,自然也就不存在选择使用何种信息类型生成个人信用分的能力。而个人信用分生成后,个人明确拒绝的,再次回到个人信用分是否属于信息合理使用的问题,很容易产生法官将该行为判断为合理的商业使用行为的后果。

此外,就赔偿责任而言,责任原则还难以契合个人信用分的行为特征。个人信用分的侵害范围远远超过传统征信的侵害范围,具有在不特定人群中快速传播的特征。只要信息使用者与平台达成协议,不利于被评价者的评分结果就能够即时地传至与平台连结的各个电子商务经营者处。因此,名誉权对被评价者的保护能力有限。由于名誉权侵权属于一般侵权行为,往往以填补损害为标准。法院对被评价者主张的精神损害赔偿请求或未实际发生的经济损失赔偿请求通常不予支持。⑮然而,个人信用分发生在彼此互联的网络空间中。不利评分结果的快速传播容易显著地影响被评价者未来在线上与线下环境中能够获得的产品与服务的数量与质量。因此,填补损害标准难以约束个人信用分,无法实质性地发挥效用。

二、微观层面:个人信用分的具体指引难点

个人信用分不是传统征信活动的数字化形式。平台与被评价者之间的关系也并非传统征信法律关系的自然延展,而应当是个人征信法律关系的当代转型。现行个人征信制度就大数据应用对个人征信的实质改变缺乏深入思考。个人征信制度与大数据应用的衔接不畅,不仅导致个人信用分的许多细节问题尚未被纳入规制范畴,也制约了数字信用的创新与发展。

(一)个人信用分的法律性质问题

《征信业务管理办法》起草说明中首次提出,利用法定信息类型对个人信用状况做出的评分活动应当被界定为征信活动。第50条专门强调以信用评分等名义对外提供征信服务的,适用该法。根据国务院《关于"先照后证"改革后加强事中事后监管的意见》,征信机构必须经过征信业监督管理部门批准设立。2020年底,鹏元征信有限公司因未经批准擅自从事个人征信业务,受到中国人民银行对征信机构做出的有史以来最大金额的行政处罚。此举释放出强烈的监管信号。可见,就一项信息处理行为是否属于个人征信,现行制定法提供了两项判断标准:第一,该信息处理行为是否具有征信行为本质。第二,从事该行为的主体是否属于法定的个人征信机构。如前所述,个人信用分是个人信用的具体表现形式。个人信用分具有征信的本质属性,能够满足第一项标准。

---

⑮ 参见(2019)湘11民终2075号民事判决书。

因此,判断重点落在第二项标准上。

《征信机构管理办法》将征信机构界定为主要从事征信活动的行为主体。前已述及,征信是一类特殊的信息处理活动。相比较而言,平台企业的主要功能是为网络交易提供支付结算、身份认证、数据分析与技术服务、物流、资金融通、行为管理与调控等基础服务。个人信用分只是平台实施行为管理与调控的一种方式。世界范围内,各国对征信机构并不存在一致的定义。在美国,征信机构包括信用调查机构、信用报告机构和信用评级机构。其中,信用报告机构是指经常从事信息收集与评估的非营利性机构,信用评级机构是指利用模型评级并发布评级结果的营利性或非营利性机构。韩国则将从事信用查询、信用调查、债券追究、信用评估四种业务中的任何一种或全部业务的机构统称为征信机构。[197]无论采取何种定义,上述征信机构都具有信息主要来源于第三方、信息主要提供给第三方使用的显著特征。可以发现,不管是从定义方面判断还是从特征方面判断,平台均难以构成传统意义上主要从事征信活动的机构。

综上所述,虽然个人信用分具有征信的本质属性,但是并非我国法定意义上的征信活动。立法者并未对个人信用分的合法性给予正式的认可。可是,2015 年《关于做好个人征信业务准备工作的通知》又对个人信用分的存在作出了正面的解读。这就使得个人信用分的存在处于一种"适法不明"的状态。

(二)个人信用分的主体权义问题

1. 信息提供者的权利与义务不明

个人信用分的信息提供者主要是平台企业集团的成员,以及

---

[197] 同前注 101,中国人民银行征信管理局书,第 42 页。

接入平台的政府部门、非政府公共部门与电子商务经营者。

第一，在平台企业集团成员作为信息提供者时，平台将信息收集条款置入以网络服务合同为代表的平台规则之中。平台规则的法律性质有别于普通的商业合同而更接近组织公约。这使得平台与被评价者之间的法律关系十分模糊，二者的权利与义务内容也并不清晰。

有研究者以拆封合同类比平台规则，认为个人通过点击同意或浏览生效方式接受平台规则，平台服务协议已构成合同法上的要约，故其本质是点击合同或浏览合同。[198]以杨立新教授为代表的许多民法学者认为，考虑到平台对交易达成、交易对价、交易履行、违约责任方面的控制力，平台应属于交易主体，平台规则应当依据内容不同纳入各种合同法律关系。[199]个人信用分规则可被视为担保合同，由平台利用个人信用分为买卖双方的交易承担担保责任。[200]司法实践中，平台适用平台规则治理网络交易空间的行为，往往被认定为执行网络服务合同。在福州九农贸易公司诉上海寻梦信息技术公司案中，法院认为平台规则是平台与商户共同达成的契约，拼多多作为平台规则的制定者能够获得实施单方管理行为的权利。[201]在广州画景服饰有限公司诉上海寻梦信息技术有限公司案中，法院不仅承认拼多多存在商事交易主体与网络交易市场监管主体双重角色，拥有维系交易秩序、制定商品与服务标准、处理消费者与商户纠纷、处罚商户违规经营的权利，还高度肯定了

---

[198]　夏庆锋：《网络合同中不正当格式合同的纠正规则》，载《江淮论坛》2020 年第 2 期。

[199]　杨立新：《网络交易法律关系构造》，载《中国社会科学》2016 年第 2 期。

[200]　蒋大兴、王首杰：《共享经济的法律规制》，载《中国社会科学》2017 年第 9 期。

[201]　参见(2017)沪 0105 民初 20204 号民事判决书。

拼多多创建的消费者赔付金制度属于有益于网络交易市场秩序的探索实践。[202]

然而,合同关系以交易双方微粒化、原子化为主要特征,通常不采取一种供应者对应消费者的集体主义视角。[203]平台规则的内涵有别于普通的商业合同。部分学者已敏锐地意识到平台规则具有私法规则公法化的特征。[204]平台规则以公示为生效要件。准入平台的前提是用户自愿接受平台的审查、管控与处置。这种要求一般是不可协商变更的。平台规则的修改也通常由平台经营者以单边变更格式合同后公示的方法进行。尽管个人可能并未浏览公告的具体内容,但是只要个人保持对平台的使用行为,例如常常登录平台浏览商品,司法裁判中就会视为是对变更平台规则的默示同意。[205]以合同理论作为平台与被评价者之间法律关系的基础分析框架,基于合同关系的法律推理将很难融入保护公共利益的强制性标准,还有可能使公私合作治理转变为彻底的平台自治,从而走向另一个极端。

事实上,利用个人信用分开展的网络行为规制,可以比照美国学者提出的公司化组织治理来理解。[206]相对于合同关系,个人信用分规则在性质上更加接近组织公约或协会章程。个人信用分规则

[202] 参见(2018)沪01民终6286号民事判决书。

[203] [英]休·柯林斯:《规制合同》,郭小莉译,中国人民大学出版社2014年版,第336—337页。

[204] 代表性观点参见邱遥堃:《论网络平台规则》,载《思想战线》2020年第3期;刘权:《网络平台的公共性及其实现——以电商平台的法律规制为视角》,载《法学研究》2020年第2期;姚辉、阚梓冰:《电商平台中的自治与法治——兼议平台治理中的司法态度》,载《求是学刊》2020年第4期。

[205] 刘力、何建:《电商平台打假的裁判规范及其法理逻辑——浙江淘宝网有限公司诉许文强等网络服务合同纠纷案》,载《法律适用》2019年第6期。

[206] Richman:*Firms,Courts,and Reputation Mechanisms:Towards a Positive Theory of Private Ordering*. Columbia Law Review 104,2328—2368(2004).

是对个人网络用户进入平台所管理的网络空间的事实确认,代表各方在《电子商务法》的约束下,就维持网络空间中的信用价值、承认平台的相关规则达成合意。相应地,平台与被评价者之间的法律关系也不应当认定为是网络服务合同关系,而是信息处理法律关系,信息处理法律关系也并不必然是一种合同关系。

第二,在接入平台的政府部门与非政府公共部门作为信息提供者时,其与被评价者之间以平台作为桥梁,又分为两种情形。一是平台通过行政委托或行政任务民营化的方式,开发电子政务平台或开设数据传输接口。此时,平台作为技术服务提供商,并未实际介入信息提供者与被评价者之间的行政法律关系,因而不影响二者的权利与义务内容。二是平台通过失信联合惩戒机制,向信息提供者调取被评价者的信息,再以该信息为素材生产个人信用分。由于法律规范的缺位,平台的此种信息处理行为不属于个人征信法律关系。该行为也难以纳入有名合同关系。套用有名合同处理的方式显得捉襟见肘。因此,在现行法律规范下,平台与被评价者的权利与义务只能通过《个人信息保护法》的一般条款加以规范,平台只需遵循宽泛的合法、正当、必要、诚信等个人信息处理原则。

第三,在接入平台的电子商务经营者作为信息提供者时,其与被评价者之间存在民事合同关系,被评价者向信息提供者交付必要的个人信息用于履行合同。信息提供者作为经营者,需要受到《消费者权益保护法》的约束。然而,消费者信息侵权情形仅包括非法收集信息、违法使用信息、泄露信息、出售信息、非法提供信息、非法向消费者发送商业信息六类行为,而信息提供者与平台之间则属于网络服务合同关系。信息提供者向平台交付其在开展电子商务过程中收集的个人信息、换取平台基础服务功能的行为,在司法实践中通常被视为基于合理商业目的,不属于上述六类侵权行为。信息提供者与平台之间的网络服务合同关系亦因发生于平等民事主体之间,缺乏保护公共利益的强制性,而与个人征信法律关系差距甚远。例如,平台不需要依据个人征信法律规范向被评价者履行严格的通知与书面承诺程序,无需向被评价者告知其所享有的权利,也不存在共享信息的义务。

2. 被评价者的权益保护流于形式

在个人信用评价中,平台集信息提供者、信用评价者、信用评价使用者等多种角色于一身,只在形式上与被评价者具有平等关系。国务院与各部委发布的失信联合惩戒规划纲要、指导意见等纲领性文件,规定平台具有参与社会征信系统建设与失信联合惩戒机制的义务,却未将生产个人信用分/制定个人信用分规则明确地设置为平台的法定权利。上述纲领性文件只能视作是对平台实施信用评价权的间接确认,缺乏充分的权利基础。尽管平台本身具有行使信用评价权的技术能力,然而"公法上的权利与私法上的权利存在着明显差异,它在法律制度安排上与公民义务、公共权力等概念具有同等重要的地位,不可能像私法那样,可以含蓄地躲在义务规范的后面若隐若现"[207]。平台生产个人信用分缺乏法律的明确授权,也不属于行政授权、行政委托、行政任务民营化等传统情形。因此,该行为难以融入公法理论框架[208],只能置放于私法有关平等主体之间意思自治的理论框架中加以调整。平台与被评价者之间的法律关系也只能被视为一般的个人信息处理法律关系。

基于上述法律拟制,被评价者并不属于被征信者,无法获得公

---

[207] 罗豪才、宋功德:《软法亦法:公共治理呼唤软法之治》,法律出版社 2009 年版,第 112 页。

[208] 孔祥稳:《网络平台信息内容规制结构的公法反思》,载《环球法律评论》2020 年第 2 期。

法上提出信用异议并获得纠正的权利。同时,被评价者权益也未必能够纳入金融消费者权益保护范畴。原因在于,当平台仅作为信息中介而不介入基础交易活动时,被评价者不必然处于互联网金融合同关系之中。被评价者难以直接作为金融消费者受到倾斜性保护,从而难以获得法律规定的财产安全、知情、自主选择、公平交易、依法求偿、受教育、受尊重与信息安全等权利。当个人信用分未被实际用于消费金融领域时,被评价者无法获得金融消费者身份,亦难以要求平台按照金融消费者个人信息保护的规定,承担更多的审慎注意义务。

正是由于被评价者缺乏公法上的被征信者权利与金融消费者倾斜性保护机制,其权益保护力度更容易受到削弱,流于形式。大量因第三方侵害行为导致被评价者个人信用分下降的异议,不仅难以通过司法诉讼获得救济,也难以通过被评价者向平台申诉的方式加以解决。平台向被评价者解释个人信用分下降的原因与列示个人信用分提升的方式,均立足于平台自身经济利益最大化的目标,并不关注个人信用分下降的真正诱因与对被评价者权益的实质影响。以芝麻信用分为例,虽然平台在"我的客服—热点关注—为什么我的芝麻分下降了"页面中,说明下降原因并非只有"逾期"一种情形。但是,随后的说明着重展示了如何处理被评价者自身的逾期行为,并建议被评价者尽快履行支付义务。其目的正是降低"先消费后付款"机制中,平台代为先行履行债务所可能遭受的经济损失。

此外,在个人信用分的信息处理、评分形成与评分运用环节,平台相对于被评价者与监管部门而言具有绝对的信息优势地位。但是一旦脱离了平台的控制,个人信用分往往会成为敲诈勒索、合同诈骗等违法活动的重要工具。在打击破坏社会秩序行为的公法视野下,个人信用分本身尚且未能成为保护对象,其所蕴含的被评价者权益就更容易受到忽视、牺牲或割裂。

（三）个人信用分的监督管理问题

第一，个人信用分与征信自律管理机制错位。

平台的个人信用治理功能基于其网络空间治理功能。这种功能以协同治理（Collaborative Governance）为理据。[209]数字社会呈

---

　　[209]　网络空间治理的基础理论经历了从社会资本理论到网络治理理论再到协同治理理论的转变。社会资本理论是关于一般信任如何作用于生产关系的抽象概括，往往被视为是声誉、信任、网络与信息共享等研究视角的理论延伸。社会资本指协同合作带来的投资增长或潜能增长，是以互惠互利为目标而开展协作的社会组织的显著特征。其核心在于信用、规范与网络。信用是其中最关键的因素。网络增加了成员之间的信用，规范为信用转移提供了保障，信用转移又进一步提高了网络的凝聚性，使得信用关系具备自我强化的循环本质。基于此，强调社会组织平等关系、以执行非正式社会规则为特征、开展多头治理的网络治理理论成为社会资本理论的发扬。网络治理促成了公共机构与社会组织的共生关系，在美国起初适用于环境治理领域，后续逐渐向医疗、航天、军事、房地产、汽车制造等领域扩展。网络治理理论是一种理想化的水平式治理方式，虽然回应了信息社会复杂结构导致的传统科层治理失灵问题，但因其结构松散化、规则非正式化，易导致公信力的丧失，也难以规制私人部门参与治理引发的无序竞争问题。因此，网络治理理论被强调以公共部门为核心开展治理的协同治理理念所替代。联合国全球治理委员会将协同治理定义为既包括具有强制力的正式制度，又包括促进协商的非正式制度的持续进程。协同治理理念吸纳了积极参与、协同行动的精髓，也保留了紧密、正式的组织结构形式，以官僚主导，民众参与，包含竞争、交涉与民主价值，既反映权威性民主发展路线，又具有相当程度随机性的多元状态。随着管理方式分权化（Decentralization）、去官僚化（Debureaucratization）等特征逐步统一到协同治理理念中，埃莫森等人在综合了协同治理理念关键要素的基础上，提出了一个具有包容性的协同治理理论框架。互联网场景下，数据与信息本身随时产生、多点存储、反复使用、跨场景应用等特性天然地契合了协同治理理论对以人为本、结果导向、民主参与、分权协作、多元治理、激励相容的行为模式要求。由此，协同治理理论日益成为网络空间治理的理论基础。协同治理理论产生于20世纪90年代后期，是西方社会中处理复杂公共事务的新兴治理方式，被认为是回应传统治理模式弊端的理论与实践体系。在网络空间治理中，协同治理理论处于基础地位。参见Putnam：*The Prosperous Community：Social Capital and Public Life*. American Prospect 4，35—42（1993）；Goldsmith，Eggers，*Governing by Network-the New Shape of Public Sector*，Washington：Brookings Institution Press，2004，pp.3—24；刘伟忠：《我国协同治理理论研究的现状与趋向》，载《城市问题》2012年第5期。季卫东：《中国：通过法治迈向民主》，载《战略与管理》1998年第4期；田培杰：《协同治理概念考辨》，载《上海大学学报（社会科学版）》2014年第1期；Emerson，Nabatchi，Balogh：*An Integrative Framework for Collaborative Governance*. Journal of Public Administration Research and Theory 22，1—29（2012）。

现出等级结构扁平化、命令控制流动化、规则内嵌于信息系统的显著特征。[210]与实在世界的组织特征不同,网络空间中的权力常常取决于组织规模、对信息或物质资源交换规则的控制能力、强制性规范的有效程度、生产要素投入数量四方面因素。[211]法律规范发挥效力在相当程度上依赖于多主体的交涉式服从（Negotiated Law-abiding）。[212]协同治理正是对交涉式服从的回应。协同治理在网络空间的实际运用,源于 2005 年信息社会世界峰会《突尼斯议程》。根据该议程,包括政府、私人部门在内的所有利益相关者应当根据各自的作用,秉承一致的原则、规则、程序与计划,以立法、实施合作框架、交流最佳实践、采取自律措施与技术措施等方式共同参与到互联网治理中。[213]美国互联网名称与数字地址分配机构（The Internet Corporation for Assigned Names and Numbers，ICANN）是网络空间协同治理的典型案例。[214]我国依据《关于加强网络文化

---

[210]　［美］简·芳汀:《构建虚拟政府:信息技术与制度创新》,邵国松译,中国人民大学出版社 2010 年版,第 53 页。

[211]　Oliver：Determinants of Interorganizational Relationships：Integration and Future Directions. Academy of Management Review 15，241—265(1990)。

[212]　季卫东:《5G 对社会与法治的影响》,载《探索与争鸣》2019 年第 9 期。

[213]　网络空间的协同治理并不预设权威核心或单一领导者,而是强调通过赋予各利益相关者相应的权利、义务、责任,采取自下而上的团体合作方式来平衡各方利益、实现网络共治,试图通过广泛的民主参与来实现正当性与有效性。在网络空间中,规制权力向私人部门分配,实际上是磋商与妥协的结果,是政治民主化的产物,体现着公共部门在治理力所不逮领域时的某种妥协。参见信息社会突尼斯议程,载 https://www.un.org/chinese/events/wsis/agenda.htm，2020 年 11 月 2 日访问;张新宝、许可:《网络空间主权的治理模式及其制度构建》,载《中国社会科学》2016 年第 8 期。

[214]　1998 年,互联网协会、国际电信联盟与世界知识产权组织等团体合作,就管理互联网地址事项订立谅解备忘录。美国拒绝了该份谅解备忘录。最终,域名系统和互联网治理技术的管理职责移交至新设立的 ICANN。随后,ICANN 正式注册为一家私营非营利性公司,开展互联网自我治理实践。ICANN 构造了一种兼具自我治理、联合监管和委托监管的运行机制。但因缺乏程序监督以及问责机制,ICANN 在通用顶级域名推行过程中要求域名持有人持续支付大量费用,（转下页）

建设和管理的意见》,同样是按照"谁经营谁负责、谁办网谁负责"原则,实施"以网管网"策略,间接规制网络参与者,以实现对网络空间的有效治理。

治理实践同样显示出平台相对行业协会的优势。在民政部登记的数十家互联网领域的行业协会中,当前发展程度较成熟、规模较大的行业协会主要是中国互联网协会与中国互联网金融协会(统称"互联网行业协会")。相对互联网行业协会,平台在治理个人信用方面具有灵活性、激励性、低成本三方面的显著优势。互联网行业协会则因依附政府部门与庇护大型平台,在客观性与中立性方面存在欠缺。具体来看:

一是平台相对互联网行业协会更具灵活性与有效性。个人信用分规则由平台基于自身的服务功能与运营偏好量身制定,而非由不熟悉平台情况的行业协会强加于平台。个人信用分规则建立在平台参与者共同认可的基础上,通过其他平台规则的辅助实施,强化参与者的集体意识,并可根据平台需求更快地调整与变更,而互联网行业协会则往往需要考虑协会成员的普遍水平,以确保规则能够获得最广泛的实施,故而缺乏针对性与灵活性。

二是平台相对互联网行业协会具有更强的内部激励。平台与互联网行业协会以各自的方式开展信用治理,但是二者的行为方式与目标不尽相同。互联网行业协会通常不以营利为目的,一般

(接上页)因此获得数千万美元收益,受到社会公众的广泛质疑。信息社会世界峰会上,围绕着 ICANN 的职责范围与管理方式,各国展开了持久争议。沿着《信息社会突尼斯议程》对 ICANN 提出的改革路径,网络空间治理贯彻了多重利益攸关方参与的共识,并被刻意划分为两部分:互联网技术治理与日常运营交由私人部门执行,而互联网公共政策制定则由行政部门管理。参见 Werbach:*The Song Remains the Same:What Cyberlaw Might Teach the Next Internet Economy*. Florida Law Review 69,919—923(2017);前注76,[美]弥尔顿·L.穆勒书,第55—93页。

通过设置技术指标及指标权重,对产品与服务的质量进行划分,鼓励营造良性竞争的市场环境,以此维护成员共同利益,而平台是以利益最大化为目标的经济组织,对个人信用分规则在内的各项平台规则更具改进动力。

三是平台治理个人信用的成本更低。个人信用分规则经各方一致同意即可实施,当出现纠纷时,要么通过平台 ODR 纠正,要么由个人承担交易机会减损的不利后果。而互联网行业协会在纠纷解决中往往需要依赖商事仲裁程序或司法裁判程序,面临更高的运行成本。

四是互联网行业协会大多是授权型组织,其权力直接来源于政府,主要担任"政府的伙伴"[215]角色。这使其既难以独立建构起自治功能与自治文化,也难以充分代表个人征信市场主体的利益。互联网行业协会是从业者自愿发起设立的非营利性组织,由协会成员自愿订立与遵守协会章程、自律公约、协会倡议。从组织构成上看,其直接受工业与信息化部、中国人民银行等行政部门管理。例如,中国互联网协会的理事长系工业与信息化部原副部长,与政府监管机构在人事关系上发生重叠,为公共权力直接介入行业协会内部提供了入口,进而在制度上否定了中国互联网协会的独立性。

五是互联网行业协会的权利内容正在从管理性权利向服务性权利转变,互联网行业协会对大型平台的庇护十分明显,突出地体现为协会对经费支持的依赖。根据《中国互联网协会会员管理办法》,协会经费来源于成员缴纳的会费。从协会成员组成来看,成员的企业规模和市场影响力与成员的资格等级挂钩。例如,理事

---

[215] 王湘军、刘莉:《从边缘走向中坚:互联网行业协会参与网络治理论析》,载《北京行政学院学报》2019 年第 1 期。

会一般属于协会的重要决策机构,而大型平台的实际控制人大多承担协会副理事长职务。因此,互联网行业协会在协调与平衡利益冲突时存在角色萎缩的风险。

第二,个人信用分与征信公共监督管理机制呈现出部分错位的现象。按照传统征信机构的监管力度来设置平台的义务内容,容易削弱平台的技术竞争力,也许只是一种次优选择。

平台与征信机构相似,均是既具有营利性也具有社会性的企业。二者在满足股东利益与经营绩效的基础上,一般还需向行业上下游、整体市场环境与社会公共利益承担相应的责任。实证研究显示,在深圳、上海证券交易所 A 股上市企业中,企业金融化与社会责任履行之间呈现出显著的关联关系。㉖但是,当前规制实践将生产个人信用分的子公司直接从平台企业集团中剥离,只是一种权宜之计,未能从根本上解决平台企业集团内部通过信息共享加速风险传播的问题。就域外制度经验而言,欧盟《数字服务法》(The Digital Services Act)认为超大型平台具有经济交易、信息传播的巨大影响力,容易造成系统性风险,应当对其额外施加特定义务,使其承担与其社会影响力和影响手段相称的最高标准。㉗但是根据比例原则,必须在没有其他替代性方法或同样效果的低限制性措施时,才具有施加特定义务的必要。

为了保护平台在数字经济中的创新能力,欧盟和美国均强调

㉖ 孟庆斌、侯粲然:《社会责任履行与企业金融化——信息监督还是声誉保险》,载《经济学动态》2020 年第 2 期。

㉗ European Commission, *Proposal for a Regulation of the European Parliament and of the Council on a Single Market For Digital Services (Digital Services Act) and amending Directive 2000/31/EC* (2020-12-15), https://eur-lex.europa.eu/legal-content/EN/TXT/PDF/?uri = CELEX:52020PC0825&from = en, accessed on 2021-1-25.

平台应当在政府部门的监管下实施更严格的自我规制,采取更加透明的风险评估机制,更具针对性的风险缓解措施,以及企业数据合规官监督、公共监督、数字服务委员会监督等柔性机制。在美国,曾有提议将 FICO 公司列为受特别监管的个人征信机构。美国消费者金融保护局经权衡后依然将 FICO 公司界定为利用信息开展风险决策的数据挖掘公司,最终并未将其列入监管范畴。

三、核心冲突:主体权益保护与个人征信制度的失衡

个人信用分规则是平台企业自生自发的行为规范,在平台、政府部门、个人网络用户的互动关系中逐步获得完善。其正是苏永钦教授所称的"作为管制辅助工具的自治规范"。个人信用分虽然具有平台自治的外形,但是却不具备平台自治的实质,而是与国家管制征信活动的理念存在着微妙的牵连。其功能须以私人利益为诱因,通过私人组织来执行,以达到管制的目的,与追求公益的实现。在数字时代,平台企业作为一种新生的规制力量,从线上向线下延伸,模糊了国家管制和私人自治的界限。在这个意义上,个人信用分并非纯粹的私人营利产品或者国家治理工具,而是国家管制和私法自治理念辩证的产物。[218]

个人信用分是大数据应用对传统征信活动加以改造的结果,应当具有个人征信的法律性质,然而立法安排人为地造成个人信用分形式合理性与实质合理性之间的割裂关系。由于平台缺乏立法上的明确授权,个人信用分只能属于国家认可的非正式制度安排。《征信业务管理办法》通过法律拟制中的"视为条款",将个人信用分纳入个人征信规制范畴。传统的征信规制理论基础在应用于个人信用分时出现失范的现象,其核心冲突则是随着数字经济

---

[218]　苏永钦:《私人自治中的国家强制》,中国法制出版社 2005 年版,第 17—21 页。

的不断发展,社会公共利益、平台经济利益、个人的信息权益三者之间呈现出日益紧张的关系。三种利益难以在现行的个人征信法律制度中获得调和。这种张弛性突出地展现在以下几个方面。

首先,在政府部门与平台之间,若强制性地将平台的个人信用治理责任内化,忽视个人信用分降低网络交易风险的本源,不匹配以相应的激励措施,不仅数字经济的生产必将减少,而且个人信用分转化为新型征信的过程还容易产生极高的制度成本。转化过程中的规范与价值异化更使得有效规制个人信用分的目标难以实现。正是由于个人信用分不具有平台自治的实质而是附有鲜明的政策目的,立法者常会从合目的性角度出发,刻意打破私法强调的衡平,来设计个人信用分的法律制度。然而肆意扩大目的解释范围,一刀切式地将个人信用分纳入征信监管范畴[219],或要求平台企业掌握的各类数据以零对价方式直接收归国有[220],诸如此类的观点缺乏法律制定与实施的"成本—效益"分析,其合理性值得进一步商榷。否则,网络空间中个人信用治理的维持成本由全部社会成员承担,而收益则被强势的利益群体分享。个人信用治理将陷入"所有人对所有人的战争"。

其次,在平台与被评价者之间,被评价者的合法权益是对个人信用的保有、支配与维护等利益的高度抽象概括。但是,被评价者的合法权益应当采取何种方式保护,值得探讨。个人信用分降低会造成被评价者的期待利益或可得利益的损失。由于被评价者的

[219] Ex-FTC Chief: *Elizabeth Warren Right to Worry about Big Tech Power but Wrong to Seek Break up* (2019-6-14),https://www.cnbc.com/2019/06/14/ex-ftc-chief-elizabeth-warren-right-to-worry-about-big-tech.html,accessed on 2020-03-31.

[220] 万敏:《金融与科技拉响分离预警》,载 http://m.eeo.com.cn/2021/0112/456213.shtml,2021 年 1 月 14 日访问。

既有财产利益未受到损害,这种间接的利益损失往往难以获得法律的保护。当前立法仅强调保护被评价者的信息人格利益。《民法典》第 1182 条与《个人信息保护法》第 69 条规定了人身权益受损害时的财产利益赔偿,一般限于实际损失数额或实际获利数额。民法学者在探讨个人信息财产利益损害赔偿时,常将目光投向信息主体以外的信息处理者或信息使用者。经济法学界对信息主体的财产利益形态和利益保护方式的探讨亦不充分。[220]与之形成鲜明对比的是,尽管美国法与德国法存在各自的局限,但均将保护被评价者的信息财产利益提升到与保护其人格利益同等的高度,并通过司法实践形成了操作性较强的判例。欧盟 GDPR 也从未否认个人信息的可交易性。[222]欧盟学者亦在尝试将个人信息财产利益纳入知识产权、区块链、数据信托等理论框架加以保护。[223]

　　在网络环境中,由于不特定的交易对手对被评价者丧失了信

---

　　[220]　学界有关信息主体个人信息财产利益的法益形态的探讨,主要从私法角度展开,存在以下几种理论:第一,归入知识产权理论框架,如吕炳斌:《个人信息权作为民事权利之证成:以知识产权为参照》,载《中国法学》2019 年第 4 期。第二,归入一般人格权商品化理论框架,如程啸:《民法典编纂视野下的个人信息保护》,载《中国法学》2019 年第 4 期;程啸:《论〈民法典〉对人格权中经济利益的保护》,载《新疆师范大学学报(哲学社会科学版)》2020 年第 6 期。第三,从属于独立的个人信息权,如闫立东:《以"权利束"视角探究数据权利》,载《东方法学》2019 年第 2 期。经济法学者主要在数据信托理论框架下探讨,如冯果、薛亦飒:《从"权利规范模式"走向"行为控制模式"的数据信托——数据主体权利保护机制构建的另一种思路》,载《法学评论》2020 年第 3 期;解正山:《数据驱动时代的数据隐私保护——从个人控制到数据控制者信义义务》,载《法商研究》2020 年第 2 期。

　　[222]　See Victor: *The EU General Data Protection Regulation*: *Toward a Property Regime for Protecting Data Privacy*. Yale Law Journal 123, 513—528 (2013); Harel: *What Demands are Rights? An Investigation into the Relations between Rights and Reasons*. Oxford Journal of Legal Studies 17, 101—114(1997).

　　[223]　See Berberich, Steiner: *Blockchain Technology and the GDPR—How to Reconcile Privacy and Distributed Ledgers*. European Data Protection Law Review 2, 422—426(2016); House of Lords, *AI in the UK*: *Ready*, *Willing and Able?*, *Report of Session 2017—2019*(2018-4-16).

赖,不准确的个人信用分对被评价者的预期财产利益,将造成比传统征信更严重的损害后果。因此,被评价者在日后的具体经济活动中本可转化而成的经济利益应当受到法律的关注。甚至有观点认为,期待利益和可得利益应当成为个人信用损害赔偿的核心内容,精神损害赔偿应当位居其次而非成为主要的救济方式。㉔司法实践显示,仅通过《民法典》第 1182 条与《个人信息保护法》第 69 条的规定,并不足以全面地救济被评价者的信息财产利益损失。在大数据和人工智能技术的辅助下,个人信息中的人格面向与财产面向等局部权属之间,存在相互渗透、转化、关联的关系。个体利益与公共利益、数字信用共治与数字经济可持续发展的互动作用点最终递归至自然人。个人信息蕴含的人格利益、既存财产利益与预期财产利益共同构成被评价者的合法信息权益。人格利益只是个人信息保护目的之一。㉕仅重视保护被评价者的人格利益而忽视其财产利益,容易使法律制度的激励对象与激励着力点发生偏移,扩大被评价者与平台之间的权利悬殊。

再次,被评价者的合法权益不宜通过直接嫁接于被征信者权利的方式获得保护。这是由于,传统征信机构与行政主体在行为内容、权利义务等方面具有诸多的相似性,即被许可的征信机构与中国人民银行征信中心从事相似的活动,享有中国人民银行征信中心自行从事征信活动的相似权利,负有中国人民银行征信中心自行从事征信活动的相似义务。虽然中国人民银行并不直接参与征信机构与被征信者之间的法律关系,但是作为许可人的中国人

㉔ 赵博:《网络环境下信用权民法保护研究》,黑龙江大学 2014 年博士学位论文,第 106 页。

㉕ 梅夏英:《〈民法典〉对信息数据的保护及其解读》,载《山西大学学报(哲学社会科学版)》2020 年第 6 期。

民银行与作为被许可人的征信机构之间具有密切的关系,被征信者是前者通过后者的行为所欲实现效果的指向所在。征信法律制度向征信机构赋予了信息收集与利用的特殊权利。是故,传统征信活动属于以实现特定行政任务为目的的公私混合行为。被征信者的权利特征也带有浓厚的公法色彩。其制度内容明确地偏向被征信者一方,与行政管制的精神较为接近。而平台与被评价者之间并未完全否定自由意志的假设前提,其背后的经济理性仍能有所发挥。在修正平台自治的理念指引下,被评价者的合法权益、平台的义务承担和风险成本应当获得相对公平的分配。如将被评价者的合法权益直接嫁接于被征信者权利,则相当于直接对平台施加了等同于征信机构义务强度的强制性规范,即背离了公权力不轻易介入市场经济活动的制度初衷。

最后,就"国家—平台—个人"整个三元结构而言,传统上"在行为客体方面寻找相似性以融入现行征信法律机制"的方式,可能并非缓解个人信用分生产与应用活动中的利益冲突的最佳措施。传统征信与个人信用分在行为属性与行为客体方面存在一定的相似性。这是将个人信用分纳入现行征信法律机制的基础与前提。然而,个人征信法律制度立基于以中国人民银行征信中心为核心的传统征信活动,脱胎于特定的社会历史背景,带有强烈的行为管制目的。个人征信法律制度的解释方法容易优先适用合目的性观点,必要时易作出超越法规的扩张解释。个人征信法律制度内容以外的其他迂回措施就可能被定性为不法行为。从而,直接对个人信用分套用现行个人征信法律制度,就容易对新型征信市场机制造成扭曲。

然而,单纯依靠私法规则不足以解决不同价值序列之间的冲突。缓解该三元结构的紧张关系势必需要构建公法与私法相结合的综合性多元治理机制，避免平台利用可能形成的责任空隙寻租与不当获利。个人信用分所使用的数据兼具公共利益与私人利益属性。公法与私法之间通过何种方式相互作用，对规范以个人信用分为代表的数字信用具有重大的意义。这就要求为个人信用分在公法与私法之间设置一个有效的连接点，能够切实地承担起公法与私法之间相互转化的作用，以促使国家的强制力量与市场的踊跃活力以最有利的方式辩证统合。

综上所述，现行个人征信法律制度难以解决个人信用分的法律规制困境。僵硬地对新经济组织方式适用旧规范框架，"相当于为保护既得利益而惩罚创新"㉖。2015 年，交通部对网约车沿用出租车行政许可管理的理念，颁布《网络预约出租汽车经营服务管理暂行办法（征求意见稿）》并招致来自理论界与实务界的广泛批评，正是例证。需要对传统的征信规制理论进行更新，在此基础上方能构建一套法理逻辑自洽、公法与私法相互协调、行为合法性边界清晰的数字信用法律机制。

第三节　个人征信规制机理的更新

信用治理一直处于调整与渐进的过程。信用治理机制只能在特定的文化、经济、制度条件下维持暂时的均衡状态。随着人类交易活动中的赊销赊购行为不断增多，要约提出与承诺兑现愈发难以实现同步性。通过条款、程序、制裁等规范化方式来解决时间迟滞造成的信息不对称问题，以制度来提供规范框架就成为有效的治理手段。有关个人信用的经验被自发地执行与模仿，在社会生活中不断地调整与演化。维持与强化信用的预期又被明确地纳入

㉖　赵鹏：《平台、信息和个体：共享经济的特征及其法律意涵》，载《环球法律评论》2018 年第 4 期。

法律制度，通过权威机构强制执行来实现。由此，信用治理机制上升为超越市场调节与政府调节的"第三种调节"[227]地位。

在漫长的演化过程中，信用治理机制具有了丰富的内涵。信用治理机制既包括与信用相关的强制规范，如维系诚实守信、平等互利的法律制度以及合同中的违约惩罚机制；也包括有关信用的自律规范，如价值观念、风俗习惯、商事惯例。自律规范与强制规范之间是相互渗透的关系。自律规范具有一定的形成与维系信用秩序的能力，故而能够向强制规范提供有关信用治理对象的特征、行为、历史轨迹与未来倾向的信息。同时，在强制规范的干预与扩张下，自律规范也在不断地调整，最终往往也会融入强制规范。

个人信用分与传统征信的共生与转化关系，正是信用治理机制内涵多样与规范互动的现实反映。传统上，征信法律制度通过设立稳定的征信行为规范，找寻产生个人信用的条件与增强个人信用的秩序。[228]技术、经济、文化、社会结构共同发生着潜移默化的变迁。相应地，征信法律制度也需要调适与回应这种变迁所带来的现实需求，不断地整合信用自律规范的效能。个人信用分在发展初期仅是一种非正式的信用自律规范。在数字信用共治的时代背景下，个人信用分的约束效力获得扩展，亦具备了转化为正式征信的条件。然而在从日常用语转化为法律术语、从散在的规范转变为结构化的制度、通过国家背书获得法律等级并嵌入当下法律构造的过程中，不可避免地存在多种价值观与规制效能的剧烈挑战。[229]

---

[227]　厉以宁：《经济学的伦理问题》，生活·读书·新知三联书店 1999 年版，第 5 页。

[228]　[德]尼克拉斯·卢曼：《信任：一个社会复杂性的简化机制》，瞿铁鹏、李强译，上海人民出版社 2005 年版。

[229]　[德]马蒂亚斯·赖曼、莱因哈德·齐默尔曼编：《牛津比较法手册》，高鸿钧等译，北京大学出版社 2019 年版。

因此,在继承传统征信规制理论的前提下,有必要对该理论做出一定的调整,并就该理论的更新形成一些基本共识。

一、守成:保护信息弱者的宗旨

数字信用共治虽然有利于降低公共治理的负担,但是缺乏对个体权益的充分保障。数字信用共治中的私人治理,实际上属于一种非正式的共同监管机制。非正式共同监管导致监管权力进入私人部门,产生权力多元化与分散化的情形。其既能够有效率地反映技术实践,降低实施与管理成本,也促使工业社会原有的"权力—权利"结构转换为"公权力—私权力—私权利"结构,而权力属于权利范畴。权利中的权力因素需要时时受到提防与限制。[230]在该三元结构中,私人部门往往通过防范、监督、对话、检视、反思的方式表达社会诉求,提供信息来源,辅助公权力实施。私人部门与公权力部门的利益复合同化,容易构成对个人权益的过度侵入。传统分权制衡进路下推演出的"以公权力部门制约私人部门",本质上是权力行使者围绕着权力进退关系展开的规制。这种权力掣肘关系同样也缺乏对个体权益的足够关注。

本书认为,征信规制理论的升级过程中必须坚守保护信息弱者的宗旨。数字信用与传统征信相同,均是以个人信息作为唯一对象的信息处理行为。随着大数据和人工智能技术的投入应用,个人信息权益的分配愈加复杂。被评价者信息流通的过程中,信息控制力因主体技术水平差异而强弱不均,出现严重的利益与力量失衡。信息处理者有能力操纵信息的采集、使用、存储。被评价者则难以知晓信息处理的程度、传播范围、存储方式与安全等级。因此,必须坚守保护信息弱者的立场,建立向信息弱者倾斜的法律

---

[230] 〔美〕史蒂芬·霍尔姆斯、凯斯·R.桑斯坦:《权利的成本:为什么自由依赖于税》,毕竞悦译,北京大学出版社2004年版。

机制,纠正新型征信活动中日益严重的信息不对称与市场自发机制失灵问题,消除不当信息处理行为的负外部性,提升社会整体信用水平。[231]

二、破旧:重视市场竞争的价值

政府规制征信活动的目的不是替代竞争,而是通过市场相容的手段注入竞争与引导经济。[232]在市场的自发力量作用下,个人信用分已经广泛地运用于社会经济领域,但是生产个人信用分的平台始终面临着较大的适法性问题。监管机构曾于 2017 年公开表示,芝麻信用、腾讯征信等八家公司在机构独立性、信息共享机制建设、信息准确性等方面均未达到个人征信监管标准。现行有效的个人征信监管标准建立在传统征信活动的行为机理上。不加区分地适用传统征信的准入标准,容易人为地阻碍技术的创新与发展。在大数据和人工智能技术的催化作用下,新的信息处理方式与信用评价算法无不提醒立法者:个人征信的法律机制应当因时而异。沿用管理型政府的治理路径将显著地牺牲一部分社会活力与创造力。[233]在个人征信市场管制与解绑的螺旋渐进过程中,应当注意到个人信用分在促进个人征信产品与服务的多样化与开源化,以及促进个人征信市场错位互补与繁荣发展等方面的巨大作用。立法者需要加快研究与个人信用分的技术风险相配的主体资质条件,逐步放开严格的管制,推动形成博弈均衡的市场结构。

---

[231]　Lynskey, *The Foundations of EU Data Protection Law*, Clarendon: Oxford University Press, 2015, pp.76—81.

[232]　苏永钦:《走入新世纪的私法自治》,中国政法大学出版社 2002 年版,第 130 页。

[233]　鲁楠:《科技革命、法哲学与后人类境况》,载《中国法律评论》2018 年第 2 期。

　　然而在完全的市场竞争机制下,平台利用个人信用分容易发展出一套闭合性的交易系统,演化出反竞争的商业模式。互联网市场中的滥用市场力量排除竞争困局,在域内外并不鲜见。在我国,阿里健康利用个人信用分开展在线医疗服务,在医疗公共资源领域初步建立起局部市场机制。约束机制缺乏容易产生俘获公共决策认知的风险。[24]在特殊时期,尤其是突发公共卫生事件对医疗系统造成强烈冲击的情况下,如何通过协调医疗资源与行政决策来平衡公共安全与个人健康就成为难题。域外同样如此。美国司法部自 2015 年起已注意到部分平台经营者操纵市场价格的行为,并提出了多起指控。美国众议院私法委员会亦针对亚马逊、脸书、苹果、谷歌开展了反垄断调查,认定四家科技公司分别在网络零售、网络社交、移动操作、在线搜索市场拥有显著而持久的市场优势和垄断地位,并且开展不公平的私人监管行为。[25]近期,美国联邦贸易委员会又针对脸书公司收购 Whatsapp 与 Instragram 的行为存在垄断个人社交媒体网络市场的重大风险,提起反垄断诉讼,施以高额罚款。故此,个人征信市场竞争机制的完善必须注意以下两个问题:一是应当有效地规制平台企业的反竞争行为。二是应当避免发生个人信用分局部替代,甚至完全挤出传统征信的情况。基于为数字经济提供制度空间、放开发展上限的考量,应当将生产个人信用分的平台企业置于协作治理和有效威慑的约束格局之中,构建对该类平台企业的激励性监管机制。

---

　　[24] 〔英〕阿里尔·扎拉奇、〔美〕莫里斯·E.斯图克:《算法的陷阱——超级平台、算法垄断与场景欺骗》,余潇译,中信出版集团 2018 年版。

　　[25] House Judiciary Committee, *Committee will investigate the rise and use of market power online and assess the adequacy of existing antitrust laws and current enforcement levels*（2019-6-3）, https://judiciary. house. gov/news/documentsingle.aspx?DocumentID = 2051,2020 年 12 月 11 日访问。

三、立新:激励技术发展的功能

技术是驱动社会发展的次级体系,决定了法律创新的走向。[236] 作为一种复杂的社会活动,技术自身具有多维特性。技术是对自然资源的利用,更是通过人来实现生产、分配与消费的文化进程。市场机制、法律制度、国家政策共同构成技术的社会条件。劳动分工专门化使得技术过程与社会过程日益紧密地结合在一起,显示出一种双重依赖性:技术如何构建取决于当时的社会因素,技术变革常会引发社会变革。"技术就其本身而言,并未决定历史演变与社会变迁,却体现了社会自我转化的能力。"[237]法律制度滞后于技术的发展水平,是几乎每一种社会文化环境中都会出现的正常现象。正是由于信用评价算法的快速发展,有限地域与传统社群中的个人声誉才超越了时间和空间的限制,具备了更大的影响与制裁范围。这为完善个人征信法律制度提供了契机。

将技术激励因素融入个人征信法律制度,意味着将信用评价算法的激励转化为个人征信法律制度中的权利、义务与责任内容。上述转化方法分别对应着法律功能学上的激励理论[238],与信息经济学中的责任归责理论。[239]与其他技术激励手段相比,信用评价算法的法律激励具有多元、复杂、多层次的特征。个人征信法律制度需以其约束、引导、激励功能,对信用评价算法的理性运行发挥作用。对信用评价算法采取可操作的法律激励方法,最终将有利于维护法律行为主体的利益与社会公共利益,符合公平与正义的法

㉖ 同前注 232,苏永钦书,第 145 页。

㉗ [美]曼纽尔·卡斯特:《网络社会的崛起》,夏铸九等译,社会科学文献出版社 2001 年版,第 8 页。

㉘ 倪正茂:《激励法学探析》,上海社会科学出版社 2012 年版,第 1—8 页。

㉙ 张维迎:《信息、信任与法律》,生活·读书·新知三联书店 2003 年版,第 178—251 页。

治原则。⑳具体而言，需要设置明确的治理目标，将信用评价算法应用具化为可操作的程序规范与明确的规制介入时点，将信用评价算法应用风险转化为责任、义务等实定法规则。

信用评价算法自身同样具有风险。信用评价算法自身的风险来自于认识论、本体论、方法论上存在的一系列问题。㉑面对不确定的风险，立法者的决断受到知识结构局限、认知路径偏差、专家系统影响、公众先验直觉、多重利益驱动等因素的影响，常采取一事一议的分散式立法思路。在数字信用共治的统一标签下，信用评价算法风险预防的"内在非连贯性"（inherently incoherent）㉒被放大，容易导致风险规制机制陷入混乱，出现规制成本高企、各方利益失衡、规制措施冲突、行政裁量权失控等规制失灵现象。当前，个人征信法律机制对信用评价算法风险的约束，主要采取以强制性技术标准作为一般规则、以行业标准作为特殊规则的制度安排。然而，技术标准与行业标准本质上是一种风险沟通机制，是就问题解决方案"讨价还价"来寻求重叠共识的规制方法。技术标准与行业标准作为相机规制措施，无法消除自身处于制度体系边缘的模糊性，亦难以在交错重叠的复杂社会中客观地取舍创新活力与私人权益。

因此，将信用评价算法与信用评价算法应用的风险纳入实定法，通过权利、义务与责任形式固定下来，能够体现与数字时代相得益彰的技术思维。这既能发挥个人征信法律制度的激励功能，

---

⑳　丰霏：《法律制度的激励功能研究》，法律出版社 2014 年版，第 135 页。

㉑　宋华琳：《风险规制与行政法学原理的转型》，载《国家行政学院学报》2007年第 4 期。

㉒　Morris, *Rethinking Risk and the Precautionary Principle*, Oxford: Butterworth-Heinemann, 2000, pp.1—21.

也调动利益攸关者遵守个人征信法律制度的积极性,还可弹性地应对风险社会的治理要求。㉓

　　综上所述,传统的征信规制理论在回应数字信用的规制需求时,需要在保护信息弱者、激励技术发展与重视市场竞争方面加以发扬与更新。保护信息弱者、激励技术发展、重视市场竞争三个维度贯穿于信息处理、算法应用与评分应用环节的整体流程中,也分别侧重地反映在上述三个环节。在征信规制理论转型方向的指导下,下文将分别探讨各环节存在的具体问题与相应的法律优化措施。

㉓　季卫东:《风险社会与法学范式的转换》,载《交大法学》2011 年第 2 卷。

第三章

信息获取环节的信息处理
制度局限与优化

第一节　信息处理行为的制度局限

信息处理是个人信用分的起始环节。当前,《民法典》《个人信息保护法》、征信管理制度和一系列个人信息保护标准,共同构成个人信用分信息处理环节的主要法律依据。其中,征信管理制度作为特别法,适用效力通常优于《民法典》和《个人信息保护法》。考察这些法律制度:第一,现行的征信管理制度难以契合个人信用分信息处理行为的技术特征而规制效用有限。第二,传统的人格权制度未能有效地保护被评价者的个人信息权益。第三,虽然个人信息保护制度与个人信用分信息处理行为的运行机理更加吻合,对该行为具有更强的规制力,却存在行为指引不足的局限。

一、征信管理制度的信息处理规则滞后

当前,我国征信管理制度以《征信业管理条例》为中心,主要由《征信业务管理办法》《征信机构管理办法》《征信数据元注册与管理办法》《征信投诉办理规程》四部规范性文件,以及《征信数据元信用评级数据元》《征信数据交换格式信用评级违约率数据采集格

式》《征信机构信息安全规范》三项行业标准构成。上述制度以传统征信活动为蓝本，存在规范内容与个人信用分信息处理行为的技术特征明显脱节的问题，具体体现在以下方面。

第一，征信管理制度中的信息处理类型与个人信用分信息处理行为的技术特征脱节。《征信业管理条例》以信息主体同意作为前提规则，仅在第三章中笼统地勾画了征信活动的信息处理行为规则。其中，该法第 14 条与第 15 条所规定的信息采集类型均是可以按照特定标准访问的结构化信息集合，而平台则可通过信用评价算法，大规模采集各类非结构化数据，并加以运用。基于当时立法的社会环境与技术背景，征信管理制度中并没有规定应当如何处理非结构化数据。这固然与"应当审慎界定信用信息范畴"的立法思路相关，但是也反映出个人信用分与传统征信相比，在信息处理类型与技术特征等方面存在较大的差距。

第二，征信管理制度未能有力地规范个人信用分的整个信息处理环节。《征信业务管理办法》吸收了个人信息保护的立法原则与精神，细化了征信活动的信息处理行为。虽然该法相对《征信业管理条例》在信息处理范围方面稍作拓展。然而，大量的行为规范需要由征信机构自行填补，如征信机构与信息提供者的权利与义务分配，错误信息的处理流程，征信机构对信息使用者的审查措施和应急处置方案等。当前，有关平台行为监管的法律制度并不完善。对个人信用分信息处理行为适用该法，就容易形成以平台利益为主的信息处理价值导向。

第三，征信管理制度中的信息记录方式与个人信用分信息处理行为的技术特征脱节。中国人民银行公共征信系统主要由客户端、信息网络与服务器端构成。该个人征信系统以网络专线与信息提供者相连。信息提供者自行安装征信系统人机交互客户端程序,通过 PC 终端、移动终端、笔记本等工具,以人工输入或系统自动抓取的方式向公共征信系统提供信息。其信息处理链条较短,处理流程相对简单,处理人员有限,相对更容易辨识信息处理过程中的错误行为和责任主体。例如,近期晋商消费金融股份有限公司向中国人民银行公共征信系统上传侮辱性信息的事件发生后[24],北京银保监局印发的工作通知中即明确地要求辖内消费金融公司严格自查贷款流程、催收流程与投诉流程。而在个人信用分的信息处理环节,信息提供者庞杂,处理行为主要由机器实施,不仅难以追查信息提供者的行为是否合法,而且错误信息经反复处理后也难以定位责任主体并从源头加以纠正。

综上所述,虽然现行征信管理制度对规制个人信用分依然具有参考作用,但是与个人信用分的信息处理技术特征难以契合,存在规制空白。

二、人格权制度难以保护被评价者权益

人格权保护制度旨在规范平等主体之间的民事法律关系,难以在个人信用分信息处理环节妥善地保护被评价者的个人信息权益。

法院往往采取权利涵摄的方式,通过司法解释将被评价者的个人信息权益纳入一般"民事权益"或"兜底权利"范畴。有学者分析 2009 年至 2017 年间的 73 份信用纠纷案件判决文书,发现法院依赖名誉权、姓名权、隐私权等具体人格权利进行判决。[25]这种方式存在两个问题。其一,司法解释容易受到既存权利类型证成的影响,难以准确识别标的权益的内在特征。分析可见,既有人格权

---

[24] 晋商消费金融征信报告现侮辱字眼此前多次被通报,载 https://finance.china.com/jrxw/13000288/20210526/37253723.html,2021 年 8 月 4 日访问。

[25] 张继红:《个人信用权益保护的司法困境及其解决之道——以个人信用权益纠纷的司法案例(2009—2017)为研究对象》,载《法学论坛》2018 年第 3 期。

的保护客体均属于某种类别的个人信息,强调保护信息人格利益的某一方面,未能有效地保护被评价者的信息财产利益。其二,法官直接诉诸法律原则,未设定明确的构成要件,无法为标的权益的合理界定提供解释基础。分析发现,在个人信用分的信息处理行为中,被评价者的个人信息权益与既有具体人格权的权利特征及侵权责任构成要件未能完全契合,难以获得完整的保护。下文以名誉权、隐私权为例详细说明。

名誉权难以统摄被评价者的全部个人信息权益。名誉权保护民事主体的形象、信誉、商誉、声望、资历等社会性评价。个人信用分与名誉均属于社会评价,具有相对紧密的关系。但是,名誉权属于工商业社会流传至今的权利形态,是对社群交往中口耳相传声誉的利益表达。名誉权项下,民事主体处于私法上的平等地位,这与个人信用分中呈现的"国家—平台—个人"三元利益结构不相契合。名誉侵权行为的最终表现是社会公众对权利人的道德评价降低。个人信用分减等的主要后果则是被评价者的信息财产利益受到减损。名誉侵权行为通常表现为侮辱与诽谤,采取精神损害赔偿救济方式。个人信用分则主要指向信息财产利益与市场竞争秩序,不作为请求权通常无法对此实施救济。

隐私权在被评价者个人信息权益保护措施的触发方面具有不确定性。从《民法典》第 1032 条内容来看,隐私以"不愿为他人知晓"的主观心理作为关键判定依据。然而,主观心理缺乏统一的判断标准,对隐私的重视程度随个体偏好、成长环境等因素而千变万化。实证研究揭示,具有强烈隐私偏好的用户时常愿意为小额奖励放弃其个人信息。[246]因此,以主观心理辨识个人信用分信

---

[246] Aridor, Che, Salz, *E-Economic Consequences of Data Privacy Regulation: Empirical Evidence from GDPR* (2020-3-19), https://ssrn.com/abstract = 3522845, accessed on 2020-11-14.

息处理行为中应受保护的权益,容易造成制度真空及司法适用困惑,事实上未能回答"告知—同意"之外的信息合理使用限度问题,还可能形成商业实践与司法裁判的长期博弈,造成不必要的司法成本。

基于上述分析,在个人信用分的信息处理环节,人格权保护制度难以也不应承担均衡各方利益的法律功能。

三、个人信息保护制度的针对性欠缺

个人信息保护制度并不针对个人信用分的信息处理行为开展制度设计,而是从全部的信息处理场景中提炼共同的规范。分析发现,个人信息保护制度规制个人信用分信息处理行为具有合理性,却存在针对性欠缺的问题。该问题突出地反映在两个方面:一是在个人信用分的信息处理法律适用方面,容易不合理地局限于私法规范;二是在个人信用分的信息处理合法性基础方面,容易导致同意机制的滥用。

就第一个方面来说,《民法典》规定信息主体与征信机构之间的法律关系援引个人信息保护规定,该条规定实则难以保护被评价者。《民法典》人格权编未直接确认个人信息保护的权利属性,但是对个人信息采取绝对权保护模式,将"隐私权与个人信息保护"单列一章,对个人信息的控制、使用、更正、删除、安全维持权能专设条款。其内容非常翔实,事实上已形成具有逻辑一贯性的个人信息保护权能体系,故而可为个人信用分信息处理行为规则的构建提供统一的思路与原则。然而,《民法典》个人信息保护条款难以保护作为信息弱者的被评价者。如前所述,《民法典》未对"信息处理"与"信息利用"进行适当地区分,而是将后者作为前者的一个环节,将前者扩展为信息收集、存储、整理、保存、加工、传输、公开等一系列行为。以《民法典》回应被评价者的个人信息权益保护

问题,难以突破私法保护的局限性,容易将信息力量显著不均衡主体之间的法律关系不适当地套入私法规范。

就第二个方面来说,《个人信息保护法》第13条规定了若干类信息处理的合法性基础,但是实践中容易造成滥用同意机制的可能。《信息安全技术个人信息安全规范》借鉴欧盟GDPR相关规定㉔,对个人信息处理行为的合法性作出细化规定。㉔根据上述规范,个人信用分信息处理行为的合法基础包括信息主体同意、维护公共利益、履行法定义务、其他合法利益四种情形。然而实践中,履行法定义务、其他合法利益、维护公共利益均不宜直接构成个人信用分信息处理行为的合法基础。这就导致信息主体同意机制容易在个人信用分信息处理行为中受到滥用。

首先,履行法定义务的情形不宜作为个人信用分信息处理行为的合法性基础。原因有二:其一,将生产个人信用分纳入平台的法定义务范畴缺乏法律依据。根据《网络安全法》和《互联网信息服务管理办法》,个人信用分不属于平台应当审查、监控的第三方发布或传输的网络信息内容。《电子商务法》则在第39条后半段将平台建立健全信用评价制度的法定义务限于"消费者评价平台内的商品和服务";其二,个人信用分是平台经济形态的高级阶段,

---

㉔　GDPR按照合法透明、目的限制、最小化、准确性等六项信息处理原则,详细地列举了个人信息处理行为的合法性基础。大致可分为四类合法性基础:为公共利益、为信息主体利益、为信息控制者利益、为第三人利益。具体包括:信息主体明示同意、遵守法定权利与义务、实质公共利益、公共健康与司法所必需、履行合同之必要、保护同意不能的信息主体之重大利益、显著公开的个人信息、不损害信息主体基本权利的其他合法利益(如非盈利组织合法活动、科研、历史研究、统计、医疗机构评估雇员)等。

㉔　《信息安全技术个人信息安全规范》的规定包括信息主体授权同意、合同之必需、履行法律义务、维护信息主体重大权益、重大公共利益、公共安全与公共卫生、刑事司法之必需、自行公开与合法公开的信息、其他合法利益(如产品服务安全稳定运行、合法新闻报道、学术研究之必需)。

直接将生产个人信用分规定为平台的法定义务,容易对新兴的平台企业施以过重的义务,长远来看可能减损数字经济的创新力与竞争力。

其次,不宜随意扩大其他合法利益的适用范围。GDPR 规定信息控制者或第三人利益以不得损害信息主体的基本权利为前提条件。在利益衡量中,个人基本权利一般优于信息控制者或第三人利益。这就为第三人利益与个人基本权利的衡量提供了准据。而我国以信息公开作为基础社会环境。信息公开与发展数字经济的政策目标结合,使得被评价者的信息财产权益很难抵挡网络交易秩序利益与社会信用利益。以其他合法利益条款作为合法性基础,容易导致被评价者个人信息权益缺乏有力的制度保障。

然而,通过司法解释方式扩大其他合法利益的适用范围确实具有法律规制上的便利性,这在域外较为常见也极具争议。英国存在"适当性使用"标准允许信息处理者突破信息主体同意,容易掏空目的限制原则的制度基础,产生功能渐变的隐忧。[249]在美国,其他合法利益的适用也容易导致个人基本权利的显著克减。例如,联邦最高法院通过 Texas Dept. of Housing and Community Affairs V. Inclusive Communities Project,Inc.一案即确立了"强有力的因果关系"标准。[250]原告需要通过三个方面证明被告具有差别待遇的意图或动机:可识别的做法或政策、不同群体在统计学意义上的待遇差异、待遇差异与做法或政策之间的因果关系。而被

---

[249] 梁泽宇:《个人信息保护中目的限制原则的解释与适用》,载《比较法研究》2018 年第 5 期。

[250] Picarella,M.B., Texas Dept. of Housing and Community Affairs V. Inclusive Communities Project,Inc., Supreme Court of the United States,No.13-1371,2015-6-25,p.3.

告只需证明涉案做法或政策与自身商业目标相关。原告应当提出替代性方案,以能够实现被告的目标,并产生与涉案做法或政策相同的影响。因此在个人信用分的信息处理环节,依据上述司法推理就会提出这样一种可能性,即如果被告能够通过说明"受质疑的做法所服务的有效利益"来证明"该做法确有商业上的必要性",则有可能避免承担法律责任或降低法律制裁程度。但是,被评价者很难了解与证明信用评价算法与输出结果之间的因果关系,更不用说提出替代方案。可见以其他合法利益作为个人信用分信息处理的行为基础,容易在司法实践中不当地增加被评价者的证明义务。

最后,根据当前规定,个人信用分的信息处理行为难以直接适用公共利益这一行为基础,需要在立法上作进一步的释明。GDPR 中"实质公共利益"条款要求该公共利益必须来源于欧盟法或成员国法,只有法律明确列示的公共利益才能超越信息主体同意而处于更高的权益位阶。《个人信息保护法》第 13 条第 5 款虽然将公共利益作为信息处理合法性基础,却仅列示了新闻报道、舆论监督两项具体行为。可见,该款的核心在于保护信息人格权益中的表达自由。[251]

由于适用上述三项信息处理行为基础均存在问题,信息主体同意这一机制就容易在个人信用分的信息处理环节中受到滥用。实践中,平台企业要求被评价者一揽子授权个人信息、不明显提示或埋藏"取消同意"入口的做法,比比皆是。

---

[251]　程啸:《论我国民法典中的个人信息合理使用制度》,载《中外法学》2020 年第 4 期。

第二节　信息处理制度局限的原因

信用是不断演化的开放性概念。信用概念推动着信用评价算法的发展。信用评价算法的革新为平台的信息处理行为提供了正当性依据。而平台的信息处理行为反映出私人价值取向与公共治理功能之间的内在冲突。因此,个人信用分信息处理制度局限的根本原因在于制度滞后与技术革新之间的内在矛盾。

一、具有开放性的信用概念

信用源于伦理道德,由社会培育,随着社会背景变迁而不断消长,自身具有概念体系开放性,与社会背景难以剥离并不断演化。正如信用蓝皮书所指出的,我国悠久的诚实信用文化传统,计划经济向市场经济转轨的历史因素,城镇化、信息化、法治化同步融合推进的现实背景,三者结合使得有关信用的理论研究必然经历各种复杂因素杂糅交织的特定阶段,难以达成统一的思想认知。[252]所有的信用关系都是不可简化的社会关系,也无法完全从社会背景与个人品格之中剥离。主要考虑信用的金融功能则易缩减其内涵丰富性,与数字信用共治不相适应;主要考虑信用的社会功能又容易造成信用治理规范的扩张与泛化,进入无所不能的道德领域。

尽管人们在努力分割社会领域与经济领域,试图将信用纳入风险管理机制,但是信用价值的道德性仍在不断地涌现与更新。[253]我国台湾地区《金融控股公司子公司间共同营销管理办法》甚至将信息主体的退票记录、注销记录、拒绝往来记录也视为信用资料。[254]

㉒　章政、田侃主编:《中国信用发展报告(2019~2020)》,社会科学文献出版社 2020 年版,第 36 页。

㉓　同前注 28, Lauer 书,pp.273—274。

㉔　颜苏:《金融控股公司框架下数据共享的法律规制》,载《法学杂志》2019 年第 2 期。

美国《公平准确信用交易法》还将信息主体对个人信用报告的查看记录也视为能够反映个人信用的信息。我国学者关于"信用"和"信用权"概念的长期争论，客观上亦反映了将"信用"固化为法律概念的难度。不仅如此，信用概念体系的开放性还可以从多部门学科视角中极具差异性的"信用"范畴界定中得以窥见。不同部门学科对信用内涵的解读虽然存在一定关系，但是"信用"这一相同的表达形式却指代了完全不同的研究对象。

一般而言，信用可被划分为广义信用与狭义信用。前者指特定社会条件下人类交往活动中有关诚实的特殊表现形式，也是社会学视域下的信用。社会学是在最广泛的意义上使用信用概念。在社会学视域下，信用与信任互为表里。社会学家更多使用信任来表达主体之间基于信用而形成的互动关系。信任对应着英文中的 Trust 与 Reliance。社会学家从各自的观察角度，对信任做出多种界定。卢曼根据对象不同，对信任作出经典解释，认为信任是弥补理性缺陷、简化社会复杂性的机制。㉕福山则从来源角度，将信任定义为共同体成员基于相同文化、习俗、制度规范而产生的对诚实合作行为的期待。㉖现代社会学意义上的信用指一方对自然秩序与社会秩序、对合作对方行为、对某种技术能力符合自我期望的信赖心理。㉗

狭义的信用则起源于民间交换行为，强调交换主体的特定经济能力，正是经济学意义上的信用。经济学理论中的信用以民间交换行为作为研究起点，以功利主义理论作为信用研究的哲学基

㉕　Luhmann, *Trust and Power*, Cambridge: Polity Press, 2017, p.12.

㉖　［美］弗朗西斯·福山：《信任：社会道德与创造经济繁荣》，郭华译，广西师范大学出版社 2016 年版，第 32—36 页。

㉗　郑也夫：《信任论》，中国广播电视出版社 2001 年版，第 14 页。

础。经济学上的信用具有以下显著特征。第一,非独立性。信用必须依附于商事组织的组织实体、商标、商号等媒介而存在,通常表现为商誉。第二,可度量性。货币及货币代用品,例如证券、票据、信用证、资信文件等是信用的主要度量工具,在一般商事交易中能够为各方便利地接受与转移交易风险。同时,货币政策将信用与货币的客观交换价值绑定,使货币及货币代用品具有跨越时间与空间维度衡量信用的功能。第三,强烈的经济理性。新古典经济学以经济人、理性行为预设前提,从"个体"与"理性"的角度切入,提出信用是交易风险控制的最有效机制,是经济人理性选择的结果。[258]第四,专狭的适用范畴。仅用于商品交换与商业贸易领域。马克思亦从经济学角度分析借贷活动中信用的重要作用,提出信用是以付息、兑付为条件的借贷活动产物。[259]

法学意义上的信用不仅指向对特定主体道德品质的信赖这一主观方面,也同样指向对特定主体经济能力的期待可能性这一客观方面。[260]早期,部分学者曾提出信用是民事主体因其偿债能力而获得的社会评价。[261]显然,这种观点将经济学意义上的信用与法学意义上的信用混为一谈。与经济学视野中相对狭隘的信用相比较,法学中信用的基本内涵被界定为主观上善意真诚的心理,客观上信守约定的行为,以及二者共同达致的公平合理的利益结果。[262]

---

[258] Arrow, *The Limits of Organization*, New York: Norton, 1974, p.23.

[259] [德]马克思、恩格斯:《马克思恩格斯全集》(第25卷),人民出版社1974年版,第390页。

[260] 江平、程合红:《论信用——从古罗马法到现代社会》,载江平主编:《江平文集》,中国法制出版社2000年版,第510—528页。

[261] 代表性观点参见吴汉东:《论信用权》,载《法学》2001年第1期;杨立新:《人身权法论》,人民出版社2002年版,第695页。

[262] 艾茜:《个人征信法律制度研究》,中国政法大学2006年博士学位论文,第14页。

法学视角中,信用的拉丁文词源为 Fides Bona 与 Fides,意为诚信与信义,后演化为英文 Good Faith 与 Trust。罗马法中的 Fides Bona 是一个非常广泛的概念,涉及个人之间的从属与平等关系,也涉及国家与个人之间保护与投诚的关系,还涉及诉讼程序中被裁判者对裁判者之间的信赖关系,以及国际贸易中交易双方对商业正直的信赖关系。㉓世界范围内,Fides Bona 逐步发展成为各部门法的基本原则。㉔在我国,法律意义上的信用亦往往与诚实信用等同视之,是指依据法律制度可以实现的、具有强制性与约束力的期待利益。

可见,信用在漫长的历史演变中不断地变迁与扩充,广泛地深入社会、经济、文化等各个领域。中国人民银行征信中心的信息收集类型不断扩大,客观上也反映出信用概念的内涵与外延不断扩张的社会现实。本书认为,基于信用概念体系的开放性,难以在法教义学视野下一蹴而就地对信用的内涵与外延作出准确框定。个

㉓　由于信托行为(Fiduciae Causa)的广泛存在,罗马法也蕴含着保护信义的观念与制度,即对于信义而言返还义务是以善意为依据的行为,为保护信义免受欺诈必须履行返还义务,这成为后世英美法系信托法中信义的渊源。参见[意]朱塞佩·格罗索:《罗马法史》,黄风译,中国政法大学出版社1996年版,第234—238页。

㉔　罗马法最早在法律意义上使用信用一词,在实体法与程序法中形成了诚实信用的基本价值观点,以"债"的履行原则加以统摄。信用开始成为借贷法律关系的组成要素。大多数新型法律行为与法律关系都是在信用的保护下形成与发展起来。此后,信用由罗马法传入现代民法,被固化为民法的"帝王条款",随立法重心转移,从程序法进入实体法,从私法领域向公法领域扩张。19世纪早期,英美法国家开始在衡平法与判例法中确立诚实信用原则。1804年《法国民法典》规定,契约应当以善意履行。1900年《德国民法典》将诚实信用确立为一项强制性规范。1912年《瑞士民法典》则将诚实信用确立为民法的基本原则。这一立法模式成为日后各国民法典的典范。现代法律部门分化日益精细,诚实信用原则逐步分流到规制社会的各个部门法领域,又从分流合并为干流,演变为多个法律部门的共享原则,亦成为一切社会领域共通的行为规则,以引导个体成为良善公民。参见吴汉东:《论信用权》,载《法学》2001年第1期。

人信用治理研究必须在社科法学视野中,着重运用规定性规范来引导主体利益的合理分配。同时,盲目限缩"信用"的用途和"信用信息"的类型也无助于有效地规制个人信用分信息处理行为。

二、缺乏约束的平台信息处理行为

信用概念推动了信用评价算法的发展。信用评价算法的革新引发治理形式的变革,为平台的信息处理行为提供了正当性依据。然而,平台信息处理行为缺乏公法规范的约束,其私人价值取向与公共治理功能之间存在冲突。

首先,信用概念能够塑造信用评价算法的价值基础,因而对信用评价算法的发展具有制约作用。数字信用共治更是促使信用评价算法所使用的数据类型大为扩展。平台为消减信息不对称状态的影响,存在尽可能多地收集数据的主观能动性。大量曾经未能被收集的信息,或未被视为具有信用属性的数据,已经越来越多地成为平台利用信用评价算法判断个人信用的要素。例如,网络用户实名制要求用户行为与信息设备实现关联与绑定,利用信息设备能够持续地追踪特定的设备持有人,从而设备序列号也有可能成为个人信用分的信息素材。再如,个人的非常用设备信息因不具备直接识别性与关联性,传统上常被视为非个人数据。平台满足商业合理使用的信息处理合法性基础,即可无责使用。但是在网络实名制管理与视频监控联网的配合下,在公共环境中利用不特定设备上网,依然具有识别信息主体并做出其存在较高信用风险判断的可能性。在注重精确概念、精巧逻辑的大陆法系中,显然难以清晰地划定平台信息处理行为的边界。

其次,随着信息处理范围扩大,信用评价算法革新进一步引发了治理形式的变革。可以说,信用评价算法正是促使个人信用分成为数字信用共治工具的关键因素。技术通过影响生产过程中的信息处理方式,扩散到整个社会结构中。㉕网络化的生产逻辑实质性地改变了经验与权力的操作与结果,形成了以技术为基础的新型生产范式,并推动出现了全新的社会互动与生产方式。㉖随着劳动分工专门化,技术过程与社会过程的关系日益紧密,技术变革常会引发社会变革。然而,在立法者有限理性的约束下,成文规范难免与快速变化的社会现实脱节。其治理功能在一定程度上被弱化。㉗利益诉求的不断分化、社会异质性的持续增强使得不同群体之间的资源分配失衡,利益冲突加剧。单纯依靠国家立法活动很难满足数字社会的秩序需求,需要寻求其他手段来弥补国家在规则建构方面的不足,但是亦要求所采纳的工具能够"用技术上尽可能适当的手段,合乎理性地计算出来"㉘。信用评价算法符合规范化、标准化与非人格化的治理工具要求,具有形式化的符号体系、逻辑一致的推理规则、精确与可重复的推理结果三项特征。㉙这就为平台大规模处理信息提供了技术可能性与行为正当性。

最后,平台的信息处理行为看似具有中立性与客观性,却以私人价值取向为主导。这是因为,信用评价算法的方法选择、样本处理、权重设置、变量取舍实际都取决于平台经营者的主观判断。信

㉕ 〔德〕F.拉普:《技术哲学导论》,刘武、康荣平、吴明泰译,辽宁科学技术出版社 1986 年版,第 4、12、28 页。

㉖ 同前注 237,〔美〕曼纽尔·卡斯特书,第 18—21 页。

㉗ 立法机制常存在滞后性,既有权利的转化与新型权利的兴起要求立法主体在清晰地感知与分析社会客观事实的基础上,辨别法律事实、界定法律行为、确认法律关系、选择调整手段。这是法律规范创设、适用与不断修正的必经历程,必然需要耗费大量的时间成本。与此同时,社会客观事实的迅速变化对既有法律规范体系造成持续地冲击,使得法律规范始终面临着捉襟见肘的治理困境。参见庞正:《法治秩序的社会之维》,载《法律科学》2016 年第 1 期。

㉘ 〔德〕马克斯·韦伯:《经济与社会》,林荣远译,商务印书馆 1997 年版,第 107 页。

㉙ 何柏生:《西方法律形式合理性形成中的数学因素》,载《法制与社会发展》2007 年第 6 期。

用评价算法在存在意义上是中性的[270]，实则具有意识形态化的典型特征。信用评价算法在主体层面与对象层面分别具有意识形态性与意识形态导向性。信用评价算法的意识形态性与意识形态导向性统称为信用评价算法的意识形态化。[271]信用评价算法的意识形态化既推动了平台信息处理技术方法的拓展与更新，也融入了平台经营者的价值判断。

然而，平台的信息处理行为缺乏公法约束。该问题突出地体现在平台参与制定个人信息保护标准的行为缺乏正当程序限制。在我国，公众参与和政策协商是基本政策。理论上，公众涵盖技术专家、专家以外的个人、社团组织、企业等多种主体。《标准化法》规定标准立项时应对消费者的实际需求进行调查。《标准化法实施条例》亦规定，制定标准的行政部门应当组织企业、行业协会、科研机构、学术团体等相关部门的专家论证、草拟与审查标准的具体内容。《消费者权益保护法》要求制定与消费者权益相关的强制性标准应当听取消费者的意见。除此之外，很少有基本法或专门法规定公众应当享有参与权。实践中，个人信息保护标准几乎全部采取推荐性标准的形式，排除了强制性标准必须征求消费者意见的情形。虽然全国信息安全标准化技术委员会已开始利用网络向社会公众征求意见，但就收集的有效意见及其采纳情况则未进行公开说明。意见征集结果的不透明性意味着并没有为个人参与标准制定工作提供有意义的反馈渠道。此外，计算机技术的高度专业性使得专家大量产生于平台内部。平台以外的专家则需要从平台获得相当数量的信息，亦面临受俘获的风险，成为某方欲求规制

---

[270] ［德］尼古拉斯·卢曼：《风险社会学》，孙一洲译，广西人民出版社 2020 年版，第 129 页。

[271] 陈思：《算法治理：智能社会技术异化的风险及应对》，载《湖北大学学报（哲学社会科学版）》2020 年第 1 期。

方案的论证工具。[272]

综上可见，个人信用分信息处理行为的制度局限源于法律制度滞后与信息处理技术革新之间的固有矛盾。盲目地缩窄平台可以处理的数据范畴，实际上难以成为规制个人信用分信息处理行为的有效方法。

第三节　信息处理行为的制度优化

本书认为，应当在遵循信息处理制度优化基本理念的前提下，以个人征信法律制度为基本框架，充分吸纳个人信息保护规则，在四个方面构建与个人信用分技术特征相契合的信息处理制度：第一，以风险最小、必要、客观为个人信用分信息处理行为的基本原则。第二，以被评价者同意和特定公共利益为个人信用分信息处理行为的合法性基础。第三，通过三个步骤检验能够被处理与不能被处理的信息类型。第四，当信息来源于政府部门时，应适用强化信息处理者义务的个人信用分信息处理规则。

一、制度优化的基本理念

（一）引入新理论界定信息处理范围

大数据应用下的个人信用分信息处理行为，应当通过引入情境完整性理论（Contextual Integrity Theory）[273]，对现行个人征信

---

[272]　林鸿潮：《社会稳定风险评估的法治批判与转型》，载《环球法律评论》2019年第1期。

[273]　尼森鲍姆借鉴社会学中关于信息传播、复杂系统的解释，形成关于"情境完整性"的阐述。"情境"一词源于社会学理论，尼森鲍姆将其定义为"由典型的活动、角色、关系、规范、权力结构、内在价值构成的固定社会背景"。情境完整性理论建立在"信息可在无限的情境之中流通"基础上，对场所、领域、情境、规则等判断要素进行了更加复杂、细致地划分，构成多维、立体的分析框架，从而改变了传统隐私理论仅依据单一要素判断信息保护程度的缺漏。参见［美］海伦·尼森鲍姆：《作为语境完整性的隐私权》，谢晓君译，载张民安主编：《隐私权的性质和功能》，中山大学出版社2018年版，第178—211页。

法律制度中的信息处理规范加以改造。情境完整性理论在应用情境中定义个人信息或信息组合是否具有评价个人信用的属性、功能、价值与相应的风险,因而与个人信用分信息处理行为的运行机制更为契合,其有助于厘清随技术发展而不断变动的信息处理与信息保护边界,为平台的信息处理行为构建富有弹性的制度规范。

就平台信息处理行为的运行机制而言,平台利用 Cookies 技术实施信息处理行为,具有信息载体与处理环节虚拟化的特征。[24]在用户注册与登录后,平台为每一用户匹配一个唯一标识符,通过唯一标识符将用户在平台网络空间内的各种行为关联起来。在用户浏览网页、点击链接、购买商品时,平台就能够持续地记录与收集用户行为产生的信息。在用户未注册的情况下,平台则通过 Cookies 技术追踪与管理用户的信息。研究发现,2015 年美国最受欢迎的 100 个网站共计使用超过 6 000 个 Cookies,其中 83% 是第三方植入的 Cookies,以此隐蔽地收集了数百万名消费者的在线数据。[25]

---

[24] 常用的 Cookies 技术包括:第一,HTTP Cookies,即在用户的计算机中植入 Cookies,以某种特定标记识别特定设备。用户没有删除或关闭 Cookies 或 Cookies 未自动到期,平台以及与平台链接的电子商务经营者就可以访问并保存 Cookies 记录的信息与数据。否则,服务器即假定下次访问用户为新用户并变更用户标识。第二,当 HTTP Cookies 技术失效时可通过 Flash Cookies 技术追踪用户。Flash Cookies 是 Adobe Flash 公司开发的用于使用用户计算机存储数据的技术,与 HTTP Cookies 相比,Flash Cookies 存储时间更长,存储位置更加隐蔽,用户更难以找到并删除该技术所使用的 Cookies。第三,Ever Cookies 技术利用用户的计算机设备不断自我复制,在 Cookies 副本丢失或到期后仍可重新激活 Cookies,因而相对 HTTP Cookies 与 Flash Cookies 具备更高的信息收集稳定性。第四,Fingerprint 技术不直接在用户的计算机设备中植入 Cookies,而是通过交叉比对用户偏好的浏览器、字体、设备曾使用插件等关键特征挖掘出相关的模式,以此验证、识别特定设备与特定用户。只有禁用 JavaScript 与 Flash 等关键功能才能关闭 Fingerprint 技术,但将导致用户获得更差的网页浏览体验。参见丁晓东:《个人信息保护:原理与实践》,法律出版社 2021 年版,第 167—171 页。

[25] Boerman, Kruikemeier, Borgesius: *Online Behavioral Advertising: A Literature Review and Research Agenda*. Journal of Advertising 46,364(2017).

　　Cookies 技术极大地提升了个体身份的可识别性，随之而来的问题就是信息处理与信息保护的边界发生推移。传统的信息处理与信息保护边界以可识别性为关键判断标准。[276]然而，传统上认为无需特别保护的数据，在 Cookies 技术的辅助下不仅能够精确识别至特定个体，还通过信用评价算法成为判断个人信用的重要因素。随着整个社会的信息增量以指数级别扩大，通过交叉比对方式识别至个人的可能性剧增，各类数据之间都能建立起相关性并指向特定个体，从而大部分数据都将成为个人信息。[277]单一的可识别性标准本质上属于静态视角的判断标准，难以适应技术发展水平。域外个人信息保护制度的标准从"可识别性"向"关联性"转换正是例证。[278]而关联性亦属于指向不明确的判定标准，同样容易模糊信息处理与信息保护的边界。

---

　　[276]　以可识别为关键判断标准的代表性制度是早期的欧盟法与德国法。德国法中，早期的"领域理论"则按照公域与私域二分法，将个人信息的使用环境抽象为公共领域、个人领域、秘密领域、隐秘领域四部分，依其距离核心部分的远近判断保护程度，构成一种同心圆式结构。然而，物理世界的领域分野相对清晰，而互联网情境中则难以明确区分这些抽象领域。实践中日益增长的违法性判断困难使得德国法最终转向强调个体控制能力的个人信息自决理论。

　　[277]　Purtova，*The Law of Everything*：*Broad Concept of Personal Data and Future of EU Data Protection Law*. Law，Technology and Society 10，1—42(2018).

　　[278]　美国个人信息保护立法修正了可识别性标准的局限，采纳"关联性"标准。以设备序列号为例，英特尔公司曾考虑在每个芯片上附加并追踪唯一序列号。序列号与个人身份信息之间不存在关联关系，但是英特尔公司的市场优势地位与设备数据收集行为能够显著增加用户身份的易识别性，从而实质地侵犯个人信息权益。联邦贸易委员会收到大量抵制计算机制造商的投诉，进而在《消费者隐私权法案(草案)》中将个人信息界定为能够关联至特定个人或特定设备的信息，设备识别信息被纳入隐私范畴加以保护。设备识别信息大大增加了计算机制造商的合规成本，并不利于信息流通中的各方利益均衡，亦受到诸多立法游说，使得草案面临难以生效与适用的问题。参见[美]肯尼斯·A.班贝格、迪尔德丽·K.穆里根：《书本上的隐私和实践中的隐私》，魏凌译，载张民安主编：《隐私权的性质和功能》，中山大学出版社 2018 年版，第 292—293 页；Federal Trade Commission，*Protecting Consumer Privacy in an Era of Rapid Change*：*Recommendations for Businesses and Policymakers*(2012-3)，p.4。

随着大数据和人工智能技术的不断发展,信用评价算法不仅感知环境还折返于环境,在技术与环境之间建立反馈与改进表现,势必将出现更多当前尚未发掘的用以评判信用情况的信息类型。在平台的信息处理行为中,信息处理与信息保护的边界并非一劳永逸地划定,而是需要不断地重新定位。这与情境完整性理论构成内在的关联。

情境完整性理论的原意是利用行为主体、信息属性、传播规则三项核心要素,通过理解具体情境之中信息提供、收集、使用的规则来定义信息性隐私权。其已被证明可以有效地吸收与矫正美国法中传统隐私保护理论的内在缺陷,成为美国理论界与实务界的主流理论,并为2015年《消费者隐私权法案》、2018年《网络权利法案》等立法草案采纳。欧洲学者认为该理论能够解决个人信息自决理论下绝对支配与流通价值之间的冲突。[279]1985年德国人口普查案后,德国法院摒弃了以个人信息类型及相应属性为判断标准的"领域理论",也开始以信息收集目的与处理可行性作为判断标准。我国学者亦开始尝试利用该理论对个人信息保护制度困境加以反思。[280]

当前,我国个人征信法律制度中的信息处理规定未将信息置于场景变换的动态视角,而是在静态的场景中区分不同信息类型的保护程度。信息易受使用场景或信息组合变动而发生本质属性与外在形式的转换。例如,健康信息属于敏感个人信息,而信用评价算法可以利用个人健康信息以外的个人消费记录、饮食习惯、运动记录、社交记录信息,评估个体在未来特定时间内的健康状态。

---

[279] Guinchard: *Taking Proportionality Seriously: The Use of Contextual Integrity for a More Informed and Transparent Analysis in EU Data Protection Law*. European Law Journal 24, 434—457(2018).

[280] 丁晓东:《个人信息私法保护的困境与出路》,载《法学研究》2018年第6期。

又如,个人财务信息属于敏感个人信息。在面向缺乏公共征信系统记录群体开展的互联网小额借贷活动中,信用评价算法利用非个人财务信息亦能评估个体的贷款偿还能力,决定消费贷款合同的利率、期限、保证条款。因此,需要将情境完整性理论引入个人征信法律制度,为平台的信息处理行为提供充分的制度空间。

利用情境完整性理论分析发现,平台的信息处理行为是一个连续的过程。这一过程涉及从线下物理空间向线上虚拟空间、从个体特质向数字分值、从私人生活范畴向商务信用范畴乃至社会信用范畴的转换。其中,平台是各种情境的连接点。个人信息的每次转换都进入一个新的情境,每种情境下又存在着差异化的信息处理规则,仅凭一种简约的法律规则来解决动态的利益纠纷就会变得十分棘手。因此,运用情境完整性理论优化个人征信法律制度,提出以下三个方面的要求:第一,提炼个人信用分信息处理情境中可以通约的共同规范,统合在个人征信法律制度中。第二,根据个人信用分信息处理环节的行为特征,形成不同于个人信息保护一般规定的个人信用分信息处理特别规定。第三,平台作为情境连接点,在不同的场景下需要承担差异化的信息处理者责任。

(二)强化信息处理公私规范的衔接

本书认为,应当推动个人信息保护制度与个人征信法律制度的深度融合,利用个人信息保护制度促进个人信用分信息处理的公法规范与私法规范衔接。个人信息保护制度之所以能够成为连结公法规范与私法规范的桥梁,是由于个人信息保护可以同时构成基本权利内容与民事权利内容。在美国,信息性隐私权既是普通法实证层面的权利类型,也是宪法与特别法层面的权利类型。德国将个人信息自决理论用于解释连结民法与宪法的一般人格权。欧盟法认为个人信息保护的权利既是民事权利,也是基本权利与国际人权。与信息性隐私权和个人信息自决理论相似,我国个人信息保护制度同样是应对信息权利结构不对称的一种法律工具,旨在表达、平衡与重整利益。当其处于私法框架时,需要采取权利承受者视角,直接对应着信息权利结构中的弱势者权益保护。当其处于公法框架时,则需采取权力施为者视角,强化信息处理者作为权力施为者的责任承担。㉘具体而言,以个人信息保护制度促进个人信用分信息处理的公法规范与私法规范衔接,既存在基本法依据,也具备制定法基础。

首先,以个人信息保护制度促进公私规范的衔接,具备基本法依据。我国《宪法》第38条将人格尊严视为无法律保留的基本权利。技术改变了传统的权利内涵,需要通过新的表述方式使传统权利概念能够符合新的社会能力。㉘以《宪法》人格权对接《民法典》人格权,其共同目的是对能够体现人格特征却未在法律中列明的利益施加保护。个人信息保护宪法化实质是在私法规定的个人信息保护权能体系外,通过公众参与、算法规制等手段将平台纳入综合治理范畴,形成包括刑事责任、行政责任、民事责任在内的多重责任体系。法律责任体系的完善有助于施加私人成本,防止狭隘的个体自利吞没理性。㉘基于国家保护公民基本权利的责任,公法上对个人信息处理的风险进行预防与管理,能够很大程度上降低信息主体对难以预见的信息处理风险开展自力救济的压力,防范技术、市场、法律的三重失灵问题。

其次,以个人信息保护制度促进公私规范的衔接,具备制度条

㉘ 余成峰:《信息隐私权的宪法时刻》,载《中外法学》2021年第1期。
㉘ [美]赫伯特·马尔库塞:《单向度的人:发达工业社会意识形态研究》,上海译文出版社、重庆出版社2016年版,第5—6页。
㉘ 同前注230,[美]史蒂芬·霍尔姆斯、凯斯·R.桑斯坦书,第126、134、147页。

件。梳理当前个人信息保护制度内容,我国个人信息保护权能体系包括信息控制权[284]、信息使用权[285]、信息知悉权[286]、信息更正权与信息删除权[287]、信息安全维持权[288]、信息收益权。[289]从上述权能的内容来看,现有的个人信息保护制度对被评价者的保护力度大体能

---

[284]　信息控制权指信息主体有权控制个人信息无论何时、何地、何种方式、何种范围进行展示,也无论通过声音、图像、标识、数字、符号或是能为他人所感知的其他方式进行表达。一方面,信息控制权旨在排除公共部门对权利人个人信息的非法处理。未经法律许可,任何权力机构或其职务人员不得处理或公开权利人的个人信息。另一方面,信息控制权旨在排除市场主体对权利人个人信息的非法处理行为。未经信息主体自身或法定代理人同意,任何市场主体不得非法处理其个人信息。排除公共部门非法处理个人信息的规定如《社会保险法》第92条,《公共图书馆法》第43条,《情报法》第19、31条,《核安全法》第69条。排除市场主体非法处理个人信息的规定如《民法典》第111、1038、1039条。

[285]　信息使用权指信息主体有权决定许可他人使用其个人信息。信息使用权包括两方面含义:一是信息主体基于自己的真实意思表示,自愿授权他人使用其个人信息。二是信息使用权存在限度,经法律授权,出于公共利益目的或信息主体合法权益、在法律允许的范围内,权力机构及其职务人员、市场主体有权非经信息主体授权同意而处理其个人信息。信息主体自愿授权同意的规定如《民法典》第1035条第1款、第1038条,限制性规定如《民法典》第1035条。

[286]　信息知悉权指信息主体有权清楚地知悉其个人信息处理的目的、方式、范围、期限、类型、数量、合法性、客观性、完整性、安全性、必要性以及纠纷解决措施。信息知悉权是其他权能的前提,贯穿于个人信息在不同情境中流通的全过程,一般以信息主体知悉与同意为触发机制。出于公共利益目的或信息主体合法权益,法律允许设计多层次的"告知—同意"规则平衡信息使用权与信息知悉权。如《网络安全法》第41、44条。

[287]　信息更正权指信息主体基于保护其个人信息内容的完整、正确目的,而享有跟踪、查证、补充、根据真实情况修改的权利。信息争议解决之前,任何主体不得继续处理其个人信息。信息删除权指完成处理个人信息的特定目的、超出处理个人信息的必要期限或无法更正错误个人信息的情形下,信息主体享有要求信息处理者删除、销毁其个人信息的权利。信息更正权与信息删除权的部分内容可见《民法典》第1029、1037条,《网络安全法》第42、43条。

[288]　信息安全维持权指信息主体有权依法或依约要求信息处理者采取各种必要措施,安全地处理与存储其个人信息。例如《民法典》第1038条,《电子商务法》第32条,《刑法》第253条,《网络安全法》第41、42条,《旅游法》第52条等。

[289]　《民法典》第993条规定了人格权商业化利用内容,系人格权共通性条款,应当可以作为信息收益权的权源。本文认为需明确规定信息收益权,允许信息主体因违法或不当处理其个人信息的经济活动请求赔偿。基于个人信息保护的人格权定位,信息财产利益不宜采取直接经济补偿的方式,而应与个人信息带来的价值合理相关,采取适当、对等的计算标准,可参照CCPA第1798.125条第2款规定的经济激励制度,择一采取允许信息主体支付较低的价格或费率或向信息主体提供较高水准产品或服务的方式。

够与个人信用分信息处理行为中呈现的"国家—平台—个人"三元利益冲突相适应,亦可回应公私权力复合同化的隐忧。

更进一步,本书认为应当参考隐私权的生成路径⑳,在公法与私法中明确规定个人享有信息受到保护的权利。㉑如此,则能够在

⑳　我国原《民法通则》中未提及隐私保护。最高人民法院印发《关于贯彻执行〈中华人民共和国民法通则〉若干问题的意见》第140条通过将隐私纳入名誉权范畴,首次提出对隐私的保护。随后,最高人民法院《关于确定民事侵权精神损害赔偿责任若干问题的解释》又将隐私从名誉权中分离出来进行保护。最后,原《侵权责任法》以法律的形式确认了隐私权。

㉑　本书提倡创设个人信息保护权而非信用权来保护被评价者的信息权益,主要理由如下。第一,传统理论认为人格权具有非分离性、非转让性与非财产性,三种基本属性为个体构成一个排他的自由保护区域。但是随着技术变革,现代法律理论关于人与财产融合的基本观点得到增强。人格权与财产权、人格利益与财产利益之间并无绝对的边界。人格权蕴含的财产性因素在逐步扩充,可转让性亦随之提高。德国法与美国法均承认人格特征的经济功能。正如王泽鉴教授所指,二者以法官续造方式,在逾百年的演变中将人格权的保护内容从人格利益扩展至财产利益。将个人信息保护权能体系置入《民法典》的人格权编,具有较高的制度弹性。因此,立足个人信息保护理论,对现有个人信息保护权能体系进行一定程度的整合与再造,能够相对完整地覆盖被评价者的信息权益。第二,考虑到法权的经济性问题,既有权利应当是首要选项。必须在不完全摧毁既有权利与理论基础的前提下,创设新的规范机制以顺应社会、经济与技术的发展要求。当既有权利内容存在适法性局限时,生成新的权利类型才成为现实问题。在比较法意义上,德国《民法典》第824条常被视为信用权的重要佐证。但该条作为民法保护名誉的替代方式,伴随社会与经济的发展而发生价值变迁,成为针对明知却传播不真实事实而造成他人财产不利益的违法行为的一项单独请求权。人格利益则纳入一般人格权采取一体化保护。因此,第824条信用条款保护的不是特定的信用权。综上所述,就被评价者的信息权益保护而言,我国不应参照德国立法创制信用权。参见[德]霍尔斯特·埃曼:《德国民法中的一般人格权制度——论非道德行为到侵权行为的转变》,邵建东译,载梁慧星主编:《民商法论丛》(第23卷),金桥文化出版(香港)有限公司2002年版,第413页,转引自张红:《人格权总论》,北京大学出版社2012年版,第68页;[美]阿尔贝特·林:《宪法对信息性隐私权的法律保护》,黄淑芳译,载张民安主编:《信息性隐私权研究:信息性隐私权的产生、发展、适用范围和争议》,中山大学出版社2014年版,第410页;王泽鉴:《人格权法:法释义学、比较法、案例研究》,北京大学出版社2013年版,第256—291页;马俊驹:《人格和人格权理论讲稿》,法律出版社2009年版,第127页;彭诚信:《现代权利理论研究:基于"意志理论"与"利益理论"的评析》,法律出版社2017年版,第190—191页;Alexy, *The Argument from Injustice: A Reply to Legal System*, Oxford: Clarendon Press, 2002, p.24;周云涛:《存疑信用权——〈德国民法典〉第824条分析》,载《政法论丛》2008年第2期。

个人信用分信息处理活动中,更有效地保护被评价者的信息权益。权利制度暗含着分配公平与分配正义的法律价值。自由仅意味未受国家禁止。权利则要求国家及任何私人均不得侵害。当权利受到侵害时,国家必须对受害人施加保护。[292]与保护法益的权利推定方法相比,对权利的保护则严格得多,更能够成为一种重大的强制力量。

最后,促进个人信息保护制度与个人征信制度的深度融合,并非是在后一制度基础上简单叠加前一制度内容即可实现。《征信业务管理办法》引发了实务界的强烈反响,正是该制度内容合理性有待补强的必然后果。必须在准确理解个人信用分信息处理运行机制的基础上,有针对性地设计与优化个人征信制度内容。

二、个人信用分的信息处理原则

依据《征信业务管理办法》,平台的信息处理行为适用最小、必要、公正、独立、客观原则。前三项原则适用于信息收集环节,直接引用自《个人信息保护法》,选择性地适用了国际通行的和《个人信息保护法》规定的部分个人信息处理原则。后三项原则适用于信息整理、加工、保存环节,沿袭了中国人民银行在征信监管实务中一直坚持的规制原则。上述原则难以与平台信息处理行为的技术特征完全契合。个人信用分信息处理行为应当适用风险最小、必要、客观三项特别原则,以及《个人信息保护法》规定的个人信息处理一般原则。特别原则与一般原则的关系是:(1)当同时涉及风险最小原则与最小原则时,优先适用前者;(2)特别原则中的必要原则相较于一般原则中的必要原则更为严格;(3)客观原则是仅适用于征信活动的特别原则。

㉒　[日]山本敬三:《基本权利的保护与私法的作用》,刘涛译,载《交大法学》2010年第1期。

（一）以风险最小原则取代最小原则

最小原则（即最小化处理原则）是指建立目的限制原则基础上的最少够用要求，旨在干预与限制信息主体预期以外的用途。[293]最小原则起源于美国 1973 年的原公平信息实践准则报告，于 1977 年发展为最小化干涉原则，即信息主体对信息存储机构的期待应当与信息存储机构的实际做法保持平衡。欧盟 GDPR 继受美国公平信息实践的内容，提出数据最小化原则。数据最小化原则要求个人数据的处理行为与处理目的之间应当存在适当、相关与必要的关系。在我国《信息安全技术个人信息安全规范》中，最小原则被细化为最低频率、最少类型、最少数量、最小存储时间、最小授权的内容。

最小原则与个人信用分信息处理行为的机理相冲突，难以为平台的信息处理行为保留足够的发展空间，易随信用评价算法发展而逐渐失灵。起初，人们可以通过交易活动中的呆账、坏账记录来判断他人践守信用的可能性。[294]信用评价算法通过大量地学习与分析各类信息与数据，不断地获得升级迭代。[295]以往与信用无关的各类信息，例如博士研究生学习年限，也因可能反映出某些行为惯性而成为信用的评判要素，被信用评价算法抓取、分析并赋予一定的权重。虽然《常见类型移动互联网应用程序必要个人信息范围规定》《信息安全技术移动互联网应用程序（APP）个人信息安全

---

[293] 刘国：《个人信息保护的公法框架研究——以突发公共卫生事件为例》，载《甘肃社会科学》2020 年第 4 期。

[294] 袁跃华：《近代英国信用制度的构建与启示》，载《征信》2020 年第 12 期。

[295] 据人民日报报道，FICO 信用评价模型迭代需要五年，而芝麻信用则将模型迭代期限缩短至约两个月。参见刘少华、大巢：《硅谷精英大规模"回流"》，载 http://data.people.com.cn/sc/detail?articleId = 6b209f3b7bfd4bc5b9864b48a73db66b，2021 年 6 月 7 日访问。

评测规范（草案）》等文件对常见类型 APP 依据其程序功能不同，提出各类 APP 可以收集的必要信息范围与必要信息测试方法。但是，APP 开发者与为其提供信息存储、链接分发与技术支持等服务的平台基于信息数据开展合作。㉖这类平台的信息处理行为实则难以受到上述规范的约束。因此，最小原则提出的"为实现信用评价目的而采用最少数据"的要求，事实上难以界定平台可以处理何种数据或不可以处理何种数据，从而难以为个人信用分信息处理行为提供清晰的指引。

因此，需要以风险最小原则取代最小原则。风险最小原则是利用知识与技术事先开展防范的风险规制原则㉗，具有"自设计预防"㉘的内在特征，强调个人信用分信息处理行为应当对被评价者的信息权益造成最小的伤害。风险最小原则以风险评估为规制方法。其适用形式应当是在个人征信法律制度中，明确地规定平台的信息处理义务、平台的信息处理责任与特定的信息处理资质。㉙

一方面，风险最小原则可以有效地反映出情境完整性理论的核心价值，为信息流通的实际需要赋予一定的灵活性。风险指某

㉖ 从商业实践来看，合作形式至少包括精准引流、资金投资或数据分析等服务。平台提供的数据分析服务例如苹果 APP Store 中推出"私人点击测量"服务，用于跟踪用户点击网络广告后的购买或注册行为。平台提供的投资与精准引流服务例如腾讯"应用宝"与 APP 开发者合作，挖掘用户的差异化需求。参见用户隐私与数据使用，载 https://developer.apple.com/cn/app-store/user-privacy-and-data-use/，2021 年 6 月 6 日访问；应用宝升级腾讯"应用分发中台"全场景直达助力开发者，载 https://tech.qq.com/a/20181102/012379.htm，2021 年 6 月 6 日访问。

㉗ Giddens，*Modernity and Self-Identity：Self and Society in the Late Modern Age*，Cambridge：Polity Press，1991，pp.109—143.

㉘ Shapiro，Glicksman，*Risk Regulation at Risk：Restoring a Pragmatic Approach*，California：Stanford University Press，2003，p.2.

㉙ 参见杜辉：《挫折与修正：风险预防之下环境规制改革的进路选择》，载《现代法学》2015 年第 1 期；闫海：《论经济法的风险规制范式》，载《法学论坛》2016 年第 1 期。

一事件通过主观标准或客观标准测量并赋值的一系列可能结果[300]，具备可能发生的结果、结果发生的频率两项要素。[301]风险与危险是形态并存与相互转化的。在不同的情境中，造成某种损害的既可能是风险也可能是危险。法律制度中的利益衡量需要与具体的情境关联。不同的情境下甚至同一情境的不同阶段中，利益衡量的结果都可能存在差异。[302]以情境区分为基础，引申与适用不同的规则正是制度利益衡量的内在精神。[303]因此，需要通过风险最小原则优化个人征信法律制度中的信息处理规则，使之能够吸纳与反映情境完整性理论的核心价值。

另一方面，必须通过统计学方法将风险转化为技术合理性问题，才能预防与控制个人信用分信息处理风险，避免"合理目的"以外的使用空间过于浮泛。"风险的可接受性"本身是具有误导性的论题。以卢曼、弗兰克·奈特、珍妮·斯蒂尔为代表的学者大多认可风险与危险、损害、不确定、预料之外等字面上相似的概念完全不同，本质上不具有可接受性，只有在通过统计学、概率学方法还原成纯粹的技术合理性问题时才具有对比、选择与接受的意义。因此，以风险最小原则为指导的规制实践要求采用风险评估方法。[304]风险评估是指界定、描述与衡量风险规模，计算风险概率，判

---

[300]　OECD，*Public-Private Partnerships：In Pursuit of Risk Sharing and Value For Money*，Paris：OECD Publishing，2008，p.48.

[301]　可能发生的结果指向风险的客观实在性。结果发生的频率实际上属于对实在世界的一种人为加工或主观建构。

[302]　［日］大贺须明：《生存权论》，林浩译，法律出版社 2001 年版，第 203—207 页。

[303]　梁上上：《制度利益衡量的逻辑》，载《中国法学》2012 年第 4 期。

[304]　风险量化评估是典型的专家主导型管理方法。风险量化评估方法进入监管框架，源于早期英国环境污染皇家学会向健康与安全署提出的环境决策建议。其一般用于设计正式的标准体系，能够反映特定风险的处理进路与监管之间的关联。从本质上看，风险量化评估是成本效益分析在风险决策中的应用。

断风险的可接受程度,在类似的风险之间权衡,以最小代价取得最大收益。[305]其采用严格控制的参数,将风险发生的盖然性、风险后果的侵害性以及二者的相乘关系作为评估标准。[306]在统计学、管理学等研究领域,我国亦有学者提出信用风险量化评估的其他方法。[307]

在个人信用分的信息处理规则构建中,应当在以下四个方面充分贯彻风险最小原则。

第一,风险最小原则要求平台建立被评价者的信息权益影响评估机制。具体包括:定期监测信息处理流程与处理方法以适应信用评价算法不断发展导致的风险,持续评估个人信用分信息处理行为对被评价者个人信息权益的影响程度与可能造成的损害,在损害尚未发生前及时地调整个人信用分的信息处理类型、指标权重等参数。

第二,风险最小原则要求平台建立错误信息更正机制。对于被评价者申请限制或删除错误信息的请求,平台应当在形式审查的基础上,向被评价者明确地告知处理结果、处理方式与理由,不迟延地采取对被评价者个人信息权益损害最小的措施。形式审查未通过时,平台应当明确告知被评价者可采取的救济措施,此外还应为被评价者便利地行使错误信息删除权提供特别的保护程序。由于信息删除的核心是将"信息与其关联的主体脱钩"[308],平台应

---

[305]　[英]珍妮·斯蒂尔:《风险与法律理论》,韩永强译,中国政法大学出版社2012年版,第178—179页。

[306]　一般认为通用的风险评估公式为:风险(R)=损害程度(H)×发生概率(P)。参见杨小敏、戚建刚:"风险最糟糕情景认知的角度",载沈岿主编:《风险规制与行政法新发展》,法律出版社2013年版,第34页。

[307]　参见刘淑春:《信用数字的逻辑、路径与融合》,载《中国行政管理》2020年第6期;王学东等:《模糊综合评价法在网商信用指数测度中的应用研究》,载《现代情报》2013年第9期。

[308]　满洪杰:《被遗忘权的解析与构建:作为网络时代信息价值纠偏机制的研究》,载《法制与社会发展》2018年第2期。

当采取更新连接、消除检索等多种技术方式实现该目标。

第三,风险最小原则要求平台应当积极采取技术能力范围内的额外保障措施,根据信用评价算法的发展情况,不断地补足与调整信息安全风险处理机制:(1)根据所处理的不同信息类型,建立差异化的信息保存期限、安全存储措施等内部管理机制。(2)参照《征信机构管理办法》,平台所使用的信息处理系统至少应当达到国家信息安全保护二级标准。(3)积极开发信息保护增强技术,在风险事件发生的合理期间内,及时通知被评价者,协助被评价者维护合法权益。可参考欧盟法院在 C-673/17 案中将默认预勾选视为诱导个人选择而作出信息主体同意无效的判例[309],将敏感个人信息的收集功能由默认开启变为默认关闭,以保证开启的选择是被评价者清晰自主的意志表达。

第四,风险最小原则要求平台应当具备特定的信息处理资质。立法应当明确规定,在特定条件下,例如平台能够处理被评价者的重大疾病信息时,应当对平台的信息处理资格采取准入管理。相关资格的认定条件应当至少同时包括以下四个方面的内容:具备较高的信息安全能力、具有完善的信息安全内部管理制度、能够实施更高频次的信息安全风险评估机制、定期接受监管部门的信息安全审计等。

(二)以信息保护政策释明必要原则

信息处理行为始于被评价者点击同意个人信息保护政策。[310]

---

[309] Case C-673/17(2019-10-1),http://curia. europa. eu/juris/document/document.jsf?text=&docid=218462&pageIndex=0&doclang=EN&mode=req&dir=&occ=first&part=1&cid=1447493,accessed on 2020-11-5.

[310] 需要明确的是,个人信息保护政策不具有合同性质,而应当是个人信息保护机制中的一项特殊性倾斜性保护规定。有学者参考欧盟《数字内容指令(建议稿)》认为个人与平台之间基于交易行为,彼此互相负有目的相关联的给(转下页)

个人信息保护政策是被评价者授权平台处理其个人信息的主要方式。被评价者控制信息的能力往往受到必要原则的制约。[311]但是，必要原则的内涵过于抽象与丰富，难以直接指导个人信用分信息处理实践。在《个人信息保护法》中，必要原则可被理解为必要的处理目的[312]、必要的处理范围[313]、必要的处理措施[314]、必要的处理时间。[315]本书认为，在个人信用分的信息处理环节，必要原则需要通过个人信息保护政策的内容设计来获得合理而详细的阐释。

第一，以个人信息保护政策阐明信息处理行为的必要范围。

（接上页）付义务，"消费者以同意经营者对其个人信息予以商业化利用作为接受服务的对待给付"，个人信息因此具备对价属性，这种"以服务换信息"或"以信息换服务"的关系属于双务合同关系。然而考虑到以下理由，个人信息保护政策并不应当被视为合同。第一，个人信息保护政策是《电子商务法》对平台创设的框架性治理工具。其内容具有对平台的单向约束力。除平台与被评价者必须共同遵守的义务以外，个人信息保护政策通常对个人不设限制性义务。个人违反该政策亦无需向平台承担合同责任。个人同意也并非基于个人信息保护政策而延伸出的合同意义上的承诺，而是个人信息保护机制中的一项倾斜性规定。第二，个人信息保护政策以公开征求意见与先期公示为特殊生效要件，区别于一般合同的签署生效要件。个人点击同意时，并不代表与平台之间形成概括性的信息收受合同关系，此时向平台交付特定类型的个人信息一般仅是出于平台履行网络空间治理要求的需要。平台内设多种产品与服务，个人点击购买或接受特定产品或服务时方可形成合同关系。第三，将个人信息保护政策视为双务合同，既容易造成"告知—同意"机制安排与民法上的契约必守原则冲突，也无法回答个人拒绝提供信息时的损害赔偿责任承担问题。按照双务合同规范，信息主体未提供个人信息或撤回同意需要承担因解除合同而产生的损害赔偿责任。虽然平台因单个个体撤回同意或不提供信息而产生较少的损失，可能倾向于不主张此种损害赔偿。但是当难以计数的个体均拒绝提供个人信息时，平台能够控制的信息体量急剧缩坍容易引发信用评价算法精确性丧失，进而易导致数字经济商业模式下各种基础服务功能的不可持续。此种损害风险势必向个体转移，最终可能造成责任认定与承担的混乱。参见郑观：《个人信息对价化及其基本制度构建》，载《中外法学》2019年第2期。

[311]　张新宝：《个人信息收集：告知同意原则适用的限制》，载《比较法研究》2019年第6期。

[312]　《个人信息保护法》第47、56条。

[313]　《个人信息保护法》第22、23、28、30、59条。

[314]　《个人信息保护法》第9、59条。

[315]　《个人信息保护法》第19条。

应当详细列明平台企业集团内部处理或可能处理信息的全部成员名称。一旦企业集团发生股权结构变更,应当将成员增减情况在平台首页显著列示,同时应当以新的个人信息保护政策文本,将变更后信息处理者的处理目的、方式、范围、保护方法、停止授权方式等相关事项明确告知被评价者。

第二,以个人信息保护政策阐明信息处理行为的必要目的。应当以简单、直观、明确、特定、逐项列示的方式展示,详细解释处理目的的适当性,确保个人信息保护政策易被查找,其呈现形式能够披露出足够多的细节,产生各方一致的认识与预期。例如,不使用"优化用户体验""提升服务质量"等模糊的表达方式,而是代之以"自动向客户推荐符合客户购买偏好的产品"等明白无误的表达方式。

第三,以个人信息保护政策阐明信息处理行为的必要技术措施。参考欧盟 2021 年《电子隐私条例》(E-Privacy Directive)最终草案,在个人信息保护政策中列明网站收集信息所使用的 Cookies 类别(必要类型/可选类型:偏好型、统计型、市场营销型、其他类型等)、Cookies 名称、Cookies 提供商(责任者)、收集目的、失效时间、Cookies 类型(http、html 等)。更为严格的方式则是"应当按照工具实际功能所对应的用意样式征求用户之同意"[316],采取逐项勾选方式收集信息。对于特别必要的 Cookies 可采用最宽松的默示同意与充分的信息披露。对增强服务性能、实施特定功能、用于个性化推荐的 Cookies 适用依次从严的同意规则与信息披露规则。

第四,以个人信息保护政策阐明信息处理行为的必要安全措

---

[316] 郑佳宁:《知情同意原则在信息采集中的适用与规则构建》,载《东方法学》2020 年第 2 期。

施,具体包括两个方面:其一,应当详细地记载信息特征选择、收集渠道、信息数量、信息类型、收集方式、收集时间、处理过程与处理依据。平台应当定期检查与更新,以便被评价者与监管机构随时了解信息处理环节的变化,对不准确、不公平的信息内容与信用评价算法提出质疑。例如,明确将某些行为或特征定义为"具有履约意愿"与"不具有履约意愿",以促使被评价者能够改变自身行为或模仿"具有履约意愿"的行为。其二,应当确保被评价者的自由选择权利。个人信息保护政策中应当包含向被评价者提供选择给付信息、非给付情况下的替代方案、随时终止授权、知晓自身何种信息用于个人信用分以及存储时长等方面的详细信息。

第五,以个人信息保护政策阐明信息处理行为的必要时间。沿用个人征信制度的规定,将平台保存与处理不利于被评价者负面信息的时间限定为自该行为或事件终止日起5年。

(三)以责任承担机制实现客观原则

借鉴欧盟DSA草案对平台信息审查义务的相关规定、我国《征信业管理条例》第23条准确性原则以及《征信业务管理办法》第16条客观性原则,本书所指的客观原则,是指平台处理的被评价者个人信息应当具有准确性、相对完整性与相对真实性。要实现客观原则,应当根据个人信用分的数据来源,对不同的主体适用差异的责任承担机制。至少可以划分为以下三种情形:

第一种情形是,大数据工具自动采集信息的客观性一般依赖于被评价者的意愿。平台应当明白无误地告知被评价者信息不客观的潜在风险,提供及时、有效的内部处理措施。在此基础上,因信息不客观而对被评价者造成的信息权益损失,应当由被评价者自行承担。但是,当应用了信用评价算法而难以准确地判定信息处理方式时,出于对被评价者加强保护的考虑,应当由平台承担信息不客观的侵权责任。即由法院依据平台的获益价格或被评价者的实际损失,裁定经济损害的具体赔偿金额。被评价者亦可主张精神损害赔偿。

第二种情形是,平台从第三方信息提供者处获得信息的情况下,一般而言需要运用信息许可合同来规范信息处理行为。应当在被评价者同意机制以外,采取标准合同文本、平台监督责任强化、责任证明规则倒置三方面措施,促使信息处理行为符合客观原则。

首先,平台与第三方信息提供者应当使用有利于被评价者的信息许可合同标准文本。个人信用分是平台发展到一定阶段方可实现的行为治理与调控手段。生产个人信用分的平台几乎具有绝对的市场优势地位。标准合同文本有利于降低优势平台的市场控制力量,确保不同发展阶段的平台能够具备相对公平的信息资源获取能力与信息技术竞争市场环境。标准合同文本的广泛采纳也有助于促使信息处理行为按照相对统一的客观标准实施。

其次,强化平台对第三方信息提供者的信息客观性监督责任。依据公安部《互联网个人信息安全保护指南》,平台应当在信息流通之前,对第三方信息提供者进行信息安全能力的合法性与必要性评估。这与平台控制网络市场交易秩序的技术能力相符。同时,生产个人信用分所需的数据中可能涉及隐私信息,由此生成的评分结果将对被评价者的个人信息权益产生极大的风险隐患。因此,有能力掌握隐私信息的平台应该在确保信息客观性方面承担更高程度的注意义务。

最后,信息侵害范围、侵害人过错、因果关系不确定性使得被评价者处于明显不利的举证位置。有必要通过责任证明规则倒置,增强对被评价者信息客观性的保护力度。参考 GDPR 第 82

条责任推定规则,应当明确规定由平台承担处理信息不客观的过错推定责任:(1)利用不客观信息生成的个人信用分导致被评价者个人信息权益减损的,推定由平台与第三方信息提供者共同承担信息侵权责任。(2)除非平台或第三方信息提供者能够证明损害后果与其不存在任何可能的关联关系时,方可免除责任。(3)平台与第三方信息提供者之间适用连带责任规则,共同承担因信息不客观而对被评价者造成的损害。此种连带责任来源于危害事实难以确定的共同危险行为,类推适用《民法典》第 1170 条,但是要求危险行为与损害后果之间应当具有高度盖然性,即多个行为者实施的数项危险行为在结构上应当是相似的,在时空上应当是相互联结的。⑰为此,被评价者需要证明第三方信息提供者收集了涉案信息,并被平台用于形成个人信用分的事实。

第三种情形是,由平台人工输入信息的情况下,例如平台人工标记图片时出现错误,平台需要为信息客观性承担更高的注意义务与责任。此种情形应当由平台承担相应的信息侵权责任。

三、个人信用分的信息处理合法基础

个人信用分信息处理行为的合法基础应当为被评价者同意和特定公共利益。适用特定公共利益条款时,还应当符合被评价者的合理期待。

就被评价者同意这一信息处理合法基础而言,被评价者同意平台处理其信息后,必须能够随时、便利地撤回同意。实践中,大部分平台并不主动向被评价者提供退出同意的功能入口。部分平台出于监管压力与舆论热度,一度将被评价者退出同意的功能入

---

⑰　阮神欲:《民法典视角下个人信息的侵权法保护——以事实不确定性及其解决为中心》,载《法学家》2020 年第 4 期。

口埋藏在层层叠叠的链接之中。㉛向被评价者提供撤回同意的便利渠道,正是针对上述商业实践发展出的一种有利于被评价者的倾斜性保护措施。此举有助于传达"公平信息实践"监管讯号,亦是为保障公共利益而采取的必要、适当和相称的措施。

就特定公共利益这一信息处理合法基础而言,基于充分保护利益冲突中最弱势一方的思想,应当在具体情境中开展个案利益衡量。而利益取舍并非简单的排序问题,需要放置于特定的环境中比较与权衡。以法律确定公共利益是法治社会的普遍共识。㉛公共利益具有强烈的不确定性,并不必然具有逻辑优先性。㉚由于个人信用分具有维护网络交易市场秩序、完善数字信用共治的社会价值,未来有必要在《社会信用法》中将公共利益确立为个人信用分信息处理行为的合法性来源。

需要明确的是,特定公共利益除了包括个人信息保护制度规定的公共治安、公共教育、公共卫生事件、学术研究情形以外,还需要包括基于信用联合惩戒目的生成个人信用分、基于网络交易市

㉛ 本书撰写过程中存在以下情况:退出芝麻信用分必须向客服提交停止芝麻信用申请。在"我的客服—帮助"页面,还显示了如下链接"您可能还关心:如何关闭个人芝麻信用(清空个人信息)"。点击进入该链接后,页面则显示为空屏。就退出同意的便利性而言,微信个性化推荐广告事件突出地反映出当前商业实践与制度内容的冲突。随着工信部加大对移动 APP 不当处理个人信息及应用分发平台管理责任不到位的治理力度,2020 年底,大量的网络用户注意到微信 APP 自动开启用户信息收集并用于定向推送腾讯广告。为避免个人信息被不当处理,"百度经验"网站甚至专门发布"如何关闭微信个性化广告,防止被人监听?"的经验词条。依据该词条的指引,要关闭这项功能必须依次点击如下功能键:微信—我—设置—关于微信—《隐私保护指引》—其他—《隐私政策》—广告—关于广告—管理—登录—确认关闭个性化推荐广告。上述共计 12 项步骤。虽然埋藏链接入口并不违反《个人信息保护法》的规定,但也很难被视为是符合数据伦理的行为。

㉛ 胡锦光、王楷:《论我国宪法中"公共利益"的界定》,载《中国法学》2005 年第 1 期。

㉚ 蔡星月:《个人隐私信息公开豁免的双重界限》,载《行政法学研究》2019 年第 3 期。

场秩序维护目的生成个人信用分、基于数字经济促进目的生成个人信用分三种情形。上述三种情形均要求在信息处理前向被评价者作出真实、准确、无误的告知。这是由于,被评价者信息权益的限缩并非毫无界限。在符合特定公共利益的前提下,信息处理行为的不确定性与变动性应当能够为被评价者合理地预见,即信息的可能用途、预期后果、保障措施应当与被评价者的认知能力相符。当信息处理行为超出正常理性被评价者的合理预期,却能够促进社会整体的公共利益时,需要优先考虑该种特定公共利益,但是应当要求将个人信用分限于特定的用途。否则,信息处理行为仍然需要依据《个人信息保护法》第 14 条,获得被评价者的单独同意、书面同意或重新同意。

在个人信用分信息处理环节开展公共利益与个人利益衡量时,可以列举出以下几类典型的场景。第一种典型场景是平台根据其所掌握的失信被执行人信息,生成分值极低的个人信用分,限制失信被执行人在平台中的高额消费行为。此时,维护公共秩序的利益远大于失信被执行人的信息权益。

第二种典型场景是反映消费群体特征的个人信用分,如某地区频繁使用一年期小额互联网借贷产品的借款者个人信用分的浮动范围,或某地区 18 至 22 周岁之间、使用安卓手机的学生用户的个人信用分均值。此时网络交易市场秩序维护利益、促进数字经济发展利益均大于消费群体中某一个体的信息权益。公共利益具有相对的优先性,且未对被评价者的信息权益造成威胁或损害,应当受到信息主体的容忍与法律的保护。司法实践通过"抖音案"明确了以下内容,即《民法典》第 1036 条并不排除商业使用目的,只要商业使用目的达到维护公共利益的标准即可。[321]因此,平台有权

---

[321]　参见(2019)京 0491 民初 6694 号民事判决书。

从该种使用行为中获利。

第三种典型场景是平台收集被评价者的高利贷信息并生成分值较低的个人信用分,导致被评价者难以在平台内获得极为必要的产品或服务,例如被评价者无法开展正常生产经营所必须的金融活动,其资金周转困难而面临破产的风险。由于高利贷属于非法行为,利用非法行为产生的信息来评价个人的信用状况,显然有失公正。因此,在这种情况下适用公共利益条款将给被评价者的信息权益带来极大损害,与之抗衡的公共利益重要性相对较低。此时,法律应当优先保护被评价者。

在典型场景之外,则需要法官在司法裁量过程中,根据限制被评价者信息权益所采取的手段与目的之间是否具有合理关联,限制被评价者信息权益所采取的手段对被评价者的侵害风险是否最小,公共利益的重要性、迫切性与危险程度等因素,作出更加细致的个案推理与判断。

四、个人信用分的敏感信息处理规范

《征信业管理条例》以反向列举方法,列示了征信机构不得处理的信息类型。《征信业务管理办法》以正向列举方式,列示了可以被处理的信息类型,却存在相当的模糊性。本书认为,要有效地规制平台的信息处理行为,必须消解当前制度规范之间的矛盾,促进个人信息保护制度与个人征信法律制度的衔接。应当在《个人信息保护法》第28条列举的敏感个人信息基础上,严格而准确地界定平台能够被处理与不能被处理的信息类型。具体而言,应当依次采取以下三个步骤进行判断。

第一,信息处理行为可能涉及的信息类型为敏感个人信息与一般个人信息。敏感个人信息与隐私信息不同,不一定具有私密性,而是指具有特殊风险、区别于一般个人信息处理原则、需要进

行特殊保护、通常严禁商业化利用的个人信息。从域外立法来看，虽然对敏感个人信息的界定受到各国政治、经济、文化因素的影响，但其存在着共同的属性，即与人格高度相关、不因使用场景或信息组合变动而发生属性转换。敏感个人信息之外的信息属于一般个人信息，按照法律规定可以合理利用。因此，对敏感个人信息的范畴界定至关重要。

在英国，《个人资料保护法》将种族、政治观点、宗教信仰、工会资格、健康状况、性信息、犯罪与刑事诉讼列为敏感个人信息。[㉒]德国《联邦个人信息保护法》中，需要特殊处理的个人信息与英国立法中的信息类型大体一致。欧盟 GDPR 在欧盟个人数据保护 95/46 号指令的基础上逐步扩展了需特殊处理的个人信息类型，涵盖前述德国立法中规定的个人信息类型以及民族、基因资料、生物特征信息。台湾地区《个人资料保护法》则将医疗、健康、基因、性信息与犯罪信息列为敏感个人信息。在日本，有关个人的债务纠纷、犯罪嫌疑、政治见解、医疗保健、宗教信用等信息，作为敏感个人信息，不得被用于消费领域的个人信用评价活动。[㉓]美国虽未通过联邦立法界定敏感个人信息的具体类型，但规定了具体商业活动中不得利用的信息类型。私人部门享有信息处理的初始决策权并向信息主体提供退出处理的选择，但是对于敏感个人信息则由信息主体决定是否允许商业化处理。在《在线广告自律组织行为准则》(Self-Regulatory Principles for Online Behavioral Advertising)中，对于个人姓名、住址等与人身直接相关的信息，精准位

㉒　张才琴、齐爱民、李仪：《大数据时代个人信息开发利用法律制度研究》，法律出版社 2015 年版，第 14 页。

㉓　申恩威：《日本信贷消费体系与制度》，经济管理出版社 2002 年版，第 126—134 页。

置信息,以及人身、财产、医疗、健康及性取向信息,规定由信息主体采取"选择—进入"机制,实际上亦对此类信息采取了特殊的保护措施。

结合上述域外立法以及我国的《征信业管理条例》《个人信息保护法》,下列个人信息应被界定为敏感个人信息:(1)物理空间及网络空间中能够识别个人身份的唯一代码或特征信息;[324](2)宗教信仰;(3)政治主张;(4)财产信息;(5)基因信息;(6)生物特征;(7)健康生理信息;(8)精确地理位置;(9)犯罪信息;(10)受强制执行信息;(11)处于特定年龄阶段的儿童个人信息。[325]由于信息内容、信息形式、信息权益具有动态性,有必要在列举的基础上额外辅以兜底规定,根据以下四项标准判定不同情境中的信息敏感程度:(1)公众对信息敏感程度的调查统计结果;(2)信息泄露可能导致的重大伤害;(3)信息泄露导致重大伤害的几率;(4)特定环境下的公认准则。

第二,应当允许平台处理有利于被评价者的一般个人信息与正面敏感信息。正面敏感信息是指,处理该类信息可能造成具体情境中被评价者信息权益增加的敏感个人信息,如良好的互联网贷款偿还记录。此时,被评价者有权提出查阅、复制信息处理类型的请求,对其认为不适当的信息处理行为提出异议、更正、删除信息的请求,对与信息处理行为存在直接关联的权益减损提出赔

---

[324] 物理空间及网络空间中的身份识别信息应当包括《信息安全技术个人信息安全规范》(GB/T35273-2020)中规定的身份证、军官证、护照、驾驶证、工作证、出入证、社保卡、居住证、学位证、学历证等个人身份信息,个人信息主体账号、个人数字证书、IP地址等网络身份标识信息,唯一设备识别码、设备 MAC 地址、硬件序列号、软件列表等个人常用设备信息。此外,笔者认为还应包含个人曾用设备信息。

[325] 有学者就个人信息的敏感程度开展过问卷调查,该实证结果对本书观点具有启示作用。参见胡文涛:《我国个人敏感信息界定之构想》,载《中国法学》2018年第5期。

偿请求。㉖

第三，平台一般不得处理不利于被评价者的负面敏感信息，即对其利用可能造成具体情境中被评价者信息权益减损的敏感个人信息，但是基于前述特定公共利益目的除外。当信息处理的合法性基础是信用联合惩戒、维护网络交易市场秩序、促进数字经济发展时，其有利于负责任借贷、防范消费者过度负债、反欺诈与反洗钱等社会治理目标的实现。被评价者反对处理其负面敏感个人信息并向平台提出申请时，并不意味着平台必须停止信息处理行为，而是应当根据实际情况加以判断，避免个人为掩饰不良信息以获得信贷等情况的发生。平台基于前述特定公共利益处理敏感个人信息时，应当向被评价者履行事先告知义务。被评价者有权反对平台处理负面敏感个人信息，或就该信息处理行为提起信息侵权诉讼。㉗此时，公共利益与个人利益的权衡应当经过有权部门依据正当程序进行个案审查与解释。

需要额外说明的是，虽然我国采取通过互联网公布裁判文书的方式强化司法判决的执行工作，但是最高人民法院在《互联网公布裁判文书的规定》中明确规定了对部分案件类型的当事人作隐名处理，以及删除涉及自然人身份、财产、健康、住所等个人信息的

㉖　平台不当处理正面敏感个人信息与一般个人信息的，被评价者得以个人信息保护为由提起人格权侵权诉讼。

㉗　平台违法处理负面敏感个人信息的，被评价者得以隐私权受侵害为由提起隐私权侵权诉讼。这是由于负面敏感个人信息通常具有高度私密性，符合隐私权"不愿为他人知晓"的关键构成要件。对于这类个人信息应当视为隐私，纳入隐私权的保护范畴。然而，对于被评价者主动公开负面敏感个人信息的情形则应适用《民法典》第1036条，免除信息处理者的侵权责任。在主动公开的情形下，被评价者经权衡后认为个体信息权益优先于负面敏感个人信息公开带来的不利后果，此时负面敏感个人信息已不再具有"不愿为人知晓"的隐私权关键特征，应纳入个人信息保护范畴。

规定。已公布裁判文书中的个人信息除非与其他信息数据相结合,否则一般很难直接识别个体。因此,不能仅因上述信息已进行裁判文书数字化披露,即认定其为公开信息,被平台视同一般个人信息处理,而是仍然应当依据前文步骤进行检验。

五、数字信用共治中的信息处理规则

平台处理的信息来源于行政部门时,平台与行政部门应当适用数字信用共治中的信息处理规则。针对该类信息处理行为,信息处理者除应当遵守风险最小、必要原则以外,还需要额外遵守正当程序原则,以正当程序保障客观原则的实现。

平台向行政部门获取与处理被评价者个人信息的行为具有法律上的正当性。《关于运用大数据加强对市场主体服务和监督的若干意见》明确要求引导各类社会机构开放数据,以构建行政部门与社会机构之间数据采集、共享、应用的交互流通机制。该行为一般基于公共治理目的。参考国有资产的管理规定,通过政府采购方式,排他性地授权平台对行政部门控制的数据库进行技术控制与增值化利用,就成为自然的选择。[328]成本最低的方式则是在平台的技术架构中为行政部门搭设数据接口。[329]例如,失信联合惩戒机制并不要求平台向行政部门出售或披露个人信用分,而是由平台代替行政部门对被评价者采取网络行为限制措施。再如,杭州市场监督管理局与阿里巴巴签订战略合作协议与保密协议,开展"红盾云桥"政企合作项目。平台利用行政部门掌握的网络交易经营者信息,能够有效地提高网络交易市场监督管理效率。

---

[328] 胡凌:《论地方立法中公共数据开放的法律性质》,载《地方立法研究》2019年第3期。

[329] 鲍静、张勇进:《政府部门数据治理:一个亟需回应的基本问题》,载《中国行政管理》2017年第4期。

然而,平台向行政部门获取与处理被评价者信息的行为,最为突出地反映了信息处理行为中的主体利益冲突问题。行政部门掌握的被评价者个人信息,是其为履行公共职能收集的具有强烈识别性的各类信息。具体而言,平台向行政部门获取并处理被评价者个人信息的行为,存在以下两方面问题。

一方面,被评价者个人信息权益归属问题。被行政部门收集的被评价者个人信息是否不再属于被评价者能够掌握与控制的范畴,也即涉及公共利益的个人信息是否超越了个人信息保护的范畴? 进而,被评价者个人信息一旦为行政部门收集,是否意味着在法律性质上转变为公共资源,得由政府占有该信息的经济价值?

另一方面,被评价者个人信息真实性问题。由于该类信息来源于行政部门,具有国家背书的公信力,当被评价者个人信息不真实时,不仅会造成被评价者的信息财产权益受损,还会显著地影响到其信息人格权益。然而,在我国依行业划分的行政管理体制下,不同行政部门掌握与控制各自所管理的行业领域的信息。除非国务院明确授权于特定部门,否则通常由各部门围绕专项工作安排,以部际联席会议等形式,通过横向协同机制实现信息流通。跨部门的信息流通行为往往缺乏协作动力。[330]提供信息的各部门制定与执行各自的制度规范,导致信息流通缺乏统一的标准。因此,在信息流通过程中,可能发生被评价者个人信息不真实却难以追责的潜在风险。

本书认为,在平台向行政部门获取与处理被评价者个人信息的特殊行为中,需要更好地保护作为弱势群体的被评价者。为此

---

[330]　王芳等:《跨部门政府数据共享:问题、原因与对策》,载《图书与情报》2017年第5期。

应当从以下两个方面入手,构建数字信用共治中的信息处理规则。

首先,在公私部门的信息流通过程中确立保护个人信息的基本原则,向特定的行政部门授予归集、管理被评价者个人信息的职能。通过统一的信息开放平台,如已在运行的"信用中国",实现被评价者个人信息从政府向平台的有序流通。

根据风险最小原则,要求特定行政部门具备相应的技术能力,能够有效地维护数据库与信息开放平台,对信息再次利用导致的信息泄露风险与信息安全风险等开展定期评估、制度完善、追踪与反馈,以建立起"权威的技术自主性",实现"精益政府"[31]的治理目标。当前,第二代征信系统是平台型精益政府治理的典型例证,而自然人税务管理系统、海关管理系统、部分地方政府政务服务系统则需构架在平台的技术架构之上,并不符合精益政府的治理要求。

根据必要原则,应考虑在信息开放平台中单独设置个人信息保护政策,而不是将个人信息保护政策嵌入网站声明、免责声明等模块。[32]个人信息保护政策内容至少包括:(1)信息采集的原则、原因、方式、内容;(2)信息开放的目的、范围、条件;(3)信息存储的技术保障;(4)信息权益的实现途径;(5)儿童信息特别保护措施;(6)申诉处理机构、申请方式、办理期限;(7)信息安全风险评估方法。

其次,平台向行政部门获取并处理被评价者信息的,需要额外遵守正当程序原则,以正当程序保障被评价者个人信息的客观性,

---

[31] 彭箫剑:《平台型政府及行政法律关系初论》,载《兰州学刊》2020年第7期。

[32] 杜荷花:《我国政府数据开放平台隐私保护评价体系构建研究》,载《情报杂志》2020年第3期。

在两个环节强化信息处理者的信息侵权责任。在行政部门的信息收集环节,收集信息的行政部门应当确保信息的客观性,例如及时删除已经履行偿还义务的失信被执行人信息,否则应对未能履行安全保障义务承担补充责任,适用过错推定原则。被评价者需证明行政部门收集了其信息,并被平台用于生产个人信用分。

在从政府向平台的信息流通环节:第一,信息开放平台应当对平台企业调取被评价者负面敏感个人信息的行为实施人工干预,包括对调取目的、使用范围、处理期限、信息安全措施等进行合理性书面审查。对于未经合理性书面审查,仅根据平台企业提交的负面敏感信息申请即实施自动化提取的,信息开放平台需要为该信息处理行为对被评价者造成的信息权益侵害后果承担无过错责任。第二,正如德国联邦法院在判例中特别指出的,创设通知义务是补充技术性手段、强化信息保护的重要激励措施之一。[33]平台企业基于失信联合惩戒目的调取并处理被评价者的负面敏感个人信息时,虽不以被评价者单独同意为前提,但应当履行事先告知义务,由被评价者通过电子签名的方式予以确认。基于特定公共利益目的,在被评价者未以电子签名方式确认的情况下,只要平台企业能够证明已经有效地履行了事先告知义务,例如处理信息前已向被评价者注册的账户邮箱中发送了邮件,即可视为获得了被评价者的同意。

需要注意的是,利用负面敏感个人信息生成的个人信用分不得继续加以商业化利用,除非该负面敏感个人信息已在行为或事件终止5年后获得删除。被评价者因个人信用分商业化利用行为而受到精神损害、生活侵扰、福祉减损的,在可以确定加害人时,除

---

[33]　叶名怡:《个人信息的侵权法保护》,载《法学研究》2018年第4期。

可要求直接加害人承担信息侵权责任以外,还应当允许其要求平台企业承担按份责任。在无法确定加害人的情形下,则应对平台企业与下游全部信息处理者适用源于共同危险行为的连带责任规则。

第四章

评分生成环节的算法应用
制度局限与优化

第一节　现行产品致害赔偿机制的局限

信用评价算法应用是个人信用分区别于传统征信活动的最突出特征。信用评价算法是输入各类数据,转化与输出个人信用分的一系列计算步骤。[334]平台应当适用的信息处理行为边界需着落于平台的信息处理工具——信用评价算法——的设计部署与运行控制上。[335]个人征信法律制度尚未就信用评价算法及其风险防范提供有效的规制手段。当前人工智能技术承载物的致害风险,主要通过产品责任制度与责任保险制度协调,为受害人提供救济。而信用评价算法应用风险往往具体体现为不当人工干预导致的算法偏见问题,难以通过上述制度的适用加以解决。一方面,由于信用评价算法缺陷的认定标准不明确,风险与损害的因果关系不清

---

[334]　Cormen, Leisersen, Rivest, & Stein, *Introduction To Algorithms*, Cambridge: The MIT Press, 2009, p.1.

[335]　张凌寒:《〈个人信息保护法(草案)〉中的平台算法问责制及其完善》,载《经贸法律评论》2021 年第 1 期。

晰,损害后果不易准确地计量,通过产品责任制度约束信用评价算法应用虽具有一定的合理性却缺乏足够的可操作性。另一方面,通过责任保险制度为信用评价算法风险造成的损害后果定损赔偿,也面临责任认定、费率确定与成本高企等诸多问题。

一、产品责任制度的适用问题

信用评价算法是否构成《民法典》侵权责任编、《产品质量法》《消费者权益保护法》意义上的"产品",是决定其能否适用产品责任制度的根本因素。"产品"通常指各类有形动产。我国《产品质量法》将"产品"界定为经加工与制作工序并用于销售的物品。针对无形动产或不动产在侵害事件中的特殊作用,美国的一些司法裁判也将导航软件、包含错误信息的自动程序作为产品对待。㊱我国未明确规定信用评价算法是否构成法律意义上的"产品",理论上也暂未形成统一的观点。㊲信用评价算法是人的发明创造,未能完全脱离"物"的范畴。从更好地保护弱势者的角度来看,能够规模化生产、销售与应用的算法,其生产者一般具有更强的风险控制能力与费用承担能力。将信用评价算法纳入产品范畴,有助于激励算法生产者充分检测可能存在的缺陷,有效地保护弱势者的合法权益。因此,对信用评价算法适用产品责任制度具有一定的合理性。然而在现行产品责任制度框架内,信用评价算法的缺陷与责任认定异常复杂,严格责任的归责原则也难以适应数字经济的发展需求。

(一)信用评价算法致害的责任认定存在困难

首先,信用评价算法的产品缺陷类型及其判断标准十分模糊。

㊱ 王乐兵:《自动驾驶汽车的缺陷及其产品责任》,载《清华法学》2020 年第 2 期。

㊲ 理论上的分歧参见程啸:《侵权责任法》,法律出版社 2020 年版,第 560 页;周友军:《民法典编纂中产品责任制度的完善》,载《法学评论》2018 年第 2 期。

《产品质量法》第 46 条指出，"产品缺陷"意味着因产品投入使用时存在设计缺陷、制造缺陷、说明缺陷等问题而存在超出消费者预期的不合理危险，或者不符合国家标准与行业标准。当使用人能够证明损害发生与产品缺陷之间存在因果关系并且该损害无法避免时，由产品的设计者、生产者、销售者承担产品侵权责任。

一是信用评价算法缺陷未必可被人类识别。与自动驾驶汽车不同，信用评价算法从设计开发到流通使用并不是一个从无形到有形的过程，一般不存在制造缺陷与说明缺陷。信用评价算法可能存在一定的设计缺陷。这种设计缺陷不一定是明显的漏洞，而更可能是一种推断的漏洞。用于训练信用评价算法的数据集形成于特定的历史背景之中，"很可能带有特定场景中的歧视烙印"[38]。例如，在训练算法时使用了颗粒度过大或过小、不完整、过时的、对部分群体不利的信息数据等原因，导致信用评价算法得出偏见结果。[39]而设计缺陷与偏见结果之间未必存在直接关联关系。设计缺陷亦可能因所使用的数据集不断扩大而逐步获得纠正。即便二者之间确实存在直接关联关系，也难以为被评价者证明。

二是信用评价算法缺陷难以依赖已知的技术标准加以识别。通过技术标准识别产品缺陷的进路，本质上是以过去推断未来，以实然推断应然。然而，算法的技术标准处于不断发展与持续改进中。新技术的进展也意味着新风险的产生。成文国家标准与行业标准在很大程度上存在认知局限，难以对算法性能加以准确的预测。站在算法开发者角度，常可依据《产品质量法》第 41 条"发展

㊳　张恩典：《反算法歧视：理论反思与制度构建》，载《华中科技大学学报（社会科学版）》2020 年第 5 期。

㊴　张涛：《自动化系统中算法偏见的法律规制》，载《大连理工大学学报（社会科学版）》2020 年第 4 期。

风险抗辩"条款,以产品投入流通时缺陷尚不存在或投入流通时的技术水平不能发现该缺陷存在作为抗辩理由。

其次,产品责任制度只保护受害人遭受的实际损害。然而,信用评价算法偏见不只造成被评价者的实际损失,还会导致被评价者丧失未来的经济机会,对被评价者的预期财产利益构成危险。如前所述,个人信用分在信息社会中的大规模应用,将对被评价者的预期财产利益带来比传统社会中更难以预估的危险。在一定程度上,保护被评价者预期财产利益的考量应当被纳入信用评价算法的法律机制中。相比之下,产品责任制度对被评价者的保护极为有限。

最后,产品缺陷的举证规则难以直接适用于信用评价算法。产品侵权责任存在产品缺陷、损害后果与因果关系三项构成要件。受害人一般需就产品缺陷与损害后果之间具有直接因果关系,或至少具有高度盖然性进行举证。然而,被评价者并不具备与平台企业相当的技术能力,难以就信用评价算法与损害后果之间的因果关系作出强有力的证明。

(二)严格责任原则与数字经济发展需求冲突

传统观点认为,对于人类智慧创造物的规制,以产品责任为核心的责任分配体系能够成为各方利益平衡的最优选择。[340]产品责任以严格责任作为归责原则。但是,对信用评价算法风险适用严格责任,难以与数字经济的发展需要相适应。产品责任适用严格责任原则的理念,建立在早期仅有产品制造缺陷的司法判例基础上。而早期的司法审判鲜见有关设计缺陷与警示缺陷的案件,更

---

[340] 钱思雯:《弱人工智能时代的法律回应——构建以产品责任为核心的责任分配体系》,载《中国科技论坛》2019 年第 9 期。

不用说能够反映跟踪观察缺陷的案件。⑪信用评价算法与制造缺陷的关系不大，却可能涉及后三种缺陷。美国《第三次侵权法重述》也明确指出，严格责任是为了解决产品制造缺陷发展出的规则。⑫

此外，对信用评价算法风险适用严格责任可能对平台企业过于苛责。严格责任的设计与运用会对生产者创新产生显著的影响。⑬研究显示，严格责任容易导致较高的法律成本，不利于激励企业大胆地实施创新行为。⑭作为一种封闭的特殊归责原则，严格责任原则上不能单独适用，必须在法律明确规定时方可适用。对信用评价算法适用严格责任，由平台企业预知与防范信用评价算法可能引起的所有危险，容易导致平台企业承担过于严格的责任内容，牺牲平台企业的技术创新积极性，最终不利于信用评价算法的更新迭代。因此，其合理性也并不充分。

二、责任保险制度的难以适用

责任保险制度平行于产品责任制度，旨在保护受害人的利益，具有一定的风险防控功能，并能补充产品责任制度的损害填补功能。然而分析可见，针对信用评价算法风险问题，责任保险制度的适用亦面临诸多冲击。

其一，信用评价算法的保险责任认定存在困难。在责任保险中，被评价者向保险公司请求赔偿，此后保险公司再向算法生产者追偿。保险责任认定需满足产品缺陷、损害后果与因果关系三项

⑪　冉克平：《论产品设计缺陷及其判定》，载《东方法学》2016年第2期。

⑫　美国法律研究院：《侵权法重述第三版：产品责任》，肖永平等译，法律出版社2006年版，第4—18页。

⑬　王泽鉴：《损害赔偿》，北京大学出版社2017年版，第33页。

⑭　魏益华、于艾思：《法经济学视域下人工智能产品责任归责原则》，载《吉林大学社会科学学报》2020年第2期。

要素,同样存在因缺乏直接因果关系而产生的责任认定困难。这就使得责任保险制度丧失了迅速赔偿而无关损害的本质优势。

其二,信用评价算法的保险费率与赔付费率认定存在困难。保险行业定价的一项基本原则是保险公司通过大量收集被保险人的各类信息,依据被保险人的风险预期,由专业人员就收益与风险进行极为精细地测算,得出最终价格。被保险人的风险预期包括索赔概率、索赔成本、价格承受能力等因素。[345]而信用评价算法偏见所导致的收益与风险很难全然以货币计量。这使得保险公司亦面临着缺乏科学论证的巨大压力,难以发挥责任划分与定损赔偿的经验优势。适用责任保险制度防控信用评价算法风险,实质是将原本应由产品侵权纠纷中一方承担的举证责任向保险公司转嫁。

其三,保险成本容易由保险公司转嫁于个人网络用户。责任保险制度与侵权责任制度的出发点完全对立。由于损害结果并非获得保险赔偿的关键因素,这就容易导致个人逐渐丧失预防损害的激励机制,造成行为人对个人事务缺乏应有的谨慎注意,由此引起更为频繁的损害后果与更高额的保险业成本。此种费用增加最终会体现在保费计算中,将使每个谨慎注意的个人也必须分摊这些损害。[346]尤其是在平台网络空间中,成本转嫁更容易通过合同条款的包装与埋藏等多种形式实现,而容易弱化对个体权益的保护力度。

其四,信用评价算法保险制度可能加剧我国保险业的整体成

---

[345] 喻玲:《算法消费者价格歧视反垄断法属性的误读及辨明》,载《法学》2020年第9期。

[346] [奥]海尔姆特·库齐奥:《侵权责任法的基本问题(第一卷,德语国家的视角)》,朱岩译,北京大学出版社2017年版,第6页。

本。世界范围内，人工智能产品的保险成本呈现出不断攀升的趋势。在德国，《道路交通法第八修正案》将系统故障导致人员伤亡事件的最高赔偿额由 500 万欧元提升至 1 000 万欧元。[347]美国的商业实践也显示出，无过错保险制度的成本远超预期。[348]而我国则面临着压降保险业整体成本的迫切需求。自 2016 年起，保险业不当创新现象频发，监管机构开始集中整治保险业。一方面，因保险资金涉及公众利益并可能引发系统性风险，2018 年以来的监管重点一直是化解前期遗留的金融安全重大问题，促使保险资金运用回归收益稳定、回收期长的实体经济领域。另一方面，将算法生产者纳入强制责任保险的投保主体范围，虽然能够有效地救济被评价者的实际损失，但是保险公司此时只是承担了一种过渡角色。其必须向被评价者提供损害补偿，又因取得代位求偿权而产生额外的费用。因此，责任保险制度虽然侧重于保护被评价者，却可能与我国保险业的现实情况与发展需求相背离。

综上可见，产品责任制度与责任保险制度均具有风险预防与损害填补的功能。但是在应对信用评价算法风险时，产品责任制度出现一定的适用困难，责任保险制度则存在难以适用的问题。

第二节　产品责任与算法规制融通的方案

产品责任制度具有规制信用评价算法的相对合理性，却难以对数字经济的发展提供激励，应当予以合理改造以回应信用评价算法的规制需求。同时，产品责任制度着眼于填补被评价者的实

---

[347]　袁曾：《无人驾驶汽车侵权责任的链式分配机制》，载《东方法学》2019 年第 5 期。

[348]　Anderson，Heaton，Carroll，*The US Experience with No-Fault Automobile Insurance：A Retrospective*，Santa Monica：Rand Corporation，2010.

际损失。被评价者的预期财产利益才是信用评价算法的严重危害所在。从保护被评价者预期财产利益的角度出发,需对信用评价算法采取算法规制,以一定限度的算法透明为指导原则,以保护人的自主性为出发点,协调与跨越不同的规制安排,降低平台侵害被评价者预期财产利益的可能。信用评价算法的有效规制,依赖于产品责任与算法规制的融通并用。

一、需要改造填补实际损害的产品责任制度

数字信用共治的时代背景以及信用评价算法广泛应用的现实,要求及时地回应信用评价算法带来的新问题,保障弱势个体对抗国家力量和平台力量的能力。基于激励技术创新与合理保护被评价者的双重考虑,应当对产品责任制度进行立法改造,在新的产品责任制度中防控信用评价算法风险。

首先,以产品责任制度规制信用评价算法具有必要性。其一,信用评价算法具有复杂的技术构造与高度的拟人属性,却无法独立、自动的运行,而是与平台的价值和行为高度绑定。与普通产品相比,信用评价算法建立在大数据与人工智能技术的基础上,能够实现自我学习与调整,具备高度的行动能力。但是,信用评价算法在运作方式上比普通产品更具复杂性,在致害范围上比普通产品更具扩张性,与平台的关系也较普通产品更为紧密。将信用评价算法塑造为自动运行的服务过程,往往只是平台为符合算法透明原则、形成信息披露表象的某种策略。㉞其二,由平台承担信用评价算法缺陷产品责任,是采取"成本—效益"经济分析的结果。信用评价算法缺陷的识别与解决均需要相应的支出。而产品责任可以施加私人成本,防止狭隘的个体自利吞没理性。为了有效地平

㉞ 胡凌:《合同视角下平台算法治理的启示与边界》,载《电子政务》2021年第7期。

滑信用评价算法缺陷的风险预防成本,通过设置产品责任诱导最适合进行"成本—效益"分析的平台承担信用评价算法缺陷的代价,达到帕累托最优结果,就成为一种必然的选择。

其次,以产品责任制度规制信用评价算法具有相对的合理性。信用评价算法并不具有民事主体地位。民事法律制度的逻辑环环相扣。按照苏永钦教授的观点,民事法律以人的生理极限与行动功能为两条底线。两条底线分别引申出民事法上的权利能力与行为能力。权能规范划定了"有权为"与"无权为"的边界。自然人按照自主意愿做出行为,需要符合上述权能规范,否则就属于民事法上的无权行为,需要承担自己行为产生的后果,适用侵权责任、合同责任等责任制度。从这个意义上讲,信用评价算法仅有一定的行动功能而不具备生理极限,在民事法中不具备法律所承认的人格。在信用评价算法取得民事主体地位前,其本质上只是具有特殊功能的产品,仍然属于"物"的基本范畴。这种属性就决定了改造产品责任制度以解决信用评价算法风险,既具有相对的合理性也具有必要性。

再次,以产品责任制度规制信用评价算法风险,具有多方面的可行性。一是信用评价算法的开发与应用过程大体对应着产品的设计、生产、制造与流通过程。二是严格责任的归责原则可以督促平台最大程度上杜绝信用评价算法的设计、生产与制造缺陷,尽可能地在信用评价算法应用过程中保持审慎的管理态度。三是产品缺陷的责任承担方式,例如赔偿损失、消除危险、排除妨碍、警示与惩罚性赔偿,大多可以适用于信用评价算法侵权场合。四是"发展风险抗辩"的免责事由有助于保障平台技术创新,对信用评价算法发挥激励作用。

最后必须意识到,建立在传统产品特性基础上的产品责任制度对于信用评价算法存在不可避免的调整偏差,主要体现在算法缺陷认定与举证责任承担两方面。现行产品责任制度难以约束信用评价算法风险,其困难也主要来源于此。其一,产品缺陷的判断标准对于信用评价算法是否存在缺陷这一问题可能不具适用性。当前,产品缺陷的不合理危险与未达技术标准两项判断依据,均与产品的质量标准相关,主要反映在产品的物理性能与使用性能等方面。㉞当前的判断依据难以对"信用评价算法作出有悖伦理的决策"是否属于产品缺陷加以判别。此外,要准确地判定信用评价算法的设计缺陷,被评价者必须能够理解算法的工作原理与决策过程。这已大大超出了平均理性自然人的认知范围。其二,受害人一般仅能收集到间接证据,这些证据的证明效力常常比较有限。由受害人承担举证责任容易加剧受害人权益保护的难度。对信用评价算法采用产品责任的一般举证规则,被评价者遭受的损失就可能难获救济。

信用评价算法的缺陷判断与举证责任分配规则与一般产品存在明显的差别,需要在这两个方面改造现行的产品责任制度,通过新的认知手段克服技术理解障碍,确保产品责任制度达到理想的实施效果。同时在各国的侵权行为规范中,损害都是最基本的概念。无损害即无赔偿。㉟产品责任制度通常只能对信用评价算法造成的被评价者的实际损失予以填补。可见,单一的产品责任制度不足以在信用评价算法侵权中充分地保护被评价者的个人信息权益。

㉞ 张安毅:《人工智能侵权:产品责任制度介入的适宜性及立法改造》,载《深圳大学学报(人文社会科学版)》2020年第4期。

㉟ 张新宝、任鸿雁:《我国产品责任制度:守成与创新》,载《北方法学》2012年第3期。

二、构建保护预期利益的信用评价算法规制

信用评价算法不一定造成实际的损害后果，而是加剧损害后果发生的可能性，扩大算法偏见的致害范围。信用评价算法在事实上削弱了被评价者的个人信息权益与网络行为能力，从而降低其潜在的社会福利与经济机遇。因此，规制信用评价算法正是基于法律实用主义（Pragmatism）的一种务实选择。法律实用主义强调应当关注技术应用方式及其带来的社会关系变化，而非技术本身。[352]实用主义的规制方法要求一定程度上放弃理论精确性，转而依赖现实场景、文化观念等实证层面的因素，提出、对照与选择最佳的解释方案，同时能够形成一定的普适性，以增强说服力。[353]信用评价算法规制有利于将事前难以获知的技术细节在正当程序中抹平，嵌入现有的规制实践，将规制力量化整为零地遍布整个风险链条，为弱势个体提供更充分的算法防御措施与更丰富的风险救济途径，从而能够在根本上解决信用评价算法偏见对被评价者带来的危险。

信用评价算法规制能够协调平台的经济利益与被评价者的个人信息权益，从而降低平台未来持续侵害被评价者利益的可能性，并完善我国的算法规制制度。具体而言，以一定限度的算法透明为指导原则，能够保障平台对信用评价算法的保密与必要经济利益的获取，提升平台开发与更新信用评价算法的责任感与积极性。以保护人的自主性为出发点协调与跨越不同的规制安排，能够为被评价者与公共部门观察、判断平台的行为提供准据，促使平台的

---

[352]　Zittrain，*The Future of the Internet and How to Stop It*，London：Yale University Press，2008，pp.67—100.

[353]　Woodward，*Scientific Explanation*（2014-9-24），https://plato.stanford.edu/archives/fall2017/entries/scientific-explanation/，accessed on 2021-3-5.

行为受到来自外界的约束。当前,算法规制在我国尚处于发展初期,仅限于完全的算法自动化决策情形。《个人信息保护法》给出了自动化决策的初步治理方案。无论第55条事前影响评估条款,还是第24条第2款之平台自动化决策义务条款与第3款之个人自动化决策拒绝权能条款,均与GDPR第22条高度接近⑭,强调适用于完全的算法自动化决策场景。而信用评价算法与优化排序算法、自动推送算法、自动过滤算法不同,无法排除人工的介入。这种人机紧密结合的算法设计,容易为平台突破上述条款的约束提供便利。需要在信用评价等算法应用的特殊领域构造更具针对性的规制措施,不断完善算法规制制度。

(一)有限算法透明的指导原则

算法透明的要求源于人在机器面前得以保留自由与尊严的技术伦理,实际上贯穿于技术发展与迭代的整体进程。正如常被引用的布兰代斯大法官的名言,"阳光是最好的消毒剂"⑮,在如何规制算法偏见的问题上,学者大多将公法领域的透明原则进一步延伸为算法透明原则,作为算法规制的基本原则。早期,学界将算法透明原则落脚于算法的事先披露措施,提出算法开发者应当披露源代码、输入信息、输出结果等要素。⑯算法应用不断深入社会经济生活,算法透明原则的内容也随之持续深化。学者开始对算法

---

⑭ 欧盟GDPR第22条第1款仅是在完全排除人工介入的算法自动化决策时,方授予算法解释请求权。即便算法自动作出放款决定,只要放款决定是由人工方式传达即可避免适用该条规定。第22条第2款基于"自甘风险不可诉"原则,为算法决策拒绝权设置了三项豁免条件。因此,第22条虽然自欧盟95/46数据保护指令以来延续至今,但是在实践中极少被行使,一直处于休眠状态。

⑮ [美]路易斯·D.布兰代斯:《别人的钱——投资银行家的贪婪真相》,胡凌斌译,法律出版社2009年版,第53页。

⑯ Pasquale:Beyond Innovation and Competition:The Need for Qualified Transparency in Internet Intermediaries. Northwestern University Law Review 104,160—161(2010).

透明提出认证、查验等多层次、分梯度的设计思路。[357]有观点认为算法审计等事后规制措施也应被纳入算法透明原则中。[358]基于维护知情权与质疑精神、缓解信息不对称、防止不当干预、降低利益冲突、防范信息茧房、打破技术中立、避免算法暴政等理由，人们致力于通过各种算法规制措施打开算法黑箱。

但是，算法透明并不等于算法可知可解。算法透明是通往算法可知的阶梯，面临着技术能力低、机器学习结果不确定、开发者利用冗余信息实施干扰性披露等多方面障碍。[359]美国计算机协会（Association for Computing Machinery，ACM）作为算法治理的技术权威，在 2017 年颁布了《算法透明性与可责性声明》，包括认识算法风险对利益攸关方的危害、对算法作出的决定负责、保障算法可获审计、定期开展严格的自我验证与评估四项基本要求，以及三项鼓励措施：对训练数据集公开审查与修正、为受不利影响者提供质疑与补救机制、尽量解释算法遵循的程序与作出决定的过程。[360]正如美国计算机协会所阐释的，政策制定者应当要求机器分析与人类决策适用同样的标准，最大限度地减少算法不透明带来的潜在危害。美国《公平住房法》（Fair Housing Act）与《平等信贷机会法》（Equal Credit Opportunity Act）亦是采取中立立场，要求

---

[357] 苏宇：《算法规制的谱系》，载《中国法学》2020 年第 3 期。

[358] 参见 McKenzie：Bots，Bias and Big Data：Artificial Intelligence，Algorithmic Bias and Disparate Impact Liability in Hiring Practices. Arkansas Law Review 71，555—558(2018)；刘友华：《算法偏见及其规制路径研究》，载《法学杂志》2019 年第 6 期。

[359] 沈伟伟：《算法透明原则的迷思：算法规制理论的批判》，载《环球法律评论》2019 年第 6 期。

[360] Association for Computing Machinery，*Statement on Algorithmic Transparency and Accountability*(2017-1-12)，https://www.acm.org/binaries/content/assets/public-policy/2017_usacm_statement_algorithms.pdf，accessed on 2021-3-1.

无论人工决策还是机器决策均当遵循法定程序,尽可能地保障弱势群体的知情自由。

在算法透明原则的实际应用中可以发现,为防止"刷信""炒信"等违法行为、避免评价结果失真,信用评价算法不对外公开实属国际通行惯例。㉛信用评价算法作为个人信用分最关键的技术要素,应当在开发者受到激励与被评价者合法权益受到保护之间实现基本的平衡关系。传统的算法规制理论认为,向被评价者赋予算法解释请求权与向开发者赋予知识产权直接发生冲突。㉜每种权利都会导致利益衡量偏袒一方的不利后果,加剧算法规制与算法创新之间的紧张关系。在技术角度,信用评价算法无法排除人的主观判断因素,开发者通过数学统计法增加中间层次以实现模型拟合,在模型拟合之后还由机器自组织与人工干预不断新增变量,实际上面临着无法解释的技术困境。即便向公众完全披露算法的源代码,算法依然通常超越了普通人的理解能力。

本书认为,应当对信用评价算法适用有限度的算法透明原则,该原则包括两方面。

第一,以不公开为原则,以公开为例外。应当结合信用评价算法的影响范围、算法开发者的竞争优势与市场地位等因素进行综合判断。美国 State of Wisconsin v. Eric L. Loomis 一案对于算法披露具有借鉴意义。Northpoint 公司认为其开发的犯罪风险评估算法(Correctional Offender Management Profiling for Alternative Sanctions,COMPAS)属于商业秘密范畴。州法院认为 COMPAS 算法关涉知情权、监督权等基本权利,对于涉及公共治理领域的算

㉛ 徐凤:《人工智能算法黑箱的法律规制》,载《东方法学》2019 年第 6 期。

㉜ 梁志文:《论算法排他权:破除算法偏见的路径选择》,载《政治与法律》2020 年第 8 期。

法需要降低保护标准,最终判定 Northpoint 公司需要披露 COMPAS 作出犯罪风险评分的专业说明,以便评估该算法的准确性。[63]

据此,对于具有市场垄断地位或国家财政资金支持的信用评价算法,例如中国人民银行征信中心开发的信用评价算法,以及百行征信与朴道征信开发的信用评价算法,其目的是提供公共物品,对个人信用做出带有国家公信力的价值判断,应当得到更充分地知情与公众监督,向社会公开。大型平台开发的信用评价算法,应当限定于向特定行政主体公开,通过行政备案方式实现算法透明,以确保信用评价算法始终处于可监督、可理解、可预测的状态。而新兴平台开发的信用评价算法,出于激励创新目的,可以考虑仅向自律组织注册,实现一定程度的算法透明。

第二,以信用评价算法的解释性说明为内容,而非以信用评价算法的源代码为内容。对于一般理性自然人而言,披露信用评价算法源代码无助于更好地理解信用评价算法如何运行。以解释性说明为主要披露内容,正是对普通人也有权了解信用评价算法之需求的适当回应。欧盟 GDPR 第 12 条算法规制条款亦是将"透明性"理解为"可解释性"。参考美国证券交易委员会颁布的《人工智能投资顾问监管指南更新》[64],信用评价算法的解释性内容一般包括:功能介绍、假设条件、理论局限、固有风险、设计者与管理者说明、所有权、潜在利益冲突、历次测试与调整情况等方面。

（二）自主性受保护的规制基点

构建信用评价算法规制制度,应以确保被评价者的自主性地

---

[63]　State v. Loomis，881 N.W.2d 749（2016），No.2015AP157-CR，accessed on 2021-3-9.

[64]　*The SEC's Division of Investment Management：IM Guidance Update（ROBOADVISERS）*（2017-2），https：//www. sec. gov/investment/im-guidance-2017-02.pdf，accessed on 2021-3-5.

位作为规制基点。GDPR 序言第 71 条即提出,接受算法决策的主体应当享有适当的保护,包括获得人类干预的权利、表达异议与质疑的权利、获得决策解释的权利。从人认识、理解、防范与拒绝承受算法风险的基本需求来看,算法结果拒绝权与算法解释请求权这两种权利类型最为突出地反映出被评价者在信用评价算法风险面前的主体性地位与利弊权衡结果,共同为被评价者构建了一个排除信用评价算法过度侵扰的保护场域。在信用评价算法应用的每一个环节与场景中,二者都着眼于确保被评价者有能力实施不同程度的异议、干预与拒绝行为,保留被评价者作为人的自主性与反思性。

第一,算法解释请求权对被评价者自主性的形成与维护,具有不可替代的作用。一是从信任生产机制的角度来看,被评价者有理由期待在信用评价算法发生错误与危害风险时,平台以负责任的态度迅速地作出回应。二是就救济机制的启动条件而言,只有算法解释请求权可由被评价者完全基于自己的立场启动,与信用评价算法的技术力量构成抗衡,允许被评价者直接获得修正个人信用分的机会。三是就权利行使成本而言,信用评价算法解释请求权的行使成本可以通过产品责任制度的不断完善而随之降低。同时,信用评价算法解释也无需通过披露源代码方式开展,而是可以考虑调取与被评价者的特征、变量相近的他人数据,验证相似的条件是否能够得出相似的结果。此外,算法解释请求权要求既向被评价者解释个人信用分的形成过程,又向被评价者提供有关个人信用分调整方式与调整影响等方面的行为指引,避免直接进入行政干预或司法救济,从而能够有效地节约社会资源。㊻

㊻ 张凌寒:《商业自动化决策算法解释权的功能定位与实现路径》,载《苏州大学学报(哲学社会科学版)》2020 年第 2 期。

第二,算法结果拒绝权向受信用评价算法不利影响的被评价者直接赋予人类干预、价值衡量与结果修正的机会,避免个人沦为信用评价算法的"纯粹客体"[366]。然而为实现平台与个体之间的利益平衡,信用评价算法结果拒绝权的行使需要受到两种限制,即对被评价者产生"直接的重大影响"的条件限制,以及正当理由豁免情形的适用可能。包括:其一,被评价者应当就重大影响与经济、生活、法律上不利后果的关联关系提供证明材料。其二,重大影响需结合被评价者的具体情况、信用评价算法的市场占有率等因素加以判断,通过司法判例形成一套实际可行的裁量规则,以适应信用评价算法的动态演化。其三,在被评价者明确同意及法律规定的情况下,被评价者不得行使信用评价算法结果拒绝权。其四,由于法律规定的其他情形应当成为信用评价算法结果拒绝权的豁免事由,必须准确地界定何为其他情形,以避免 GDPR 第 22 条第 2 款"合同约定"豁免条件的适用泛化问题。[367]有必要规定,在平台违反个人信息保护规则时,不得受到豁免。其五,在被评价者行使信用评价算法结果拒绝权时,平台即不得再出于商业目的调整该个人信用分,由此对个人福祉造成的负面影响应由被评价者自行承担。

第三,以保护被评价者的自主性地位为基点,能够引申出一个由各种规制工具组合而成的信用评价算法规制框架。该框架面向随大数据与人工智能技术发展而不断涌现的信用评价算法新型风险,在解释、验证、评估、问责等多种事前与事后规制工具之间建立

---

[366] 林洹民:《个人对抗商业自动决策算法的私权设计》,载《清华法学》2020 年第 4 期。

[367] "合同约定"条款容易产生信息主体未必看、看不懂、无力反驳、巧妙包装免责条款等问题。参见唐林垚:《"脱离算法自动化决策权"的虚幻承诺》,载《东方法学》2020 年第 6 期。

起正当程序与有机联系,协调与跨越不同的规制安排,形成一定的规制结构,不断探求信用评价算法透明的可能性。信用评价算法规制旨在保障普通人也有机会理解信用评价算法的技术原理,获得接近公平与正义的机会,做出保护自身权益的适当安排。概言之,信用评价算法规制主要由算法监督与算法问责两部分内容构成,其中又可开展更加细致的分层设计。例如,对于信用评价算法问责规则而言,信用评价算法影响评估属于平台的内部问责程序,信用评价算法审计则属于针对平台的外部问责程序。信用评价算法监督规则又可分为自我监督、公共监督、行政监督等若干层次。

综上所述,产品责任与算法规制均属于信用评价算法规制的重要构成,应当形成产品责任与算法规制融通互补的规制理念。信用评价算法之所以难以受到有效的规制,根本原因在于其运行原理与实施标准难以为一般个体所知。这种"不透明"加剧了信用评价算法侵害个人权益的现实风险。而产品责任与算法规制融通互补理念的核心在于认可对信用评价算法施加监管的必要性,允许个人充分了解信用评价算法的运行原理和运行方式,以程序化的实施标准刺破信用评价算法不透明所带来的危险,辅之以救济渠道,实现规制范式的革新。

具体到实现方式上,产品责任系私法规范,强调弥补损害。其为信用评价算法的作用对象提供明确的权利基础与有效的救济措施,却无力深入信用评价算法的技术细节,也未能保护被评价者的预期利益。算法规制属于技术规范,强调事前预防与事中干预,直接作用于信用评价算法的设计、生产、应用与创新过程,使信用评价算法的操作行为变得公开与透明。其为被评价者自主性地位提供的保障,令难以窥见的技术行为变得有迹可循,带有典型的"软法"性质。个人就算法享有的权利也并不构成私法上的绝对权,而只是个人信息保护体系中的若干权能。对于受到侵害的个体而言,这些权能存在救济能力匮乏的问题。整体来看,算法规制并不挑战现行的产品责任制度,而是可为产品责任制度的有效性提供技术支持与风险识别方面的必要知识。在这个意义上,二者应当可以互为补充,整合融入信用评价算法的法律机制。

第三节　信用评价算法应用的三级法律机制

在产品责任与算法规制融通的规制理念下,可以构建一套以信用评价算法规制制度为核心、以信用评价算法产品责任制度为辅助、以基金制度为补充的三级法律机制,促使各方利益在最大程度上获得协调。具体包括:第一,信用评价算法规制制度着眼于在算法全生命周期中,保护被评价者的知情、查询、异议、纠错权益与预期财产利益。第二,信用评价算法产品责任制度在信用评价算法缺陷的识别认定准据与举证责任分配两个方面,应当有别于产品责任制度的一般规则。其中,信用评价算法规制制度为产品责任制度提供算法缺陷的检测时点,降低算法缺陷的认定困难。平台可利用信用评价算法规制的各项规定,做出有利于己的证明。第三,除了上述主要的法律机制以外,还可合理地引入一些补充机制。由于责任保险制度的难以适用,可考虑设立信用评价算法致害救济基金,其是参考医疗人工智能产品的救助机制而创设,目的在于分散信用评价算法对被评价者带来的风险。

一、以信用评价算法规制制度为核心

信用评价算法规制制度主要由信用评价算法的检测与认证、算法影响评估、信用分异议与修复、算法行政备案、算法审计五部分内容构成。按照算法生命周期区分:第一,信用评价算法检测与认证机制属于全周期的算法规制机制。第二,信用评价算法影响

评估、信用分异议与修复、信用评价算法审计机制自算法进入市场起启动。第三,信用评价算法备案机制发生在信用评价算法进入市场运行时,信用评价算法发生重大修改两种情形下。

（一）信用评价算法检测与认证

第一,信用评价算法偏误检测旨在实现对信用评价算法设计、开发与应用全过程的定期风险监控。信用评价算法偏误检测应当采取统一的格式文本,定期对公众披露。具体包括:(1)由监管部门提供统一的格式文本,要求平台完整、无遗漏地对信用评价算法设计与开发的各个环节做出算法偏见可能性的自查检测。(2)信用评价算法偏误检测应当以书面形式做出,作为平台企业的重要档案文件长期留存。(3)对于市场占有率高、影响范围大的信用评价算法要求实施更频繁的定期偏误检测程序。(4)应当检测用于训练信用评价算法的数据样本,以避免在机器学习和特征选择阶段使用的数据集无意识地偏向特定群体。(5)偏误检测报告应当采取平实、清晰、可理解的表达方式,避免导致因各方技术差距而造成徒具形式的检测结果。

第二,在发生个人信用分异议时,平台应当先行实施信用评价算法查验程序,努力与被评价者协商解决。被评价者要求平台对信用评价算法进行解释,应当举证信用评价算法结果对自身权益造成了重大影响。平台应当在法定期限内履行解释义务。当被评价者无法获得算法解释或平台解释仍存异议的,应当允许被评价者拒绝平台对其评分,并寻求行政干预或司法救济。

第三,鼓励市场主体建立算法自律组织和公共组织,就信用评价算法的技术标准、设计流程、准确程度、潜在风险进行认证,设置不同的认证等级,形成梯度的处罚措施直至撤销认证。自律管理情况与公共监督情况亦应定期向公众披露。当前,中国电子技术标准化研究院已经出台《人工智能深度学习算法评估规范》《人工智能机器学习模型及系统的质量要素和测试方法》等文件，初步形成了一系列算法可靠性评估、认证、检测、计量体系。这正是对算法监督的有益探索。

（二）信用评价算法影响评估

本书倡议的信用评价算法影响评估是指，按照算法可能影响的人数规模、市场范围、终端设备等指标，分析信用评价算法开发与应用中可能发生的技术风险与防范方法，将信用评价算法划分为高风险、中风险、低风险等若干层次。自信用评价算法进入市场时起，以平台自行开展算法影响评估为主，由行政部门对不同风险等级的信用评价算法施以不同强度的监督管理措施与不同频次的信息披露要求。

算法影响评估已经成为广为接受的算法治理机制。有关算法影响评估的实践框架系由美国纽约大学 AI Now 研究院最早于2018 年提出。研究显示，技术风险自我评估机制的建立可以有效降低风险概率与风险损失。[368]域外亦多有实际运用。例如，韩国"机器人投顾测试"[369]方案要求在算法上市之前，开发者应当完成算法稳定性、收益性、安全性的沙箱测试。其目的是自查算法的安全性与稳定性。近年来，算法影响评估日益受到关注，逐步进入主流国家地区立法，为 2019 年加拿大《关于自动决策的指令》（Direction on Automated Decision-making）、2019 年欧盟《算法透明与问责的治理框架》（A Governance Framework for Algorithmic

---

[368] 袁康：《金融科技的技术风险及其法律治理》，载《法学评论》2021 年第1 期。

[369] 姜海燕、吴长凤：《机器人投顾领跑资管创新》，载《清华金融评论》2016 年第 12 期。

Accountability and Transparency）以及 2020 年新西兰《算法宪章》
（Algorithm Charter for Aotearoa New Zealand）所引用。上述立
法建议将算法影响评估作为算法治理手段，或在特定条件下，例如
可能对社会公共利益产生重大影响时，应当启动算法影响评估程
序。美国《算法问责法（草案）》则规定开发者在算法设计、上市、运
行、迭代的全过程实施算法影响评估，具有命令与强制色彩。

　　就我国的信用评价算法影响评估制度设计而言，平台应当围
绕信用评价算法解释性说明、风险评估、应对预案三项要点，建立
起预防与纠正算法偏见的信用评价算法影响评估程序，具体内容
有：（1）信用评价算法设计、训练的目标与过程；（2）输入信用评价
模型的数据集使用情况的详细描述，包括数据来源、数据规模、存
储方式、使用期限、是否符合个人信息保护原则；（3）信用评价算法
对个人权益、群体权益、社会利益、伦理道德的潜在影响，以及该种
影响是否可逆；（4）平台内部降低信用评价算法偏见的技术预案；
（5）平台针对信用评价算法偏见的纠正机制，以及隐私保护、个人
信息保护、数据安全机制；（6）平台向监管机构报告与反馈风险评估
结果的常规流程；（7）其他特殊程序，如当平台发现无法减轻的信用
评价算法高风险时，需要在开始处理风险前，向监管部门及时汇报
与咨询。信用评价算法偏见的风险评估结果应当形成书面报告，经
平台企业的专门责任人发表书面意见后，向社会公众作公开披露，
并受监管部门审查。法律应当支持非营利组织、学术团体等权威第
三方的适当介入，增强对信用评价算法运行过程的监督力量。

　　监管机构需要科学地评估信用评价算法的影响程度，采取具
有针对性的监管措施。针对高风险算法，要求采取严格的行政许
可准入方式，监督平台更频繁地开展风险自我评估、实施现场检查
与窗口指导相结合的监管方法、采取更严格的压力测试、在平台的

底层技术架构中,信用评价算法开发者应当通过动态检测接口、风险控制紧急入口等技术措施,为监管机构提供规制便利条件以便实时监测。对于中风险算法,可考虑由平台自行评估算法影响程度,由监管机构定期审查评估结果是否为准确合理的监管机制。而对于低风险算法,则可以算法结果事后问责作为主要的监管机制。监管机构应采取标准化方法来识别、评估与监测算法的风险等级,以更好地监管平台算法影响评估机制。标准化的监管方法至少包括以下两个方面。

第一,明确平台启动信用评价算法影响评估程序的条件。美国 2019 年《算法问责法(草案)》提出年收入超过美元 5 000 万,至少拥有 100 万人或设备信息,或者是数字经济市场中的主要数据流通中介。英国虽然未对"大规模"施加定义,但是需要综合考虑涉及的个体数量、数据体量、数据种类、持续时间、地理范围等多个因素,并列举了一些大规模处理行为的示例。我国现行制度中可供参照的规定是,《信息安全技术个人信息安全规范》将处理"超过100 万人的个人信息"作为风险评估触发点。相较之下,判定标准比较单一且有待丰富。

第二,科学地界定信用评价算法的风险等级。美国《算法问责法(草案)》将可能带来歧视后果的算法、利用敏感个人信息做出的影响个体权利的算法均划定为高风险。在美国的社会文化环境中,种族歧视是最为重要的议题之一,信用评价算法偏见容易加剧种族歧视后果,有可能从根本上减损少数群体的生存权利。而在英国,算法被视为个人信息处理行为加以监管。其中,高风险算法意味着算法造成某种伤害的可能性远大于偶然性;重大影响算法意味着对个人有明显影响,并能显著影响其环境、行为或选择。这两类处理行为必须采取数据保护影响评估程序(Data Protection

Impact Assessments，DPIAs）。DPIAs 既可以采取自行设计的方式，也可以采用国家推荐的方式，但需要涵盖数据保护机构规定的全部评估因素，且须由算法开发者和数据保护官共同承担算法致害责任。[570]就我国而言，歧视问题更多地体现在性别与年龄方面的非平等待遇问题上，而这些问题往往并不是由信用评价算法偏见直接导致的，而是因固有的历史背景（社会剧烈变革期）与文化心理因素（养儿防老、男主外女主内）所产生的。鉴于以上原因，对于涉及敏感个人信息、运用与影响范围较大的信用评价算法，被界定为中风险算法似乎更为合理。

（三）信用分异议与修复

信用分异议与修复是面向平台的算法责任配置。二者在时序上具有紧密的关系。概言之，应当以信用宣传教育为起点，在确保被评价者清晰地了解个人信用分所需基础信息的前提下，允许被评价者便利地提出信用分异议，直观地跟踪异议处理过程，获取信用分冻结服务，获得多层次的救济措施。

首先，向个体提供信用教育。其一，平台在信用评价算法启动前向个人明确地告知：(1)信用评价算法的设计目的、功能、潜在影响。(2)包括个人信息保护、信用评价算法结果拒绝权在内的个人合法权益。(3)信用评价算法自动化决策实施后的程序性保障措施与救济方式，例如在显著位置提供便捷的人工处理方式，确保个人能够有效地表达观点、提出异议。其二，在监管部门与行业协会、消费者保护等公共组织官方网页的显著位置，采用简洁易懂的

---

[570] Information Commissioner's Office，*Data Protection Impact Assessments*，https:// ico. org. uk/for-organisations/guide-to-data-protection/guide-to-the-general-data-protection-regulation-gdpr/data-protection-impact-assessments-dpias/when-do-we-need-to-do-a-dpia/♯when2，accessed on 2021-3-7.

语言,通过问答或指引方式开设信用教育专栏,提供有关个人信用分的基础性信息。例如,何谓个人信用分,个人信用分与个人信息之间的关系,个人信用分的生成、使用与提升方式,个人信用分的准确性,个人信用分对个人权利与福祉的影响,列明提出信用分异议的方式、需要提交的证明文件,提供电话号码、邮箱地址、网页链接、微信、博客等有效的联络方式,承诺异议受理的期限。鼓励其他组织为个人提供个性化的信用教育。但专业信用修复机构不得仅因提供信用教育而要求个人付费,也不得在其信用分获得实质性修复以前预先要求个人支付对价。

其次,完善信用分异议的处理流程。从域外经验来看,在美国信用修复的商业实践中,四家主要的全国性信用评价机构于1993年共同设立了"完整准确信用报告在线解决方案"系统(Online Solution for Complete and Accurate Reporting, e-OSCAR),用于自动化处理关于个人信用报告与个人信用分的异议申请、异议受理、申诉转交与申诉反馈。以此为参考,本书认为可允许平台企业以外具有公信力的第三方,比如百行征信与朴道征信,开发个人信用分的自动化异议处理系统,便利个人提出异议申请。

再次,为存在异议的个人信用分设置标注与提供首次免费冻结服务。美国2018年EGRRCPA法案在各州规定的基础上,将原有增益性质的个人信用报告安全冻结措施上升为法定保护措施。个人不再需要就此项服务向信用评价机构支付对价。在涉及特殊消费者保护时,如退伍军人,除禁止使用其医疗债务信息以外,个人还可额外获得免费的信用监控服务等。美国个人信用分所需的数据均来源于信用报告,个人信用分属于个人信用报告的衍生产品。EGRRCPA法案仅针对个人信用报告实施安全冻结,个人信用分依然可能因新信息的出现而发生变化,不能依据该法案受到冻结。而我国的个人信用分不依赖于中国人民银行个人征信报告。应当依据信用评价结果对个体权益的终局性影响来判断信用分异议处理措施的强度与对抗性，借鉴 EGRRCPA 法案，完善我国的个人信用分异议处理流程。具体而言：

第一，对存在异议的个人信用分，在系统中标记为异议，列入限制商业化使用范畴。平台应就异议个人信用分，在确定期限内针对信息的准确性与完整性实施自我检查，并将检查结果通过自动化处理系统向个人即时回复，向行业协会备案。如据以生成个人信用分的信息确实不准确或不完整，平台应当在确定期限内完成信息删除、更正、补足，并根据删除、更正、补足后的信息修正信用分。个人信用分已按照上述程序完成修正的，平台应当即时通过自动化处理系统通知个人，向行业协会备案，并移除异议标记。

第二，在被评价者无法确定信息是否存在不真实、不准确或不完整的情形时，其有权向平台申请，将异议信用分在一定期限内标记为冻结，禁止平台向第三方提供该信用分，法律明确规定应当提供的除外。平台应当在冻结个人信用分之前进行身份识别与验证，并根据被评价者的书面申请，为其免费提供解除冻结个人信用分的服务。个人超出规定期限仍无法证明信息真实性、准确性与完整性并再次申请冻结个人信用分的，平台可要求获得合理的对价。

第三，被评价者对处理程序、结果存在异议的，无论是否处于个人信用分异议或冻结期间，均应有权向行政管理部门提出申诉，并有权针对行政管理部门的行政裁决行为提出复议与诉讼。

最后，我国的个人信用修复存在监管空白。个人信用修复衍生出多种服务方式，如信用教育、信用监测、信用咨询、信用修复等。美国《信用修复机构法》（Credit Repair Organization Act，

CROA)将上述服务均纳入广义的"信用修复"范畴,以填补监管空白,保护消费者免受非公平、欺诈性的商业行为影响,即无论以何种字样开展商业宣传,只要该种服务实质性地具备信用修复要素,即可被认定为属于信用修复机构,适用该法案的禁止虚假陈述、禁止预先收取对价、允许消费者在特定期限内单方解除合同、向消费者提供独立于合同的信息披露文件。在 Helms 诉 Consumer Info.com 一案中[371],法院明确被告做出帮助原告提高个人信用分的暗示导致被告属于 CROA 的管辖范畴,并据此判定被告行为违反该法。目前,我国国家公共信用信息中心针对公共信用信息修复实施白名单管理制度,颁布了公益性信用修复培训机构与信用报告服务机构名单。但是由于监督机制尚较欠缺,实践中已出现多起个人信用分修复骗局。[372]

为确保个人信用分修复活动的有序运行,至少应当参考公共信用信息修复白名单机制,由互联网行业协会明确个人信用修复机构的资质,定期考核个人信用修复机构在公平交易、信用保护等方面的执业情况,对名单实施动态管理与调整,为个人信用修复提供正当性基础与适当性约束,作为当前阶段的权宜措施。在个人信用服务市场发展到相对成熟的阶段时,还应当考虑通过立法方式将个人信用修复机构纳入社会信用法律机制之中。

（四）信用评价算法备案

信用评价算法备案发生在信用评价算法进入市场运行时、信用评价算法发生重大修改两种情形下。由于信用评价算法披露容

---

[371]　漆世濠:《多元化信用服务市场发展与信息主体权益保护的权衡——美国信用修复市场监管的矛盾与启示》,载《征信》2018 年第 5 期。

[372]　宋慧:《花 400 元就能刷高芝麻信用分? 官方回应:后果可能很严重》,载 https://www.shobserver.com/news/detail?id=58929,2020 年 11 月 5 日访问。

易极大地减损平台的核心竞争优势,在确定披露方法时必须在比例原则的约束下,对披露对象、披露范围与披露方式加以限定。基于权威技术自主性的提升与监管科技发展的需求,信用评价算法的披露对象应当限定于中国人民银行及个人信息保护监督管理部门,采取行政备案方式加以披露。

第一,信用评价算法不能脱离个人信息单独发挥作用,需要纳入个人信息保护监管视野。从域外经验来看,平台开发的算法一般属于反垄断部门或个人信息保护部门的监管范畴。例如,美国《算法问责法(草案)》(Algorithmic Accountability Act of 2019)拟将FTC确定为平台算法的监管部门。澳大利亚的平台算法限于向竞争与消费者委员会披露。在法国,2019年《反网络仇恨法》规定平台算法受技术资源高级视听委员会监督,平台应向委员会报送必要数据。学者亦提出应将算法整合进入个人信息保护体系,参照相对成熟的概念,随个人信息保护的场景性而不断扩展与调整。[313]笔者对此表示赞同,认为有必要将信用评价算法纳入个人信息保护监管范畴。然而,当前个人信息保护的行政管理主体并不十分明确。通过国家互联网信息办公室(简称"网信办")开展专项治理的方式实施监管管理仍然存在一定的弊端。[314]应当通过立法

---

[313] 许可、朱悦:《算法解释权:科技与法律的双重视角》,载《苏州大学学报(哲学社会科学版)》2020年第2期。

[314] 研究显示,网信办、工信部、公安部系信息治理行政协同架构的核心。网信办属于法定的个人信息保护办事机构,一般通过专项治理的方式,集中各行政部门有限的配置性资源,集中解决关键性问题。1999年,国务院成立国家信息化工作领导小组负责计算机网络与信息安全管理重大问题。2008年,该机构并入工信部,更名为国家互联网信息办公室,根据《电信和互联网用户个人信息保护规定》及《网络安全法》开展个人信息保护工作。2015年,中央网络安全和信息化领导小组办公室正式设立,与国家互联网信息办公室在人员与组织机构上重合,适用"两块牌子一套人马"。实践中,网信办难以摆脱议事协调临时组织的性质,同时存在多头监管与监管空白,既加大信息处理者的运营与合规成本,也难以解决分行业（转下页）

明确地将网信办升格为个人信息保护监督管理部门,规定平台向该部门备案信用评价算法。

第二,信用评价算法向中国人民银行备案有助于提升监管科技的水平。有调查显示,全球范围内中央银行对大数据的关注程度逐年上升,在接受调查的 35 个中央银行中,80% 使用大数据支持自身工作;75% 利用大数据开展研究以满足更及时、更频繁和有据可查的指标来指导经济金融政策的制订需求;60% 表示考虑以

(接上页)监管带来的信息治理弊端,并且存在法律直接授权的障碍。首先,网信办难以摆脱临时议事协调的组织性质。从《网络安全法》及全国人民代表大会常务委员会《关于维护互联网安全的决定》《关于加强网络信息保护的决定》内容来看,网信办设立目的与工作重心均为维护网络安全。有观点认为,个人信息保护至多只能解释为《网络安全法》第 8 条所指"相关监督管理职责"。在本书写作过程中,笔者曾就平台邮箱服务中的个人信息安全风险事件,分别向"中央网信办违法和不良信息举报中心"在线举报、向工信部电话投诉。网信办受理后认为,平台邮箱服务个人信息安全风险事件超出该机构的信息侵权受理范围。工信部经办人员亦清晰地声明,经研究后认为此类信息安全风险不属于工信部的职责范畴。其次,个人信息保护监督管理承继了依行业划分职能的制度路径依赖,呈现出明显的部门分割特征。例如,根据《网络安全法》《电信和互联网用户个人信息保护规定》《征信业管理条例》《中国人民银行法(修订草案征求意见稿)》《快递暂行条例》,网络环境中个人信息的行政管理部门分别为网信办、公安部、工信部、人民银行、邮政局。平台能够处理源于不同行业的个人信息,就可能需要遵守差异性甚至冲突性的行政规范。例如,网络环境中的个人财产信息不仅受网信办、市场监督部门管理,亦受人民银行、银保监会等部门交叉监管。后者要求增加规制密度,使得信息处理者承担更为严格与更高频次的现场、非现场监督检查、自我检查报告义务。以网信办为核心的分散型行政管理机制系对现有行政建制的改造,固然具有精细执法与权力制衡的优势,但若未能妥善协调行政部门之间的分工与合作关系,反而容易加剧权力冲突,进而损害公共部门的执法权威性。参见魏娜、范梓腾、孟庆国:《中国互联网信息服务治理机构网络关系演化与变迁——基于政策文献的量化考察》,载《公共管理学报》2019 年第 2 期;邓辉:《我国个人信息保护行政监管的立法选择》,载《交大法学》2020 年第 2 期;中央网信办违法和不良信息举报中心,https://12377.cn/jbcx.html,查询码 D720072009280575564U,2020 年 9 月 22 日访问;张新宝:《我国个人信息保护立法主要矛盾研讨》,载《吉林大学社会科学学报》2018 年第 5 期;叶正国:《我国网络规制的组织构造及其优化路径》,载《中国行政管理》2018 年第 9 期;罗培新:《社会信用法:原理、规则、案例》,北京大学出版社 2018 年版,第 107 页;沈岿:《因开放、反思而合法——探索中国公法变迁的规范性基础》,载《中国社会科学》2004 年第 4 期。

其他大数据来源作为官方统计数据的补充,促进更多的数据共享。[375]中央银行及其管理的传统金融机构的数据处理设备一般属于历史遗留设备,缺乏功能强大的技术架构、软件与硬件支持,不仅技术人员供应稀缺与培训不足,而且更新设备也将产生极为高昂的成本。由于缺乏特定的数据处理能力,中央银行在运用大数据技术时往往面临数据异常、对照组缺乏、数值重复等情况,不利于数据价值的充分挖掘。此外,政策制定需要依赖于准确可靠的信息,而大数据技术在准确性方面存在局限,因而通常只能起到参照与补充作用。上述三个方面构成了中央银行利用大数据技术提升监管科技水平的障碍,不利于建立权威技术自主性。

个人信用分具有个人征信的本质,有必要纳入中国人民银行监管范畴。其原因在于:其一,确保在同一行政管理体制中理顺监管逻辑,降低监管成本。其二,有助于借助平台开发的成熟技术,及时提升大数据监管能力,避免中国人民银行原有的数据库沦为堰塞湖。其三,助于监管机构在宏观经济风险评估领域以外,调动必要的技术资源聚焦于微观经济风险评估领域。其四,有助于激励平台利用先发优势不断提升信用评价算法创新能力,客观上打破因平台技术垄断而形成"专利丛林"[376]的类似困局,推动大数据与人工智能技术在多方参与下获得蓬勃发展。

参考《关于规范金融机构资产管理业务的指导意见》中有关智

---

[375] Irving Fisher Committee on Central Bank Statistics, *Implications of Covid-19 for Official Statistics: A Central Banking Perspective*, *IFC Working Papers No.20*(2020-11),https://www.bis.org/ifc/publ/ifcwork20.pdf,accessed on 2021-3-2.

[376] 专利丛林法则指专利法领域中存在的将知识产权叠加形成密集的知识产权网络,造成企业难以突破这一网络从而无法对新技术加以商业化利用的情形。参见王翀:《人工智能算法可专利性研究》,载《政治与法律》2020年第11期。

能投资顾问算法的行政备案要求,以及英国数据保护局发布的《人工智能决策说明指南》[377],除了应当披露信用评价算法的一般解释性内容以外,还应当规定平台向个人信息保护监督管理部门与中国人民银行报备信用评价模型的主要参数、主要运行逻辑与技术人员。其中,主要参数包括:(1)主要变量及其权重;(2)变量对应的主要特征选项;(3)用于训练算法的数据集的构成与使用方式;(4)人工干预的环节与内容。主要运行逻辑包括:(1)机器学习规则,包括运用的主要统计方法与非统计方法;(2)特征筛选理由;(3)特征对信用评价结果可能产生的影响;(4)人工干预对信用评价结果可能产生的影响;(5)信用评价算法运行中确保准确性、真实性、稳健性的措施;(6)在平台对评分程序、评分方法做出重大修改时,应当披露变动原因,并向行政部门书面说明变动的合理性。何为重大修改,应当由中国人民银行加以界定。技术人员包括主要参与信用评价算法开发的实施人员、管理人员、人工审查人员、负责任的高级管理人员。上述技术人员应当采取注册制管理。

(五)信用评价算法审计

信用评价算法审计强调解决算法进入市场后的信息不对称性问题。[378]信用评价算法规则中,变量选择、标准赋予、分类方法等均是显性或隐性的人为设置。为修复新技术引发的信息不对称问题,信用评价算法审计不可避免地需要从算法开发者、数据两个层

---

[377] Information Commissioner's Office, *Explaining Decisions Made with Artificial Intelligence* (2020-5-20), https://ico.org.uk/for-organisations/guide-to-data-protection/key-data-protection-themes/explaining-decisions-made-with-artificial-intelligence/, accessed on 2021-3-2.

[378] 李敏:《金融科技的系统性风险:监管挑战与应对》,载《证券市场导报》2019 年第 2 期。

面入手,即强化开发者的行为责任、突出数据处理行为的透明度。

信用评价算法审计可分为外部审计与内部审计两种机制。就外部审计而言,强调由第三方技术团体或研究机构按照行政管理部门的监管要求,根据法律法规对信用评价算法偏见风险进行检查、发布报告、提出建议。例如,纽约大学研究机构 AI Now 对纽约市采用人工智能招聘拟议法案发布专门报告,警告算法歧视并提出专业建议。⑲在德国,技术专家与媒体记者也自动结成算法监控公益组织,通过审核访问协议、商定技术道德准则、专职人员监管、在线跟踪等方式开展第三方监督。⑳在我国,蚂蚁集团使用区块链开展跨境汇款业务,直接与金融监管系统实现对接,每一笔汇款情况均可在金融监管系统中受到监督。针对个人征信这一特殊的社会经济领域,有必要参考该种实践,构建受到行政部门监督的第三方信用评价算法审计机制。

就内部审计而言,建议参考国际通行的"三道防线"㉑公司治理结构,创设信用评价算法内部审计程序。信用评价算法内部审计人员的职责涵盖信用评价算法与数据风险管理框架的所有要素,包括风险识别、风险动态评估和响应、风险事件的沟通,以及企业数据安全目标的所有类别,还应包括战略、道德、运营、报告、合规。信用评价算法内部审计强调能够相对独立地开展审计工作,具备与大数据和人工智能技术相匹配的技术能力,能够充分理解

⑲ *New York City wants to restrict artificial intelligence in hiring*(2020-11-20),https://www.cbsnews.com/news/new-york-city-artificial-intelligence-hiring-restriction/,accessed on 2021-3-5.

⑳ 张淑玲:《破解黑箱:智媒时代的算法权力规制与透明实现机制》,载《中国出版》2018年第7期。

㉑ 国际内部审计师协会:《三道防线模型升级版》(2020-7),https://global.theiia.org/translations/PublicDocuments/Three-Lines-Model-Updated-Chinese-Simplified.pdf,2020年11月5日访问。

信用评价算法,就信息数据保护与信用评价算法偏见治理机制的有效性向管理层提供意见,对该机制的充分性作出评估,减少运营风险。域外亦有类似监管实践。例如"剑桥分析门"事件后,FTC责令在脸书设立调查委员会,工作人员不得由企业自行任免,并直接向FTC汇报调查进度与结论。

二、以信用评价算法产品责任制度为辅助

产品责任制度的改造应当以激励信用评价算法的发展为目标。参考四种产品缺陷类型[382],本书将信用评价算法缺陷归纳为设计缺陷、警示缺陷与跟踪观察缺陷三种类型[383],与信用评价算法从开发到应用的主要环节相对应。信用评价算法缺陷的责任主体应当是平台企业。就信用评价算法产品责任的构成要件而言,被评价者的实际损失可以较为直观地受到观察,而为避免规则适用冲突亦应沿用相当因果关系理论[384],故而问题主要集中在缺陷认定与举证责任承担两个方面:一是在缺陷认定方面,以信用评价算

---

[382]　四种产品缺陷类型即:设计、制造、警示、跟踪观察缺陷。侵权理论中的产品缺陷类型源于美国法,一般包括设计缺陷、制造缺陷与警示缺陷。观察缺陷则源于德国法。我国《民法典》第1206条虽未明确却也将跟踪观察缺陷作为产品缺陷的一种类型。亦有少数观点认为,跟踪观察缺陷不属于产品责任范畴,充其量只是一种与产品相关的责任。

[383]　信用评价算法设计缺陷指信用评价算法开发设计与生产制造中,因算法设计问题导致信用评价算法对被评价者造成的不合理危险。信用评价算法警示缺陷指信用评价算法投入使用后,互联网平台未对信用评价算法的技术原理、输出结果与使用方式进行及时、充分、适当、醒目的警告与说明,而为被评价者造成的现实损害或现实损害的可能性。信用评价算法跟踪观察缺陷指信用评价算法投入使用后,互联网平台没有对信用评价算法应用开展持续观察、分析风险、传递信息、处理投诉、测验改善与监控跟踪等行为,而对被评价者造成的现实损害。信用评价算法的设计开发者与生产制造者均为互联网平台,制造行为难以造成超越设计行为的缺陷后果,故无需单独规定信用评价算法制造缺陷。

[384]　即通常而非极端、特殊形态下的行为,严重提高了损害结果发生的可能性。参见赵越:《德国"私人保险"和"法定保险"中因果关系认定的"两元性"及其对我国的启示》,载《德国研究》2017年第2期。

法检测与认证、信用评价算法影响评估、信用分异议制度分别作为未正式上市的信用评价算法设计缺陷、信用评价算法警示缺陷、信用评价算法跟踪观察缺陷的检测时点。对于已正式上市的信用评价算法，其设计缺陷应通过平台是否遵守各项算法规制制度的内容加以考察。二是在举证责任分配方面，应采取举证责任倒置的方式，但是可为平台设置较为宽松的证明方式。

（一）信用评价算法缺陷的标准与认定

信用评价算法缺陷的认定，决定了责任与非责任的界限。信用评价算法缺陷的判断应当以信用评价算法存在威胁人身安全与财产安全的不合理危险为标准。[385]然而，就何谓不合理危险而言：一方面，由于被评价者缺乏必要的技术能力，信用评价算法缺陷的判断与认定可能难以像产品责任制度所意图的那样运作。这就容易变相地为平台逃离产品责任的束缚提供便利。另一方面，在信用评价算法的数据输入与结果输出之间，确实存在着人类认知难以完全洞悉的"黑箱"。有关信用评价算法缺陷的认定，即使对于专业人士而言也称得上困难。

作为技术问题，信用评价算法缺陷的认定也应当在技术治理视野中解决。信用评价算法规制制度设置了平台应当遵守的算法设计、开发与运行规则，能够为被评价者锚定平台应当采取的保障措施、辨认信用评价算法是否具有不合理的危险、认定信用评价算法缺陷的具体类型提供助力。

第一，就信用评价算法设计缺陷而言，应以"风险—效能标准"[386]作为不合理危险的判断依据。"风险—效能标准"比较信用

---

[385] 王利明：《侵权责任法研究（下卷）》，中国人民大学出版社 2016 年版，第 232—234 页。

[386] "风险—效能标准"的形成与在产品责任认定中的适用，参见前注 341。

评价算法设计方案的有用性与危险性,检视在费用未明显增加的前提下,平台是否履行合理的注意义务与采取适当的保障措施,来确保信用评价算法具有合理与最优的性能。否则,信用评价算法即具有设计缺陷。域外的"风险—效能标准"大多要求原告提供合理的替代性方案来证明缺陷的存在。被评价者作为相对弱势的自然人,在证明信用评价算法设计明显不合理、提出技术上可行的替代方案时,显著地缺乏能力。因此采取"风险—效能标准",需合理利用信用评价算法规制制度,采取符合被评价者技术能力的制度设计。

一是在信用评价算法仅向少数个人用户开放的测试阶段,信用评价算法检验与认证制度可为算法设计缺陷的发现与认定提供准据。该制度与被评价者的技术能力相当。信用评价算法检验与认证制度要求平台在信用评价算法正式进入市场前,对其进行全面的调适与改进,采用经行业认证的先进而安全的技术,解决信用评价算法在样本标记、变量择取与软硬件设施等方面的缺陷。信用评价算法检验与认证制度能够提供标准化的自查报告与认证报告,协助被评价者判断信用评价算法是否经合理设计,与提出信用评价算法的合理替代方案。

二是在信用评价算法面向全体个人网络用户开放的正式运行阶段,算法设计缺陷仍可能不断地涌现与实施改进。是故,被评价者应当考察平台是否已按照信用评价算法规制制度的各项要求,在发现算法设计缺陷的每个时点,都相应地采取了措施加以弥补。否则,被评价者即可主张信用评价算法存在设计缺陷。

第二,信用评价算法规制制度还可用于识别与认定信用评价算法的警示缺陷与跟踪观察缺陷。

一是信用评价算法影响评估制度可为信用评价算法的警示缺

陷提供支持。信用评价算法警示缺陷的规避,要求平台以警示发生前的最新技术水平充分地预知信用评价算法可能引致的风险类型,在技术升级后及时地预见新兴风险与更新警示内容。对此,信用评价算法影响评估制度正是建立在技术的动态发展进程之上,不断地调整信用评价算法的风险等级与治理策略。其既便利平台在履行"修改设计以消除危险"的义务时谨慎地权衡边际收益与边际成本,也有助于被评价者借助平台披露的应对预案识别信用评价算法是否具有警示缺陷。

二是个人信用分异议制度可为信用评价算法的跟踪观察缺陷设置固定的检测时点。信用评价算法跟踪观察缺陷的解决,要求平台企业在信用评价算法的应用过程中,采取检测记录、信息传递等反应行为,及时地将被评价者的异议反馈于技术人员并加以解决。信用评价算法跟踪观察缺陷需要设置固定的检测时点,以防止机器学习产生的异化难以及时地获得观察与修正。[38]在个人信用分异议制度中,异议申请、评分冻结、评分解冻与评分申诉均可为平台跟踪与观察信用评价算法的缺陷设置有意义的节点,为平台判断能否修复信用评价算法缺陷,如何更新缺陷修复程序,何时增加新风险警示提供必要的标识。

(二)信用评价算法侵权的举证责任分配

如前所述,由被评价者承担举证责任的产品责任制度,存在难以救济被评价者损害的忧虑。而加重信用评价算法生产者举证责任的立法趋势,容易从根本上降低平台的技术创新潜力,从整体上提升技术创新成本与风险。对于新兴科技的设计、开发与生产者,应当通过法律机制的合理设计,督促其负责任地开展创新,同时给

---

[38] 许中缘、范沁宁:《人工智能产品缺陷司法认定标准之研究》,载《重庆大学学报(社会科学版)》2022年第1期。

予合理而恰当的宽容与激励。

本书认为，有必要将信用评价算法侵权的举证责任分配给平台企业，采用举证责任倒置的方式。法律不能无视损害的发生，必须在侵害人与受害人之间分配责任的最终承担方式。鉴于新兴科技的复杂程度与日俱增，多数观点认为应当将产品侵权的举证责任分配给生产者。[388]被评价者受技术水平的限制更严重，而平台对信用评价算法设计缺陷的预见与控制程度更高。确有必要采取举证责任倒置规则，在个案中由平台承担信用评价算法不会引起损害的证明责任。

然而就证明方式而言，平台同样面临着信用评价算法运行与决策过程难以还原的技术难题。《产品质量法》未对信用评价算法的产品标准作出规定，相关国家标准与行业标准亦未出台。即便技术标准出台，也可能存在受制于行业利益诉求的风险。因此在信用评价算法未正式上市前，平台举证已符合信用评价算法检测与认证机制的要求，即可完成证明责任。在信用评价算法正式上市后，平台举证已符合信用评价算法规制的各项规定时，即可推定信用评价算法运行与决策不构成产品侵权行为。

三、以信用评价算法致害救济基金为补充

有观点认为应当树立损害救济的共享与分担理念，构建国家、行业、生产者、设计者、消费者的损害救济分摊机制，以达成社会整体利益平衡，激励产业良性发展。[389]就信用评价算法而言，由于其具有补足信用公共治理缺憾、提升社会整体信用的显著效用，国

---

[388]　冯洁语：《人工智能技术与责任法的变迁——以自动驾驶技术为考察》，载《比较法研究》2018 年第 2 期。

[389]　胡元聪：《人工智能产品发展风险抗辩后的损害救济分摊机制研究》，载《政法论丛》2020 年第 3 期。

家、社会、平台、市场、个人均一定程度上属于信用评价算法的受益者,故有必要塑造一种综合性的责任分担体系,合理分配财富也公平分配风险。

除了侵权责任制度以外,受害人的救济措施通常还包括责任保险、社会保险与基金等方式。当前,我国为促进经济发展难以采用高福利、高税收的政策,加之社会救助制度尚不发达,故社会保险难以承担社会救助的主要功能。[390]而对信用评价算法适用责任保险制度,尚具有前述现实困难。本书认为,可以考虑主要采取基金制度,确保被评价者在损害后果发生时能够获得必要的补偿。参考《基本医疗卫生与健康促进法(草案)》第47条、第82条、第84条的规定,可以引导平台企业设立信用评价算法致害救济基金,对信用评价算法实施无过错赔偿的风险分散机制。

信用评价算法致害救济基金的资金,可来源于对平台使用个人信息征收的专门税项以及国家专项财政补贴。参考信托赔偿准备金制度,可要求平台从税后净利润中按年提取一定比例——比如5%,作为基金资金。平台应明确具体的赔偿情形,通过公示程序充分吸纳与反馈社会公众的建议与意见。被评价者可因其权益受到信用评价算法损害为由,遵循一定程序,在一定金额范围内向平台请求赔偿。例如,设置最低赔偿标准为1 000元人民币,最高赔偿额不超过1万元人民币,由基金予以支付。基金资金应当专款专用,单独开立银行账户托管,定期审计。为确保基金合理使用与安全可控,基金管理以保值增值为目的,不得投资中风险与高风险金融产品。国家亦可考虑在平台使用基金资金对被评价者作出赔偿之后,通过财政支持、税收优惠等方式向平台提供激励与补偿。

---

[390] 王利明:《侵权责任法研究(上卷)》,中国人民大学出版社2016年版,第71页。

第五章
评分应用场景中的滥用行为及其规制

第一节　个人信用分应用中的滥用行为

　　个人信用分的应用场景不断扩展，其滥用问题随之显现。有关个人信用分滥用行为的理论研究与规制措施大多聚焦于电子商务经营者滥用个人信用分的"炒信"行为。然而，滥用个人信用分的行为主体并不仅仅是平台以外的电子商务经营者，还可能是作为被评价者的个人、作为评价者的平台、作为使用者的政府部门等其他主体。⑳目前，个人信用分滥用行为的规制研究存在滞后与空白。本书将实践中出现的个人信用分滥用行为归纳为被评价者虚构信用、平台排除/限制竞争、行为人实施消费信贷诈骗、数字信用共治中的滥用行为四种类型。鉴于芝麻信用分在中国的广泛应用，以下多以芝麻信用分为分析对象。

---

　　⑳　笔者以"炒信"为关键词检索发现，在已颁行的 19 篇法律规范中，"炒信"行为的执法重点均落脚于电子商务经营者的不正当竞争行为。而电子商务经营者的不正当竞争行为主要表现为通过搜索、交谈、付款、发货、收货、好评、支付佣金等方式实施虚假交易、提高商户信用分值、提升搜索排名与曝光程度。以"炒信"为篇名、关键词、摘要内容搜索中国知网，发现现有研究成果亦大多仅是论述了"刷单炒信"的规制问题。

一、被评价者虚构信用

芝麻信用分在消费金融、共享租赁、出行住宿等线上与线下环境的广泛使用,催生了被评价者提升芝麻信用分的"刷分"需求,以提升自身在网络环境中的行为能力。2017年,曾有研究保守估计"刷分"行为人已达10万人。[392]随着打击网络"黑灰产"的力度不断增大,"刷分"以一种更为隐蔽的方式转向地下。例如,以"提升""装修"代替"刷分"作为搜索关键词,以"群控"等不明所以的词语作为固定交流暗语,通过各种伪装账户规避监管等。当前,在淘宝网、微信、QQ中以"刷分""芝麻信用"为关键词,仍可发现从事相关服务的账号。

从方式来看,"刷分"的主要手段是提供更多的个人信息。根据芝麻信用分的评价规则,被评价者提供的个人信息越全面,越有利于芝麻信用管理有限公司(简称"芝麻信用公司")对其做出评分。而芝麻信用分采纳的九类信息共有13颗星星代表信息完善程度,每补全一项信息即可点亮一颗星星。部分行为人甚至以"13颗星点亮仅需400元"为宣传口号。据报道,被评价者需要向行为人提供姓名、手机号、身份证号、支付宝账号与密码。行为人利用上述信息登录进入被评价者的支付宝账号,上传与补全信息。[393]由于同一身份证可以绑定数个支付宝账号,各个支付宝账号相对独立运作,亦有行为人非法买卖实名认证的支付宝账号,用于提升芝麻信用分。

信息主要来自两条渠道:其一,真实的他人信息。行为人在地

---

[392] 方列、周琳:《刷单炒信渐成电商毒瘤》,载《经济参考报》2017年1月11日,第7版。

[393] 谢宛霏、徐楚霖:《芝麻信用刷分背后产业链:最终目的多为低利率套现》,载 https://www.thepaper.cn/newsDetail_forward_1751786,2021年3月15日访问。

下黑市非法交易的信息数据库中寻找与被评价者同名的真实个人信息，如同名者的房屋所有权登记证、机动车行驶证等。其二，虚假的个人信息。行为人通过 Photoshop 等软件制作的虚假个人信息，如通过阿里云申请任意经济组织的企业邮箱，挂靠与代开公积金账号，伪造信用卡账单，在淘宝网中向黑客购买美国社会安全号码用于注册 Credit Karma 并获得海外征信报告。[394]

从目的来看，一是用于享受免押金等共享经济便利，由于"刷分"本身需要付出较高额的费用，因此这种情况相对较少。二是获得互联网借贷机构的小额贷款。芝麻信用分的高低对应互联网借贷活动中的不同利率成本与授信额度，与其他非银行融资渠道相比存在较大的套利空间。芝麻信用分达到一定分值后，被评价者的蚂蚁借呗额度可提高至 30 万元，并可依据 6% 至 8% 相对较低的利率提现。[395]

二、平台可能限制或排除竞争

首先，个人信用分为平台迅速获取互联网消费信贷市场的优势地位提供了便利。平台利用个人信用分协助互联网借贷机构发放网络小额贷款的现象十分普遍。其中，尤以京东、苏宁、阿里巴巴分别推出的京东白条、苏宁任性付、蚂蚁花呗三种金融产品最为典型。[396]在大数据技术风险控制应用方面，许多小型互联网借贷机构高度依赖大型平台。实践中，诸多互联网借贷机构已将芝麻信用分纳入自身的风险定价模型，或将自身信息数据库接入芝麻信

---

[394]　《揭秘芝麻信用分"刷分"产业链》，载 http://www.huxiu.com/article/204042.html，2021 年 3 月 15 日访问。

[395]　《芝麻信用刷分背后的"骗贷"暗流》，载《法治周末》，https://tech.qq.com/a/20170719/004749.html，2021 年 3 月 15 日访问。

[396]　马春芬：《电商平台个人信用支付产品发展现状及监管建议》，载《国际金融》2015 年第 11 期。

用系统,在注册、登录、认证、充值、提现等多个环节进行风控埋点时,确认芝麻信用分在其风控系统中的核心作用。[397]

互联网借贷机构对个人信用分的高度依赖,容易产生形式化的信贷风险控制结果。利用芝麻信用分的高低辨别借款人的偿还能力,本质上是一种利用大数据和人工智能技术实施的风险控制外包模式。[398]依据《互联网贷款管理办法》与《征信业务监督管理办法(征求意见稿)》,小额贷款公司作为主要资金提供方的,不得将授信审查与风险控制等核心业务外包,在开展上述核心业务时不得将仅调用个人信用分的行为视为已履行了信贷合规审查义务。正是由于平台在互联网消费信贷市场中的优势地位,其能获取更多缺乏征信记录个人的信息,对在读大学生、偏远城乡居民、务工人员的偿债能力可以实施更加精确的刻画。因此,虽然上述法规的目的在于规范互联网借贷活动,却容易导致形式化的互联网信贷风险控制后果。互联网借贷机构依法应当向百行征信、朴道征信等持牌个人征信机构调用借款人的信用记录,但是在实践中依然实质性地依赖个人信用分来控制信贷风险。

其次,平台能够用个人信用分绑定电子商务经营者、经营者提供的产品以及经营者面向的客户群体,通过交叉销售其他产品与服务,将经营者的客户转变为自己的客户。除了互联网借贷机构以外,共享经济经营者实际上也将芝麻信用分作为主要的风险控

---

[397] 参见高改芳:《点融网与芝麻信用合作》,载 http://www.cs.com.cn/sylm/jsbd/201506/t20150604_4728231.html,2021 年 3 月 16 日访问;芝麻信用规避违规风险多数企业合作反欺诈功能,载 https://www.cngold.com.cn/20170814d1898n169363543.html,2021 年 3 月 16 日访问。笔者在 2019 年调研重庆马上消费金融股份有限公司时,亦了解到许多消费金融公司采用"芝麻信用分达一定分值,贷款申请一经提交即时到账"的风控模式。

[398] 盛学军:《互联网信贷监管新规的缘起与逻辑》,载《政法论丛》2021 年第 1 期。

制措施。通过接入芝麻信用公司,共享经济经营者与阿里巴巴平台之间产生技术依赖与资金依赖的深入合作关系。按照芝麻信用服务协议的约定[399],共享经济经营者必须向芝麻信用公司提供访问权限,线上或者线下生成的订单信息、支付信息与违约信息等,均需按照芝麻信用公司的特定参数要求进行同步反馈,以便芝麻信用公司实时获取市场交易信息。

最后,平台有能力在特定的数字经济细分市场,利用个人信用分限制或排除市场竞争。这主要表现为平台利用自身主导特定市场的超竞争利益,为进入平台的市场主体提供补贴,在实现对市场主体的控制后,最终达到控制整个平台经济形态的目的。《网络交易监督管理办法》实际上难以约束这种行为。在芝麻信用网站展示的典型案例中,数码产品租赁公司"探物"与交通工具租赁公司"哈啰出行"通过芝麻信用分发展到一定规模,即可获得蚂蚁集团及其他知名投资机构的大额投资款项。[400]在平台向初创公司提供资金投资的行为中,极有可能出现平台利用其优越的议价能力,以不合理低价收购初创公司股权、实际控制初创公司的情况。当平台控制了足够多数量与类型的电子商务经营者时,其便处于平台经济形态的核心地位,平台的意志就能通过电子商务经营者的行为传导,从而存在平台滥用市场支配地位的潜在风险。

平台限制或排除竞争所引发的"非互联互通"情况,被形象地比喻为"封禁",其突破了传统反垄断问题的分析框架,违法性争议

---

[399]　信用免押接入指南,载 https://cshall.alipay.com/enterprise/knowledge-Detail.htm?knowledgeId=201602403571,2021 年 3 月 16 日访问。

[400]　芝麻信用案例中心,载 https://zhima.alipay.com/case/index.htm,2021 年 3 月 16 日访问。

反映在"腾讯限制抖音"[401]"阿里平台二选一"[402]等一系列重大案件中。一方面,"封禁"是平台经济形态下的特殊闭环经营模式,将其直接定义为违法行为的观点值得商榷。当前的绝大多数平台经济形态均是封闭或半封闭的。[403]"封禁"所导致的操纵问题正是平台经济形态的本质与平台技术架构的一部分,"从经济学角度评判或许是有效率的"[404]。作为一种颠覆传统竞争方式的经营模式,"封禁"并非在任何情况下都为市场竞争带来消极影响,而是在一定条件下也具有活跃市场竞争、增加消费者选择、带来大规模协同进步的积极影响。以一刀切的态度予以禁止,可能会影响市场的动态竞争活力与自我修复功能。[405]另一方面,"封禁"是平台有意为之的竞争策略[406],确实违反了网络开放互联的初衷,若不加以合理限制容易逐渐侵蚀个人网络用户的合理权益,可能产生不利于数字经济创新发展的后果。然而,平台"封禁"行为是否直接引发限制或排除竞争的市场效果并不能仅通过理论推导证立,还依赖于实证性证据。这为平台"封禁"的适法性认定带来困难,也会引发较高的论证成本。

应当注意到,平台利用个人信用分开展"封禁"行为,确实在一定程度上会加大互联网金融安全隐患。以蚂蚁花呗为例,借款人

---

[401] 参见(2019)津0116民初2091号民事裁定书。

[402] 市场监管总局依法对阿里巴巴集团控股有限公司在中国境内网络零售平台服务市场实施"二选一"垄断行为做出行政处罚,载《人民日报》2021年4月11日,第2版。

[403] Rogerson, Shelanski: *Antitrust Enforcement, Regulation, and Digital Platforms*. University of Pennsylvania Law Review 168, 1911(2020).

[404] 高薇:《平台监管的新公用事业理论》,载《法学研究》2021年第3期。

[405] 陈兵、赵青:《反垄断法下互联网平台"封禁"行为适法性分析》,载《兰州学刊》2021年第8期。

[406] 郭传凯:《互联网平台封禁行为的反垄断规制路径》,载《法学论坛》2021年第4期。

与重庆阿里巴巴小额贷款有限公司、商融(上海)商业保理有限公司签订《花呗用户服务合同》,授权两家公司向芝麻信用公司查询其芝麻信用分。前者依据芝麻信用分向借款人给予相应的授信额度与借款利率,以实现交易风险控制目的。后者购买借款人的应收账款,将分散的债权打包为资产支持专项计划或资产支持证券,在交易所挂牌融资,将蚂蚁集团的小微贷款从表内转向表外,以规避资本金监管要求,构成"贷款—融资"闭环。报道显示,蚂蚁花呗能够将电子商务交易率提升至41%。2019年上半年,蚂蚁集团的小微贷款余额超过180亿元人民币,手续费净收入超过13亿元人民币,净利润已达4.5亿元人民币。⑩截至2020年底,蚂蚁集团以花呗、借呗作为基础债权的资产证券化产品发行规模近7 300亿元人民币。《网络小额贷款业务管理暂行办法(征求意见稿)》将小额贷款公司发行资产支持证券产品规模与其净资产挂钩。即便该办法正式颁行,压降如此大规模的资产证券化产品依然难以一蹴而就,亦容易引发系统性金融风险。

三、行为人实施消费信贷欺诈

实施消费信贷欺诈是指,行为人以非法占有为目的,夸大宣传或不当利用个人信用分的功能,采用虚假陈述、隐瞒真相、引导他人非法套取现金、冒用他人消费信用额度等方法,骗取公私财物的网络欺诈行为。依据行为人不同,故意实施消费信贷欺诈行为又可以分为以下两种情况。

第一种情况是第三人对被评价者实施的消费信贷欺诈行为。这一行为类型具有组织化、分工化、专业化、技术化、链条化的特

---

⑩ 辛继召:《拆解万亿互联网"信贷聚合模式":小贷手续费收入为何5倍于利差》,载 https://m.21jingji.com/article/20191127/4bdbbc4fb2e63b03a5af7bacd6cf5830.html,2021年3月16日访问。

征。根据中国互联网信息中心发布的第 46 次《中国互联网络发展状况统计报告》，截至 2020 年 6 月，17%互联网个人用户曾遭遇过网络欺诈。[408]实践中，黑客通过部署钓鱼网站、种植木马病毒、利用内部人士泄露信息、撞库等方式，盗取电子商务经营者的销售记录与物流快递信息。据报道，信息越"新鲜"，则对价越高。最高对价可达到每条信息人民币 6 元。欺诈行为人购得上述信息后，假冒客服人员、保险人员或监管人员，以快递丢失保险理赔、商品质量瑕疵赔付、账户异常需要注销否则会影响个人征信等为由，假称受害人的芝麻信用分较低，需要多次操作受害人的银行账户流水以提升芝麻信用分，方能获得在线自动理赔。获取受害人信任后，欺诈行为人与受害人通过微信账号或 QQ 账号联系。欺诈行为人引导受害人向多个互联网借贷机构申请小额贷款，并将款项分笔转移至欺诈行为人开设的银行账户中。[409]欺诈行为人再以诈骗所得购买游戏点卡、预付卡、Q 币等，交由倒卖商贩处理，以实现洗钱目的。据报道，2019 年 4 月至 6 月期间，两名倒卖商贩以九七折价格回收苏宁预付卡，即为诈骗团伙洗钱达人民币 300 万余元。在宿迁市 2019 年的一次专项打击行动中，警方查扣个人网购订单信息 2 500 余万条、微信账号 10 余万个、QQ 账号 460 余万个，涉及全国

---

[408] 中国互联网络信息中心：《第 46 次中国互联网络发展状况统计报告》，载 http://www.gov.cn/xinwen/2020-09/29/content_5548176.htm，2021 年 3 月 17 日访问。

[409] 参见《冒充淘宝客服购买买家信息，你怕吗？5 被告人犯侵犯公民个人信息罪和诈骗罪数罪并罚》，载 https://www.chinacourt.org/article/detail/2017/11/id/3080963.shtml，2021 年 3 月 15 日访问；李远梅、肖东霖：《冒充电商客服诈骗 30 万，公安民警为受害人追回 10 万元》，载 https://new.qq.com/omn/20210307/20210307A03U4000.html，2021 年 3 月 15 日访问；冒充贷款公司客服分步骤实施诈骗，重庆武隆区法院宣判一起特大跨国电信诈骗案，载 http://www.legaldaily.com.cn/index_article/content/2020-02/12/content_8115115.htm，2021 年 3 月 16 日访问。

23个省市,涉案金额近亿元人民币。[410]

第二种情况是被评价者自行实施的消费信贷欺诈行为。平台利用个人信用分,筛选出符合条件的被评价者,向其提供"先消费后支付"服务。例如,阿里巴巴平台下属的浙江去啊网络技术有限公司(简称"飞猪公司")向符合条件的淘宝网用户提供"信用游"服务。根据《花呗用户服务合同》《芝麻信用服务协议》与《支付宝代扣服务协议》,淘宝网用户通过飞猪公司预约,可获得带有"信用游"标志的特定景点门票。用户在到达景点实际消费时,需授权飞猪公司代扣相应的金额。如代扣不成功,则由飞猪公司向景点经营者代垫款项。用户与景点经营者之间的该笔债务随即转让于飞猪公司。飞猪公司再授权支付宝网络技术有限公司按照用户在支付宝中设置的支付顺序,通过用户的所有支付渠道,扣划相应的款项至飞猪公司。该机制的一些漏洞被评价者利用,被评价者以自己的名义预约服务,在服务发生前低价转卖于他人,在服务发生后拒绝支付相应的款项,以此实现获利。

四、数字信用共治中的滥用行为

平台通过失信联合惩戒机制,能够获取其他市场主体难以取得的信息。这些信息往往是决定个人信用分值的最重要决定因素。个人信用分的分值高低与失信主体的行动权限高度相关。平台利用个人信用分,可以在一定程度上管理失信主体在网络空间与现实世界的行为能力。例如,个人因失信行为被纳入黑名单后,其芝麻信用分会下降,无法通过飞猪公司购买机票、车票、船票或短期租赁车辆等产品或服务。由此,其行动的地域范围受到限制。

---

[410] 熊丰、朱国亮:《上午下单购物,下午诈骗电话就来了——谁是冒充客服诈骗的"黑手"?》,载 http://www.xinhuanet.com/politics/2020-11/09/c_1126717550. htm,2021 年 3 月 15 日访问。

然而,失信联合惩戒机制是价值考量与工具选择的过程,需要考虑到实质合法性的要求,即惩戒措施的数量、范围、强度应当按照比例原则进行合理控制。⑪⑪滥用失信联合惩戒机制形成的个人信用分,容易对失信主体权益造成不必要的侵害,产生个体权益保障不足的问题,主要体现在以下两个方面。

一是失信主体的基本权利可能难以得到保障。实践中存在失信被执行人迫于人身安全而偿还债务的情况。在河南省的一起执行案件中,赵某拖欠李某合同款项及利息共计 55 万元,李某向法院申请强制执行,赵某为逃避债务逃亡缅甸,遂被列入失信被执行人名单。后因缅甸北部发生战乱,赵某无法购买机票回国。在执行法官主持下,赵某与李某达成和解,由赵某亲属代为履行部分偿还义务,剩余款项于赵某回国一年内履行完毕。法院将赵某从失信被执行人名单中删除,赵某方得安全返回国内。⑪⑫在另一起执行案件中,失信被执行人前往南极旅行,因无法购买返程机票,履行义务后才得以回国。⑪⑬依据最高人民法院《关于公布失信被执行人名单信息的若干规定》等文件,失信被执行人在被纳入名单前会获得法院有关失信被执行风险的告知说明。

就被困南极案来说,失信主体属于"自甘风险"情形,对无法购票回国的潜在风险知晓且明白,以正常注意即可觉察。该潜在风

---

⑪⑪　王锡锌、黄智杰:《论失信约束制度的法治约束》,载《中国法律评论》2021年第 1 期。

⑪⑫　参见张紫赟:《解构"执行难"之三:一键"查全国"、"老赖"追着还钱……"信用孤岛"这样被打破》,载《人民法院报》2018 年 10 月 22 日,第 4 版;《河南再掀惩戒"老赖"行动风暴,十大案例彰显法院执行威力》,载 https://www.creditchina. gov.cn/home/zhuantizhuanlan/aWeek/shixinchengjie/201805/t20180502_114542.html, 2021 年 3 月 17 日访问。

⑪⑬　周强:《最高人民法院关于研究处理对解决执行难工作情况报告审议意见的报告》,载 https://www.chinacourt.org/index.php/article/detail/2019/04/id/ 3850699.shtml,2021 年 3 月 17 日访问。

险的存在本身系因失信主体的过错与疏忽造成。然而就被困缅甸案而言,失信主体被迫滞留于战乱地区,其所面临的风险已远超法院事先能够预料与告知的范围。在紧迫的情势下,限制入境规定以申请执行人的债权对抗失信被执行人的生命、安全等基本权利,存在明显的惩戒过当问题。从另一个角度看,惩戒过当的后果正是由数字信用共治的法律机制不完善所致。平台参与失信联合惩戒机制,在法律规范层面难受约束,存在"重惩戒轻权利""重债权实现轻正当程序"的问题。在世界范围内,失信惩戒的相关制度均是以不断强化对被执行人的权益保护为发展方向。[14]由此可见,我国的数字信用共治制度尚需进一步完善。

二是失信信息不当公开的行为,容易造成非法生产个人信用分或训练信用评价算法的后果,加剧失信主体个人信息权益的保护难度。《关于公布失信被执行人名单信息的若干规定》第6条明确规定了失信被执行人名单信息应当包括的内容。但是,实践中的操作较为随意,在姓名、性别、年龄、身份证号码等应当公开信息以外,还存在非法公开失信被执行人的其他敏感个人信息的问题。在微信中查询"失信被执行人",可以发现许多地方人民法院将失信被执行人的面部照片、家庭住址、电话号码、财产位置予以公开。面部照片、家庭住址、财产所在地属于典型的敏感个人信息。当这类信息被不加限制地公开时,即便对身份证号码作模糊性处理,各类信息结合起来亦能精确地识别至特定个体,使得个体权益受到的侵害呈现出一定的扩张性。由于现有制度的缺失,数据抓取行

---

[14]　出于对被执行人基本权利与公序良俗的尊重,许多国家对强制执行措施做出程序方面的限制性规定。例如瑞士联邦债务执行与破产法规定,除非特殊情形,否则不得在非营业时间或复活节、圣诞节前后七天等精确日期内采取执行行动。参见马登科:《民事强制执行程序中的人权保障》,中国检察出版社2011年版,第164页。

为是否违法只能在个案中结合交易价值进行判断，这就导致了一个潜在的风险：平台无需具备相应资质或接入人民法院系统，即可利用该类个人信息生成个人信用分或训练信用评价算法。在德国，1995 年《关于债务人名簿规定的修订法》对查询债务人名簿作出了严格的限制，要求仅向与登记目的相符且无合理理由拒绝的第三人公开。[415]对比可见，我国对此类信息的公开内容与公开形式尚待作出更加完善的规定。

第二节　个人信用分应用中的规制困境及其成因

大量的个人信用分滥用行为难以受到司法的实质约束。在真正涉及个人信用分的案件中存在以下两种现象：一是个人信用分纠纷未被划入相应的民事案件案由，而是被网络服务合同纠纷、不正当竞争纠纷、租赁合同纠纷、名誉权纠纷与侵权行为纠纷所吸纳。二是个人信用分滥用行为未必对被评价者造成实际的损害后果，司法裁判更多地落脚于维护个人信用分中蕴含的经济秩序、公共安全等超个人法益，而被评价者的个人信息权益难以进入裁量视野。上述现象产生的原因是，个人信用分滥用行为侵害的法益常由个人信息权益、平台经济利益、网络交易秩序、社会信用水平、社会经济安全五类法益中的多种组合而成。司法实践惯常采用的利益衡量方法，其本质在于将涉案利益与公共利益进行对比和评价。简单地将平台与被评价者视为平等的民事主体，仅仅通过私法规范加以纠正，就容易将被评价者的合法权益不当地限缩于私法领域，以此为基础开展的利益衡量必然容易导致利益重要性天平的偏向。

---

[415]　李继：《失信被执行人权利保护的路径选择——基于执行行为正当性的探讨》，载《政法论坛》2018 年第 5 期。

一、被评价者的诉讼渠道不畅

以裁判文书为考察对象，观察个人信用分的纠纷诉讼现状，可以发现个人信用分运用中的法律规制困境。笔者以"信用评价""信用评分""信用分""信任分"等为关键词，在中国裁判文书网中检索民事诉讼案件。截至 2021 年 9 月 10 日，分别检索到 3 140 篇、226 篇、143 篇与 247 篇文书，总计 3 756 项样本。经逐一阅读全部裁判内容，剔除无关样本后，仅得到 6 份真正以个人信用分的合法性与合理性为争议焦点的裁判文书。大量的检索结果之所以被筛除，主要原因是以"信用评价"为关键词检索获取的 3 140 项样本中虽然使用了该术语，但是大多属于金融机构损害个人信用的情形，或经营者之间的商业诋毁等不正当竞争情形，并不涉及法院对个人信用分规则的审查。与之相对，在涉及中国人民银行个人征信记录的 1 390 份裁判文书中，因金融机构未履行或不当履行不良信息报告义务而致使中国人民银行征信中心出具负面征信记录时，被征信者的异议、更正、删除、赔偿请求权等往往能够受到法院支持。

表 5-1　直接涉及个人信用分合法性与合理性的案件

序号	案号	案件名称	主要内容
1	(2019)浙 01 民终 7214 号	黄某与浙江淘宝网络有限公司网络服务合同纠纷	黄某在淘宝网先购物后退货，淘宝网向黄某提供极速退款服务。因退货货物受损，淘宝网要求黄某返还退款。黄某未返还退款，淘宝网遂扣减了其个人信用分。法院认为淘宝网扣减其个人信用分的行为系履行平台规则，予以支持。
2	(2020)浙民终 1028 号	胡某飞与任某婷不正当竞争纠纷	胡某飞在未告知任某婷的情况下擅自登录其直播账号发布不法内容，致使天猫网扣减任某婷的个人信用分。法院认为淘宝网依据平台规则对任某婷进行处罚并无不当。

序号	案号	案件名称	主要内容
3	（2019）京 01 民终 5410 号	王某与深圳市腾讯计算机系统有限公司名誉权纠纷	腾讯公司封停了王某的游戏账号，致使其游戏信用等级明显下降。王某认为其财产利益受到严重损害。法院认为平台的内部处罚行为并未造成王某的社会评价降低。
4	（2017）沪 02 民终 5366 号	李某萍与北京摩拜科技有限公司租赁合同纠纷	摩拜公司因违法停车行为降低李某萍的个人信用分。李某萍认为其财产利益受到严重损害。法院以超越管辖权为由驳回诉讼。
5	（2018）京 0114 民初 14773 号	王某宗与浙江淘宝网络有限公司等侵权责任纠纷	法院认为天猫网将王某宗的个人信用从五星降为二星属于平台的内部管理行为，未违反法律禁止性规定，不存在损害消费者权益的情形。
6	（2018）浙 0192 民初 302 号	徐某与芝麻信用管理有限公司隐私权纠纷	徐某认为芝麻信用收集其被执行信息的行为侵害了其隐私权。法院认为芝麻信用经徐某同意收集其已合法公开的信息，属于个人信息的合理商业利用行为，未侵犯其隐私权。

在"百度知道"网站，以"芝麻信用申诉"为关键词可检索到逾19.7 万条结果，以"芝麻信用修复"为关键词可检索到逾 9.3 万条结果。可见，尽管个人信用分异议数以十万计，但是真正进入诉讼程序的个人信用分纠纷案件却是沧海一粟。被评价者发现平台对其信用作出不当评价的，几乎未能获得法律救济。具体而言，被评价者的司法诉讼渠道不畅，表现为无法起诉与难以起诉两种类型。

（一）因案由归类失当导致的无法起诉

被评价者无法起诉主要体现为行为不可诉，而行为不可诉往往系案由失当造成的。个人信用分纠纷未被划入相应的民事案件案由，其法律关系性质未能得到准确地概括，难以形成统一的法律适用标准。2020 年底，随着我国《民法典》出台，最高人民法院始将民事案件案由中的"隐私权纠纷"扩展为"隐私权、个人信息保护纠纷"。故而,在笔者检索得到的六个直接以个人信用分为争议焦点的案件中,无一以个人信息保护纠纷作为案由,而是分别将个人信用分异议归入网络服务合同纠纷、不正当竞争纠纷、租赁合同纠纷、名誉权纠纷与侵权行为纠纷范畴。

这种现象产生的主要原因是法院倾向于依据实际发生的交易行为判定平台与被评价者的法律关系。典型案例是李某萍租赁合同纠纷案。[416]李某萍系摩拜单车的长期用户。2017 年 2 月,北京摩拜科技有限公司以短信通知其存在违规停车行为,扣除摩拜信用分 20 分,致其摩拜信用分低于 80 分,未来只能以每半小时 100 元人民币的高昂价格租赁摩拜单车。李某萍提出该日并未使用摩拜单车,不存在违规停车行为,认为该公司扣减其摩拜信用分的行为侵害其个人信用与财产利益,起诉请求该公司恢复其摩拜信用分并赔礼道歉。上海市杨浦区人民法院经审理认为,北京摩拜科技有限公司与李某萍之间系合同关系,依据民事诉讼管辖地规定,应当由被告住所地或合同履行地的人民法院管辖。二审法院亦支持了一审法院的裁定,认定二者之间属于租赁合同关系。平台与被评价者常常身处异地。被评价者相对于平台具有更高的诉讼成本负担。依据合同纠纷管辖原则判断信息处理法律关系的管辖权,容易作出不利于弱势个人的裁量后果,明显提高个人通过司法诉讼解决个人信用分纠纷的难度。

尽管个人信用分纠纷应当被归类于个人信息保护纠纷案件,然而司法实践中,个人信用分异议常被归类为网络服务合同纠纷案件。这种情况一方面是由立法滞后性造成的,另一方面是因为我国的个人信息保护立法不区分"信息处理"与"信息利用",司法

---

⑯ 参见(2017)沪 02 民终 5366 号民事裁定书。

实践长期以来将"信息处理"视同"信息利用"所致。在网络服务合同纠纷案由下,法院倾向于依据平等主体意思自治原则做出有利于平台的裁量。在黄某与浙江淘宝网络有限公司网络服务合同纠纷案中[417],黄某在淘宝网先购买了电脑显示屏与液晶主板而后退货。淘宝网基于其较高的芝麻信用分而向其提供极速退款,即黄某退货并上传物流单号后,淘宝网便使用淘宝基金将退货订单金额先行垫付于黄某。由于电脑显示屏在运输过程中受到损坏,卖方拒绝了黄某的退货请求。随后,淘宝网以短信通知黄某返还极速退款款项。因黄某未按期退还款项,其芝麻信用分由 695 分降至 596 分。黄某在上诉过程中请求淘宝网恢复其芝麻信用分。二审法院认为黄某与淘宝网通过《淘宝平台服务协议》形成网络服务合同关系,极速退款规定属于该协议范畴,故淘宝网依据该规则调低其芝麻信用分的处理行为并无不当。在王某宗与浙江淘宝网络有限公司等网络购物合同纠纷案中[418],法院亦抱持同样的态度,认为天猫网将王某宗的个人信用从五星降为二星属于平台的内部管理行为,并未违反法律禁止性规定,不存在损害消费者权益的情形,故对王某宗的损害赔偿请求权不予支持。

在部分案件中,个人信用分异议也被归类为名誉权纠纷。《民法典》第 1024 条明确指出民事主体的信用属于社会评价,置入名誉权项下保护。《民法典》第 1029 条向民事主体赋予了查询、异议、更正与删除权能。因此在《民法典》视野中,个人信用分可以并入名誉权范畴。然而在司法实践中,个人信用分实际上难以为名誉权容纳。一方面,名誉权的权利客体一般是纯粹的精神利益,而个人信用分则主要指向信息财产利益。另一方面,名誉权侵权责

---

[417] 参见(2019)浙 01 民终 7214 号民事判决书。

[418] 参见(2018)京 0114 民初 14773 号民事判决书。

任需要同时满足侵权行为、损害后果、因果关系与主观过错四项要件，而被评价者往往并不具备充分的技术能力，难以承担"谁主张谁举证"的举证责任。在王某与深圳市腾讯计算机系统有限公司名誉权纠纷案中⑬，腾讯公司运营游戏《地下城与勇士》，以"游戏作弊"为由封停了王某的游戏账号，致其在游戏论坛中显示为 1 星信用。基于其不存在游戏作弊行为，王某认为交易玩家据此判断其为低信用作弊玩家，对其在该款游戏中的财产利益产生巨大的损害，以侵犯名誉权为由提起诉讼。一审法院认为在互不相识的网络游戏环境下，平台的内部处罚行为能够阻断他人对游戏账号与王某本人对应关系的认知，并未造成王某的社会评价降低。二审法院进一步指出，腾讯公司旨在规范正常的游戏秩序，其封号行为既不符合名誉权的侵权要件，也未产生明确指向王某的贬损评价，与一般意义上的发布侮辱性言论等并为社会公众知悉致使个人社会评价降低的名誉权侵权行为截然不同，并未支持王某的腾讯公司赔礼道歉与精神损害赔偿主张。

（二）因司法立场偏颇导致的难以起诉

难以起诉的原因是个人信用分滥用行为未必对被评价者发生实际的损害后果，加之被评价者缺乏个人信用分保护意识，被评价者的个人信息权益难以被纳入裁量视野，司法裁判多落脚于维护个人信用分蕴含的经济秩序、公共安全等超个人法益。

个人信用分滥用行为并不一定对被评价者造成实际的损害后果。查询中国裁判文书网中登载的侵害公民个人信息案件可以发现，个人信用分通常只是众多涉案信息中的一类。当他人非法交易但并未真正使用被评价者的个人信用分时，案外人通常不会获

---

⑬　参见（2019）京 01 民终 5410 号民事判决书。

知其个人信用分被非法获取与滥用的情况。被评价者并非法定的诉讼参与人,同时受到举证能力的限制,就他人滥用其个人信用分的行为,难以通过公安机关主动打击犯罪行为获得相应的救济,也难以通过主动报案来寻求保护。

以下案例较为典型地反映出这一困境。2019 年浙江省绍兴市人民法院审判的阮某豪、薛某卫、宋某军等侵犯公民个人信息罪一案中[420],被告人出资设立的上海显佳网络科技有限公司在未取得互联网借贷资质的情况下,以提供网络小额借贷为名,引诱有贷款需求的个人提供其芝麻信用分,以及采用技术手段与第三方网络小额借贷机构的数据库进行碰撞来查询其个人信用分,共计非法获取了超过 170 万人的信息。

由于未发生实际的危害后果,被评价者不构成下游诈骗罪、敲诈勒索罪的受害人,难以提起附带民事诉讼或自诉,要求被告人给予赔偿。根据 2019 年《最高人民法院发布依法平等保护民营企业家人身财产安全十大典型案例》中的第八个案例"淘宝(中国)软件有限公司诉安徽美景信息科技有限公司不正当竞争纠纷案",单个信息的经济价值极为有限,在合同未特别约定或法律无明确规定的情况下,个体对此尚不存在独立的财产性权益或财产权。是故,对于未实际遭受经济损失的被评价者,其信息财产权益难以获得保护。

而当被评价者属于更边缘的社会群体时,其往往更难以知晓个人信用分所影响的个人信息权益,缺乏个人信用分保护意识,处于一种更明显的"失语"地位。山西省太原市人民法院审理的吴某盗窃一案[421],被害人在城乡接合地区经营小卖部,被告人以互相转

---

[420] 参见(2019)浙 0602 刑初 151 号刑事判决书。

[421] 参见(2019)晋 0107 刑初 624 号刑事判决书。

账提高芝麻信用分为由骗取了被害人的信任后，利用被害人的名义和支付宝账号，在支付宝中贷款 7 000 元人民币。案发后，被害人因获得被告人亲属的赔偿款项而对被告人给予谅解，亦体现出其对芝麻信用分所涉个人信息权益的漠视。

正是由于个人信用分滥用行为的上述制度缺陷与被评价者的保护意识缺失，司法裁判中对个人信用分法益内涵的理解有失偏颇，更多地落脚于维护个人信用分蕴含的经济秩序、公共安全等超个人法益。

在广东省深圳市人民法院审判的唐某诈骗罪一案中⑫，被告人通过网络搜索到与其朋友徐某同名同姓的被害人徐某，发现被害人的芝麻信用分较高。被告人遂通过申请新支付宝账号、绑定银行卡与"刷脸认证"等方式，将被害人徐某的芝麻信用分关联至其朋友徐某的支付宝账号上，利用涉案芝麻信用分，以被害人的名义实施分期付款购物与酒店"信用住"消费等行为，导致被害人的芝麻信用分剧烈下降。该案只对特定的个人信用造成损害。同时，涉案个人信用分只是一条个人信息，涉案行为难以构成侵犯公民个人信息罪。该案中，被害人系通过与芝麻信用管理有限公司案外协商的方式，将其芝麻信用分恢复原状。法院最终认为，该案中的被告人骗取公私财物的数额较大，达到诈骗罪的起刑点。在前述吴某盗窃案中，法院裁判亦不关注被害人的个人信用分是否受到损害，而是通过实际涉案金额判定情节严重与否。可见，司法裁判聚焦于维护宏大而抽象的整体信息安全，却未充分地考虑被评价者的合法权益。

在将个人信用分滥用行为归入不正当竞争纠纷案件时，被评

---

⑫　参见（2017）粤 0308 刑初 216 号刑事判决书。

价者的信息权益也容易被视为一种附带性的法益而受到忽视。如胡某飞与任某婷不正当竞争纠纷一案⑫,法院经审理查明胡某飞登录任某婷的淘宝网直播账户,利用该账户发布色情信息与危害国家的言论,致使任某婷受到扣除创作信用分 40 分、任某婷实名认证的账号被禁止入驻淘宝网等平台实施的处罚行为。二审法院认为二人系同业竞争者,胡某飞的行为破坏了任某婷的竞争优势,扰乱了网络市场的正常竞争秩序,应当据此向任某婷赔偿经济损失及合理费用。尽管任某婷在阿里巴巴平台的信用评价受到损害,与之相关联的蚂蚁花呗支付功能亦因此受到限制。但是,法院认为依据《淘宝直播平台管理规则》,淘宝网与任某婷之间为合同关系,淘宝网依据约定对任某婷进行处罚并无不当。

二、诉讼渠道不畅的成因

从以上分析可见,个人信用分滥用行为的侵害后果包括四个方面:第一,被评价者虚构信用行为造成的后果是助长利用技术漏洞买卖、泄露个人信息的行为会导致网络交易市场主体的信息不对称,增加网络交易成本。第二,平台限制竞争行为容易导致滥用电子商务经营者收集的个人信息增强市场支配地位,滥用技术优势损害公平竞争秩序与阻碍创新,通过掠夺性定价驱逐或吸并(潜在的)竞争对手的后果。第三,消费信贷欺诈行为造成的后果包括规避或突破网络安全系统的软件技术非法获取与滥用个人信息从而严重侵害公共信息安全,利用具有破坏性的软件技术故意破坏计算机信息系统而妨害网络秩序,无序发展互联网借贷导致金融风险累积,从而严重危害金融市场的安全性,隐藏与转移违法所得助长更大规模与更高风险的犯罪活动,从而破坏市场竞争秩序、削

---

⑫ 参见(2019)浙 01 民初 2950 号民事判决书、(2020)浙民终 1028 号民事判决书。

弱宏观经济调控结果与危害经济良性发展。第四,数字信用共治中的滥用行为可能对被评价者的信息财产利益、行动自由乃至基本利益构成全面地侵害。

整体来看,上述滥用行为所侵害的法益可归纳为五类,即个人信息权益、平台经济利益、网络交易秩序、社会信用水平、社会经济安全。在个人信用分滥用行为中,涉案法益常常包括这五类法益中的多种法益组合,具有显著的多维特征。然而,司法实践所采用的利益衡量方法通常只是强调保护个人信用分滥用行为中的某种法益。

(一)受侵害法益的多维性

第一,由于个人信用分滥用行为所涉的信息数量较大,事关金融机构、网络交易中介机构、行为人、被害人等利益主体,故滥用行为所侵害的法益具有主体多维性的显著特征。典型案例如林某勇合同诈骗案。㉔2016年8月至9月期间,被告人林某勇与飞猪公司签署协议,成为"信用游"的签约用户。其连续下单226次,获取深圳华侨城欢乐谷门票542张后,在闲鱼网站低价向他人出售并获利。在门票被他人实际使用后,林某勇未向其支付宝账户所关联的所有支付渠道内转入款项。为此,飞猪公司代替林某勇向景点经营者垫付了逾10万元。

第二,滥用行为侵害法益的多维性还表现在,滥用行为中具有多个场景与多重法律关系。每个场景与法律关系均对应着不同的法益。但是,司法实践却往往忽略了不同场景下的业务场景与交易结构,存在未细致区分涉案法益及其保护方式的误区。下文以个人信用分滥用行为中最常见的故意实施消费信贷欺诈为例说明。

㉔ 参见(2017)浙0110刑初1007号刑事判决书。

　　故意实施消费信贷欺诈行为大致可以划分为非法获取他人消费信用额度、冒用他人消费信用额度、非法使用自己消费信用额度三种不法行为。[425]其行为对象是被评价者的消费信用额度。消费信用额度并不是被评价者实际拥有的数字化财产,而是被评价者在"先消费后付款"机制下可以提前预支的资金额度与预期应当归还的资金额度。因此,消费信用额度属于被评价者的一种虚拟财产性利益,与银行贷记卡的透支额度具有使用功能上的相似性。[426]

　　一是场景不同则受侵害的法益不同。例如,冒用他人消费信用额度与非法获取他人消费信用额度在侵害法益方面存在差异。冒用他人消费信用额度的不法行为并未造成他人债权请求权的消灭,而是为他人创设了不应由其负担的债务。而在非法获取他人消费信用额度的不法行为中,消费信用额度已从虚拟财产利益转化为银行借记卡余额、支付宝账户余额、微信账户余额资金等形式。由于借记卡余额和账户余额来源于支付账户绑定的银行账户或转入支付账户的资金,余额的高低代表着账户所有人对银行或支付机构享有的债权请求权的实施范围。因此,借记卡余额和账户余额可由账户所有者随意支配,已构成账户所有人占有的实在财产。因此,非法获取他人消费信用额度的行为,实际上侵害的是账户所有人对银行或支付机构享有的债权请求权。

　　二是基础法律关系不同则行为性质不同,进而受侵害的法益则不同。依据资金来源划分,消费信用额度在不同的业务场景中对应着不同的基础法律关系。消费信用额度可分为第三方提供资

---

　　[425]　参见(2020)闽 05 刑终 1047 号刑事判决书、(2020)湘 1382 刑初 231 号刑事判决书、(2017)浙 0110 刑初 1007 号刑事判决书。

　　[426]　刘天:《冒用他人第三方支付平台信用额度行为的定性》,载《江西警察学院学报》2020 年第 6 期。

金与平台自行提供资金两种方式，分别以蚂蚁花呗和京东白条为代表。在第三方提供资金的方式中，由形式上独立于交易双方的第三方向个人提供互联网借贷服务。例如，个人购买天猫自营商品，向蚂蚁花呗申请贷款，用于支付该商品价款。个人与天猫之间形成买卖合同关系。个人与蚂蚁集团之间则形成金融债权债务关系。而在平台自行提供资金的方式下，比如个人与京东商城达成延期支付协议。京东白条作为双方的买卖凭证，构成京东商城的应收账款。据此，冒用他人的蚂蚁花呗额度与冒用他人的京东白条，虽然都造成了他人债务非法增加、他人财产性利益受损的后果，但是二者的基础法律关系不同。前者基于较为复杂的消费借贷合同，系假冒他人向金融机构申请消费信用贷款的行为。后者则是基于相对简单的买卖合同，系冒用他人名义签订合同并逃避债务履行的行为。

在消费借贷合同法律关系中，第三方支付扮演着重要的角色。当满足动态密码、电子签名、人脸识别等验证方式时，尽管行为人并非消费信用额度的真实占有人，交易行为仍然能够获得验证。第三方支付机构就会自动划转资金。《非金融机构支付服务管理办法》将第三方支付界定为网络交易中介机构与客户签订支付服务合同，依据客户指令提供的收付款服务。但是，当前的第三方支付已从单纯的支付通道转化为多功能的账户体系。用户的资金不仅构成第三方支付的账户余额，还能通过第三方支付转化为储蓄资金、理财资金、基金资金、信托资金与保险资金等。因此，第三方支付行为本身亦是由数种法律关系构成，包括用户与金融机构之间的主合同以及收付款方与第三方支付机构之间的从合同。

第三方支付主合同与从合同中的法益存在差异。在第三方支付主合同中，资金转移所需的资格审查与数据验证义务，事实上系由第三方支付机构代替金融机构履行。金融机构与第三方支付机构并不成为个人信用分滥用行为的直接被害人。但是,滥用行为对金融机构的信贷系统安全与第三方支付机构的数据系统安全构成潜在的威胁。金融安全风险还容易通过第三方支付机构向其他金融机构传导。因此,主合同中的法益主要涉及数据安全、金融安全等公共利益。在第三方支付从合同中,第三方支付机构依据指令处分用户的财产。用户的财产利益损害后果发生在从合同中。因此,从合同中的法益主要是个人的财产性利益。

第三,滥用行为侵害法益的多维性亦表现为形式多维性,即形式上直接受到侵害的法益与形式包裹着的间接受到侵害的法益并不一致,尤其是滥用行为对于形式包裹着的其他法益,一般只是造成间接的侵害后果。㊼由于间接侵害法益的行为并不具有惩罚的必要性,因此间接受到侵害的法益往往难以获得有效的救济。间接被侵害人在提起自诉时,易因证据不足被驳回诉请而难以获得保护。此外,间接侵害法益的行为后果无法被最终的侵害结果吸收。间接受侵害的法益与直接受侵害的法益,二者的行为方式不同。在司法推理中,间接受侵害的法益难以通过司法解释被纳入与直接受侵害的法益相对应的罪名。实践中常出现以下情况:一并被非法买卖但未被实际使用的个人信用分,存在被评价者信息权益受侵害的可能性而非必然性。此时,被评价者的信息权益一般只能处于法益保护的边缘地位,或根本无法获得保护。

(二)受救济法益的片面性

在制裁个人信用分滥用行为的司法实践中,能够受到救济的法益十分有限。这种情况突出地反映在陈某诈骗案中。㊽2017 年

㊼ 刘仁文:《论非法使用公民个人信息行为的入罪》,载《法学论坛》2019 年第6 期。

㊽ 参见(2018)陕 0113 刑初 987 号刑事判决书。

5月(场景一),被告人陈某利用飞猪公司提供的"信用住"服务,通过刷单预定酒店住宿的方式赚取差价。陈某从刘某处取得入住人信息,将信息发给预订人。预订人利用自己的芝麻信用分预定酒店房间。预订成功后,刘某向陈某支付住宿费与10%的提成。入住人离店后,陈某再向预订人支付住宿费与3%的提成。2017年9月(场景二),陈某为了快速聚集资金,向预订人虚假承诺支付3%—15%不等的提成,吸引了大量的预订人参与刷单预定酒店住宿的活动。陈某无力支付款项,导致预订人自行承担他人的酒店住宿费用,预订人的支付宝账户被实际扣款。2017年10月(场景三),陈某为填补资金亏空,哄骗预订人将自己的蚂蚁花呗额度套现,以避免预订人的支付宝账户被扣款。陈某骗得了预订人套取的蚂蚁花呗现金约40万元,未按承诺返还于预订人。上述三个场景分别对应着酒店业市场正常竞争秩序、个人财产性利益与互联网金融安全三类不同的法益。然而,不同的罪名有其法益保护的侧重性。例如,盗窃罪保护个人的财产性利益,信用卡诈骗罪保护信用卡管理秩序及信用卡用户的财产权,合同诈骗罪保护促进合同顺利履行的正常经济秩序。法院最终将该案认定为合同诈骗罪,实际上仅着重强调了维护市场经济秩序这一方面。

　　法益救济片面性的根本原因在于司法裁量中的利益衡量方法存在局限。法官通过利益衡量进行判决,是各国通行的做法。[29]利益衡量方法大体上包括三个步骤:在多个利益互相冲突的个案语境下,首先是确认被侵害利益的重要程度,其次是确认被满足利益的重要程度,最后是确认被满足利益的重要程度超过被侵害利益的重要程度。而利益的相对重要程度由利益的抽象重要性与利益

㉙　梁上上:《公共利益与利益衡量》,载《政法论坛》2016年第6期。

的辐射程度两个因素决定的。㊽利益的抽象重要性虽然首先考虑利益对个人生活的影响,却强烈地受制于利益的间接效果,即通过保障个体利益而间接实现公共利益的效果。利益的辐射程度则是通过对影响力度、影响速度、影响概率与影响持续性四个方面比较加以判断。在立法者并未明确地对价值进行排序的情况下,司法中的任何决定均是法官借助利益衡量的方式作出的。然而,利益衡量的本质在于将涉案利益与公共利益进行对比和评价。由于缺乏明确的刻度,利益衡量结果更多地体现为法院说理的可接受性。然而,利益多元而利益解析标准因人而异,故利益衡量方法依赖于法官分析与思考的完整性。其中既存在法官未能充分、完整地列举所有涉案利益的可能性,也具有对利益的权重与位阶的判断不够客观、公正的可能性。因此,利益衡量方法本身具有局限性。

平台之于被评价者犹如征信机构之于被征信者,二者之间并非平等的民事法律关系。由于公权力的介入,平台与被评价者的能力差距更为悬殊。被评价者的权益更难以获得充分的救济。此时开展的利益衡量应当充分考虑公权力对平台的强力支持,而不应简单地将平台与被评价者视为平等的民事主体,仅仅通过私法规范加以纠正,否则就容易将被评价者的合法权益不当地限缩于私法领域。在司法实践中,被评价者的合法权益常被不合理地局限于私法领域,㊾以此为基础开展的利益衡量必然容易导致利益

㊽ 于柏华:《权利认定的利益判断》,载《法学家》2017 年第 6 期。

㊾ 例如,在沈某诉杭州网易雷火科技公司案中,法院认定网易为维护在线游戏市场秩序进行的单方管理行为具有合理性,在契约自由与意思自治的私法理论框架下解决纠纷,认为无需适用公法理论框架下的事先通知、程序透明等各项准则。在蔡某诉淘宝网一案中,法院提出淘宝网的平台规则属于自治范畴,法律无需裁判平台规则设立是否公平或管理措施是否得当,只要不存在合同无效情形,淘宝网采取限制用户登录等管理措施即为合法。参见(2017)浙 01 民终 6401 号民事判决书、(2016)粤 06 民终 3872 号民事判决书。

重要性天平的偏向。

个人信用分滥用行为涉及的个人信息权益、平台财产性利益、网络交易秩序、社会整体信用水平、公共安全五类具体的法益中，后三种利益在重要程度上无疑处于较高的等级，并且需要通过满足平台的经济利益来间接地获得实现。例如，大型平台更容易赢得"信用中国"平台建设的竞标。其中，百度负责建设与升级"信用中国"网站，腾讯负责开发"信用中国"移动 APP 应用程序与技术服务支持系统。㉜当前，《民法典》仅明文规定保护人格权主体的财产性利益。学者大多推论认为法律保护个人信息所蕴含的财产利益具有学理上的正当性。㉝但是，被评价者的信息财产利益并未受到法律的明确认可。此外，由于公法上的利益属于宪法利益（constitutional right），除非被评价者的信息权益很难通过普通的民事审判技术获得充分救济，且对其法益的侵害达到极端程度时，才可能涉及利用宪法利益获得救济的问题。㉞因此，司法机关就容易抱持谨慎的态度，得出无论是在抽象重要性方面还是在辐射程度方面，后面四种利益都明显高于第一种利益的比较结果。

可见，单纯依赖司法事后救济渠道并不足以妥善地权衡个人信用分中的各方权益。个人信用分将公共部门、被评价者、平台与

㉜ 参见全国信用信息共享平台项目（二期）（国家信息中心建设部分）"信用中国"网站升级改版软件定制开发项目中标公告，载 http://www.ccgp.gov.cn/cggg/zygg/zbgg/201708/t20170803_8628900.htm，2021 年 5 月 27 日访问；全国信用信息共享平台项目（二期）（国家信息中心建设部分）信用中国移动应用及服务支撑系统定制开发项目中标公告，载 http://www.ccgp.gov.cn/cggg/zygg/zbgg/201908/t20190812_12665053.htm，2021 年 5 月 27 日访问。

㉝ 例如，程啸教授认为《民法典》第 1036 条第 2 款所称"处理该信息侵害其重大利益"中的"重大利益"应当被理解为包括自然人财产在内。参见程啸：《论我国个人信息保护法中的个人信息处理规则》，载《清华法学》2021 年第 3 期。

㉞ 翟翌：《公私混合背景下行政特许"受许人的对象人"宪法权利之保护》，载《政治与法律》2019 年第 6 期。

电子商务经营者等主体,通过信息流通行为串联起来。与之相对应,个人信用分滥用行为也不仅仅侵害某一主体的法益,而是对信息流通链条中的所有主体均具有权益侵害的风险。既往私人部门参与公共治理的大量研究都假定参与主体存在明确的"私"或"公"区分,然而,行政本身以大量不同主体之间的相互依赖为基本特征。过度强调主体的性质容易模糊此种互动。㊽在公共领域、私人领域以及二者的过渡地带,需要探索新型治理机制,系统地构建个人信用分中各方权益的保障链条。

第三节　个人信用分应用行为的新型规制机制

本书认为,必须采取更为务实的态度,构建一种涵盖个人信用分应用活动中全部主体权益的新型治理机制,将个人信用分的事前监管、事中干预与事后处罚三个环节有机地整合在一起。其中,事前监管环节要求将符合条件的平台明确地认定为数字市场的基础设施,妥善地设计监管活动中各类主体的权限、义务、责任内容。事中干预与事后处罚环节要求个人信息保护监督管理部门、金融监督管理部门、市场监督管理部门、反垄断执法部门紧密配合,综合运用各类治理工具,构建新型征信市场监管框架,填补个人信用分应用的规制空白。

一、针对数字市场基础设施的治理措施

在我国,虽然"基础设施"一词很早已进入立法视野,但是法律意义上的"基础设施"缺乏明确的概念与特征。法学领域对"基础设施"展开研究,面临的第一项难题就是难以界定"基础设施"的内涵与外延。这直接导致配套立法在各产业部门"基础设施"的范

㊽　〔美〕朱迪·弗里曼:《合作治理与新行政法》,毕洪海、陈标冲译,商务印书馆 2010 年版,第 325、380 页。

围、治理体制、运营者权利与义务方面存在相当的不确定性。㊿从理论上看，平台符合"基础设施"的概念与特征，属于基础设施基本类型中的混合基础设施。本书认为，平台不应属于"技术基础设施""金融基础设施""重大科技基础设施"，㊼也不宜被界定为"关

㊿ 有学者从特定市场与信息活动的关联性出发，参考域外理论提出金融信息基础设施概念。还有学者从网络安全角度出发，认为金融、通信、能源、电力、交通属于典型的关键信息基础设施。文献中还存在"技术基础设施""重大科技基础设施"等多种表达方式。电子商务法起草组提出，"电子商务平台逐渐具有了准公共产品的特征"，而电子商务平台只是互联网平台众多表现形式中的一种。《电子商务法》第66条要求推动电子商务基础设施建设，却未对电子商务基础设施进行界定。中共中央、国务院在《关于构建更加完善的要素市场化配置体制机制的意见》中提出加快培育数据要素市场、健全要素市场化交易平台，也未明确互联网平台在数据要素市场中的具体功能。参见谢贵春：《金融信息基础设施建设：功能、层次与制度建构》，载《云南大学学报（法学版）》2015年第5期；崔聪聪：《网络关键信息基础设施范围研究》，载《东北大学学报（哲学社会科学版）》2017年第4期；电子商务法起草组：《中华人民共和国电子商务法条文释义》，法律出版社2018年版，第106页。

㊼ 平台不属于"技术基础设施""金融基础设施"或"重大科技基础设施"的原因有三个方面：第一，平台不应属于"技术基础设施"。《国家创新驱动发展战略纲要》要求积极发展数字消费、电子商务、互联网借贷、物联网、网络教育等现代服务业的"技术基础设施"。但是，从语义学角度来看，在"技术基础设施"这一偏正结构词组中，"技术"作为"基础设施"的修饰词，强调了"技术基础设施"概念以提供技术为核心要素，与代码、算法、规范、数据四类核心要素共同构成的、兼具营利性与生产性的平台是被包含与包含的关系。以"技术基础设施"作为平台功能定位的规范表达难免偏于一隅。第二，平台也不应属于"金融基础设施"中的支付清算系统与交易数据库。从业务功能来看，平台中的支付业务仅保留收单功能而剥离了清算功能。平台控制的数据库也不仅限于处理金融产品交易信息。《关键信息基础设施安全保护条例》与《金融控股公司监督管理试行办法》均回避了平台的功能定位问题。平台既可能成为前者所称的"其他重点单位"，也可能构成后者所称的"国务院金融管理部门认定的其他机构"。《人民银行法（修订草案征求意见稿）》提出将平台的支付、结算与信用评价等若干基础服务功能分拆出来，纳入金融监管范畴，虽然有利于对平台金融业务实施穿透式监管，实际上未能从整体视角准确地界定平台的性质与功能。人为割裂平台基础服务之间的有机联系不仅是现行规则约束下的一种权宜管制策略，也是平台实际控制人隔离运营风险的一种公司治理手段。其背后的理论困境正是平台的复杂属性问题。第三，平台也显然难以构成国家加强基础科学研究战略意义上的"重大科技基础设施"。参见岳彩申：《互联网金融平台纳入金融市场基础设施监管的法律思考》，载《政法论丛》2021年第1期。

键信息基础设施"⑱。应将符合条件的平台界定为数字市场的"基础设施"。

数字市场基础设施的规制基础是"受规制的自我规制"理论。该理论强调当法律无法通过自身调控来改善与其他社会系统的衔接问题时，就需要将对其他社会系统的直接干预转变为间接干预，通过引导建立机构、权限、程序来促使其他社会系统建立起管理机制。⑲"受规制的自我规制"意味着将功能上的专门权利授予社会子领域。⑳这种规制不等同于行政部门的退却，而是不要求行政部

---

⑱ 从《网络安全法》《关键信息基础设施安全保护条例》行文内容来看，我国似乎有意借鉴欧盟立法经验，将金融、信息服务等重要行业和领域纳入关键信息基础设施范畴。但是，平台不宜被界定为"关键信息基础设施"，其原因有五个方面：第一，根据政府机构解读，以提供电子商务经营环境为主业的平台企业不符合《网络安全法》规定的关键信息基础设施概念。将平台纳入关键信息基础设施范畴，也不利于关键信息基础设施概念体系的统一性与完整性。第二，容易误伤数字经济生产业态。针对关键信息基础设施的立法本身基于公共利益，具备公法性质，要求对市场行为进行更严格的限制。按照保护网络信息安全的逻辑开展治理，不仅缺乏对数字经济生产方式的针对性，也容易从根本上减损新兴业态的发展潜力。第三，容易产生负外部性，导致平台的产品与服务供应不足，从而不利于数字经济生产方式的创新，或由潜在消费者承担更高的成本，从而不利于保护交易活动中弱势群体的合法权益。第四，难以完成关键信息基础设施概念细化的任务。保护信息系统是关键信息基础设施立法的核心。单一运营者除非占据较大市场份额，其信息系统很难构成一个完整的关键信息基础设施。不仅何种主体需要遵从何种义务仍不明晰，而且还容易巩固垄断者的绝对市场支配地位，形成新的信息孤岛。第五，我国以《网络安全法》为核心的关键信息基础设施制度体系建立在管制架构基础上，政府管制宽泛刚性，内容紧密，"构成了一个形式庞大的权力集群"，需要特别注意政府主导管制与数字经济发展之间的衡平，尤其是需要审慎对待关键信息基础设施的泛化问题。故此，存在对关键信息基础设施概念进行解释限定的必要。参见《网络安全法》施行前夕国家互联网信息办公室网络安全协调局负责人答记者问，载 http://www.cac.gov.cn/2017-05/31/c_1121062481.htm，2020年11月4日访问；龙卫球：《我国网络安全管制的基础、架构与限定问题——兼论我国〈网络安全法〉的正当化基础和适用界限》，载《暨南学报（哲学社会科学版）》2017年第5期。

⑲ 高秦伟：《社会自我规制与行政法的任务》，载《中国法学》2015年第5期。

⑳ 张青波：《自我规制的规制：应对科技风险的法理与法制》，载《华东政法大学学报》2018年第1期。

门践行每一项任务。应当注意到,"受规制的自我规制"与 Priest 教授提出的经典规制理论中的"受监督的自我规制"或"受规制的自我管理"[41]存在差异。一方面,与"受监督的自我规制"相比,"受规制的自我规制"并不向自我管理机构提供具有法律强制力的权力,而是要求自我管理机构承担较高程度的企业社会责任。例如,德国《青少年媒体保护国家协议》规定,广播电视与电信媒体可组建或加入"自愿的自我监督机构",在具备审查独立性、专业性的前提下,负责审查媒介守约情况、处理法定机构的投诉、认定保护软件有效性、作出书面裁决等。另一方面,"受规制的自我规制"较为接近"受规制的自我管理",但是对市场行为的侵入程度更低。例

---

[41] Priest 教授曾按照政府的介入程度,将私人秩序形态划分为五种类型。五种类型即:通过行为守则建立的自律制度(Codes of Conduct)、法定自我规制(Statutory Self-regulation)、强制自我规制(Firm-defined Regulation)、受监督的自我规制(Supervised Self-Regulation)、受规制的自我管理(Regulatory Self-Management)。其中,"通过行为守则建立的自律制度"指成员自愿订立协议,在发生违约行为时常采用非正式制裁措施,例如相互问责、接受舆论压力等。政府直接监管的完整权能结构包括:制定规则、传达规则、监督执行规则、评估调整规则、执法、裁决与制裁。任一权能均可交由私人组织实施。因此,除此之外的四种私人规制模式的主要区别实际上在于政府机构与私人组织、私人组织之间的权力分配差异。"法定自我规制"是获得政府授予一系列监管权力的自律形式。最常见的形式如国家授权私人组织实施针对特定职业群体的资格认证。"强制自我规制"指政府要求特定私人企业制定适用于该公司的一套完整的监管制度,并通过公司内部治理加以实施,对公司治理结构的完善性要求较高。"受监督的自我规制"指政府监管机构授权经批准设立的自律监管机构在认证、调查、报告、监督等某些环节能够实施具有法律约束力的强制性措施,但执法权力仍然由政府监管机构实施。这种模式要求具备较成熟、完善的私人组织结构。"受规制的自我管理"是指政府监管机构保留规制制定、执法与制裁权力,私人组织应用规则与监测规则的执行情况,并由第三方对私人组织实施审计。Priest 教授提出的规制理论是一种相对的区别与理想化的状态。社会领域与经济领域的复杂性日益增强,使得政府机构与私人组织之间难以排他地适用某一种模式,往往是多种模式组合适用。例如,就我国金融业监管活动,可以发现运动式执法中的"强制自我规制"模式、执业资格审查中的"法定自我规制"模式,以及监管数据报送中的"受监督的自我规制"模式。参见 Priest：*The Privatization of Regulation：Five Models of Self-Regulation*. Ottawa Law Review 29，238 (1997)。

如,美国允许互联网企业根据《儿童网络隐私保护法案》(Children Online Privacy Protection Act,COPPA)以及 FTC 颁布的其他相关实施细则,自行制定消费者隐私保护规范、评估机制与自律机制。

在我国,基于平台企业在数字信用共治中的关键作用,需要承认平台介于国家与个人之间的特殊市场主体地位。这类平台企业承载着企业利润最大化与社会福利最大化双重目标,必须合理考量平台参与数字信用共治的收益与成本,以使其保持经济与社会活力。依据《行政许可法》第 12 条,对于个人信用分应用范围较广、使用人数较多、市场影响力较大的平台企业,应当明确其具有数字市场基础设施的法律地位,以区别于纯粹的私人经济组织。属于数字市场基础设施的平台企业,在生产与运用个人信用分时,应当受到相关监管部门和公共团体的监督。借鉴我国关键信息基础设施的治理要求,各主体应当依据以下职责、义务、激励、监管与救济制度内容,促使平台规范地实施评分行为。

首先,明确平台与市场监管部门、行业协会在数字信用共治中的职责、分工与合作安排,避免零和博弈式地讨价还价。⑫从域外制度经验来看,有关平台职责边界的制度安排需要同时考虑技术可能性、经济合理性与程序正当性三项因素。第一,在技术可能性方面,大型平台相比监管机构,能够更加高效地实现评估系统性风险、开发性能衡量工具、审查与警告其他信息处理者的信息处理行为、下架违法违规的应用程序等信息系统安全管理职责。欧盟近期颁布的《数字市场法》(Digital Markets Act)即向超大型平台施加了上述特别管理义务。第二,在经济合理性方面,针对大型平台

---

⑫ 刘权:《网络平台的公共性及其实现——以电商平台的法律规制为视角》,载《法学研究》2020 年第 2 期。

的集中式监管资源投入比针对所有平台的分散式监管资源投入更具备经济合理性。人们常用的、在网络交易市场中处于关键环节的平台的数量较为有限。研究统计，我国常用的移动终端系统通常不超过 10 种，能够搭载 APP 应用程序的平台仅有 8 种。⑭这类大型平台拥有充足的技术与人力资源，低成本、高效率地监督、发现与纠正众多的违法行为。第三，在程序正当性方面，必须通过监督与纠正程序，避免平台实施逾越职责权限或法定禁止性条款的不理性行为。例如，德国青少年媒体保护委员会负责认定与撤销广播电视与电信行业自我监督机构的资质，对这类自我监督机构的规制活动实施纠正裁决、撤销裁决、直接采取强制措施、处以罚款等监管行为。德国联邦司法局负责处理社交网络平台自我监督机制的程序失灵问题。⑭美国 FTC 亦负责监督平台的个体隐私侵害行为，认证与撤销平台的"安全港"资格。

　　聚焦到我国的数字市场基础设施法律机制建设，应当从以下三个方面进行制度设计。第一，应当对属于数字市场基础设施的平台设置明确、可控的治理目标。例如，在一定的期限内，个人信用分滥用行为引发的个人信息权益侵害诉讼不得超过某一数量范围。第二，行业协会的职责是制定与实施数字市场基础设施的行业规范与认证机制。第三，市场监管部门的职责包括：（1）确定利益攸关者范围、监督程序规则的实施、开展利益再衡量工作。（2）通过行政规范性文件载明失信联合惩戒的范围、对象、期限、被评价者个人信息权益保护措施。（3）在平台主导或参与制定个人信用分

　　⑭　张新宝：《互联网生态"守门人"个人信息保护特别义务设置研究》，载《比较法研究》2021 年第 3 期。
　　⑭　周学峰、李平主编：《网络平台治理与法律责任》，中国法制出版社 2018 年版，第 191—193 页。

规则或技术标准时,监管部门应当确保消费者保护团体的实质性参与,或至少对公开征集的意见作出是否采纳、修改说明等实质性回应,同时个人信用分规则或技术标准对个人信息权益造成的风险或损害应当控制在最小限度内。(4)为实现特定的公共利益,个人信用分对个人信息权益造成的损害是否符合比例原则,应由监管部门通过利益衡量方法加以认定。

其次,属于数字市场基础设施的平台,在开展评分行为时需要严格遵循以下特殊规定。第一,遵循事先单独告知被评价者、向被评价者作出充分说明、听取被评价者陈述与申辩的程序规则。第二,设置高度的个人信息安全保障注意义务,按照《信息安全技术个人信息安全规范》等推荐性技术标准中的最高级别措施执行,树立行业最优实践。第三,向市场监管部门、行业协会与消费者保护团体定期披露数字信用共治的工作内容与绩效情况。为降低披露成本,可参考公开发行证券的定期披露要求,向监管部门提交完整的详式报告,向行业协会与消费者保护团体披露包含关键信息的简式报告。

再次,妥当地设置针对数字市场基础设施的激励措施。过多承接公共治理责任而降低资源配置效率是核心障碍。仅仅强调公共精神,为公共利益做出牺牲的个体或组织如未得到公平的补偿,容易加剧其在社会心理意义上的失控感与剥夺感。[45]具体而言:第一,通过税收减免、转移支付等财政支持形式,对属于数字市场基础设施的平台企业提供国家补贴。加大对行业协会的政策支持力度,对行业协会的各项收入采取非营利性收入免税申报制度,鼓励这类平台企业向行业协会提供公益性捐助。第二,允许就反映群

---

[45] 蔡培如、王锡梓:《论个人信息保护中的人格保护与经济激励机制》,载《比较法研究》2020年第1期。

体特征的个人信用分实施商业化利用,服务于互联网金融机构开发消费金融产品或服务的商业需求。第三,适当降低平台的个人信息安全事件应急报送义务水平。这是由于报送事项宽泛、程序不健全、安全保障机制缺失会引发平台的运营成本显著高企。当前法律与标准未明确报送主体及责任内容,在报送程序上规定"按照《国家网络安全事件应急预案》等有关规定及时上报"。因报送制度的主体、程序与义务规则缺失,实践中常发生平台拖延报送、拒绝报送或多头报送的情形。例如,电子商务平台需向市场监督管理部门与税务部门报送信息,而关键信息基础设施平台则需向国家安全部门报送信息。⑭因此,适当地降低平台的个人信息安全事件报送义务水平,与平台作为高度组织化的数字市场基础设施的法律地位相契合。

复次,形成以市场监管部门为主、反垄断执法部门为辅的监管机制。反垄断执法部门介入新型征信市场的法律监管,有助于推动数字信用商业实践形成尊重"公平、合理、非歧视"的惯例,避免产生竞争优势传导的反创新商业模式。个人信用分的健康发展要求平台之间形成良性的竞争关系。然而,大数据和人工智能技术为相关市场准入设置了畸高的隐性标准,导致信用评价算法创新与个人信息保护标准制定的能力集中在少数大型平台。这为大型平台运用个人信用分,隐蔽地自我提升市场优势提供了前提条件。因此,在个人信用分滥用行为的监管活动中,反垄断执法部门的执法重点在于数字市场基础设施是否存在闭锁信息源、减少与数据相关的基础服务、减少竞争等情形。在美国,监管不公平与欺诈商业行为的 FTC 曾根据《公平准确信用交易法》向 100 多家公司提

---

⑭　刘权:《论网络平台的数据报送义务》,载《当代法学》2019 年第 5 期。

起将个人信息置于不合理风险的指控,共计收取超过3 000万美元的罚款。FTC还根据《金融服务现代化法案》(Gramm-Leach-Bliley Act,GLB)有关金融机构应定期发送隐私政策的要求,提起了近30起诉讼。[47]可见,反垄断执法部门可以在信用领域发挥独特的监督作用。

最后,需要确保平台运用信用分的行为的可问责性。具体而言,应当允许被评价者就平台制定与实施个人信用分规则和信息处理标准、违反程序规则、行业协会违法认证行为以及对己不利的个人信用分,向监管部门提出申诉,对监管部门的行政裁决行为提出复议与诉讼。

二、面向新型征信市场的多元治理结构

数字信用是征信领域传统规制方式与新型规制方式的衔接与分野。数字信用共治是高度技术化的工作,完善的规制结构有利于强化社会信用治理的目标和效果。应当对以个人信用分为代表的数字信用建立起新型征信市场治理框架(详见图5-1)。

第一,新型征信市场治理框架建立在"行政部门—平台—个人"基本三角形结构基础上,由三项主要的法律关系构成:首先,平台与被评价者之间的数字信用治理关系,即作为数字市场基础设施的平台有权依法实施数字信用共治工作,向网络交易市场与行政部门依法提供交易风险信号。其次,被评价者与行政部门之间的数字信用救济关系,即要求行政部门为个人提供基于正当程序原则的行政救济路径,在信用分异议与修复环节形成平台救济、行政救济、司法救济三重保障机制。再次,行政部门与平台之间的数字信用监管关系,具体而言:(1)个人信息保护监督管理部门依法

---

[47] Federal Trade Commission,*Privacy and Data Security*,*Report 2016* (2017-1-18),p.5.

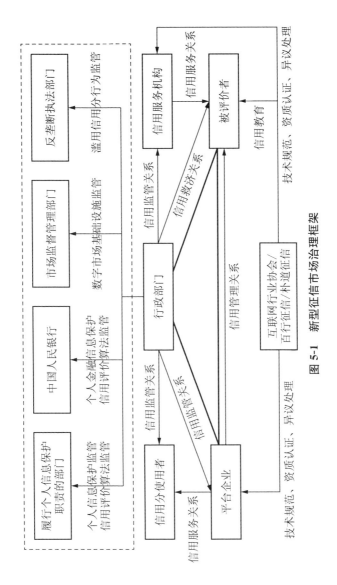

图 5-1 新型征信市场治理框架

监管平台的信息处理活动;(2)中国人民银行依法监管个人信用分中基于消费借贷活动产生的信息处理行为;(3)由于算法监管与个人信息保护监管是一体两面的问题,因此上述两个部门亦应负责监管信用评价算法开发、设计、生产与运用行为;(4)市场监管部门依法监管平台的信用治理行为;(5)反垄断执法部门依法监管不公平或滥用个人信用分的行为,通过公益诉讼打击针对不特定群体的个人信用分滥用行为。

由于个人信用分规制活动跨越多个行政部门,需要在国务院的协调下充分发挥部际联席会议的议事作用。在该新型征信市场治理框架下,各行政部门的监管职能与权限相对清晰,可以较有成效地回应当前各部门在数字经济发展过程中分工不明的问题。

第二,在上述三项主要法律关系以外,以最大限度保护信息弱者的权益为落脚点,还需要将行业协会、百行征信、朴道征信、个人信用分使用者、独立于平台的第三方信用服务机构均纳入新型征信市场治理框架之中,形成科学、合理的运行机制。其中,行业协会、百行征信、朴道征信的作用在于充分发挥行业组织自律规范功能,向被评价者提供信用教育、制定信用评价算法技术标准与信用评价资质认证服务,确保平台在信用评价异议处理中遵循行为规范与正当程序。此外,消费者保护团体、信用评价算法审计机构作为数字经济的通用监督主体,也应被囊括在新型征信市场治理框架中,以促使个人信用分多元治理机制的层次更加丰富。

第三,在新型征信市场治理框架中,有必要厘清平台在承担公法与私法责任时的组织边界。一方面,平台不是传统上在生产与再生产关键环节具有明确边界的组织实体。根据股权结构向上游追溯会发现,提供平台基础服务的各公司之上并不存在同一个控股公司,以防止特定基础服务的运营风险向平台的其他部分传导。

而技术架构的有效运行必须依赖于能够反映实际控制人意志的公司治理机制。只有从实际控制人角度入手，才能清晰地划定平台的组织边界。

另一方面，商业合同中的"平台"既可能是平台经营者，也可能是与平台经营者处于同一企业集团的其他公司。由于法律往往只对合同相对方进行适格性判断，司法裁判中倾向于认定执行合同的具体公司作为合同相对方，代表性案例如庄小东与北京京东叁佰陆拾度电子商务有限公司、广州晶东贸易有限公司网络购物合同纠纷案。[48]然而，平台本身通过交叉补贴实现整体获利。平台企业集团中的涉诉主体可能长期处于亏损状态，实践中存在难以执行的问题，不利于保护弱势个体的合法权益。

因此，法律干预需要超越合同的字面意思，根据实质标准保护处于弱势地位的被评价者的合理信赖利益。应当采取一种更具整体性的视角，将同一实际控制关系下的平台企业集团作为数字信用的归责主体。而非循着旧有的个人征信监管思路，将个人信用分的生产者从平台企业集团中拆分出来，仅以拆分出的、形式上独立的法人组织作为责任承担主体。

---

[48]　参见(2015)洛民初字第 2031 号民事判决书；余佳楠：《平台在自营业务中的法律地位》，载《法学》2020 年第 10 期。

参 考 文 献

一、中文类参考文献

（一）著作类

1.［奥］卡尔·伦纳：《私法的制度及其社会功能》，王家国译，法律出版社 2013 年版。

2.［奥］路德维希·冯·米塞斯：《货币和信用理论》，樊林洲译，商务印书馆 2015 年版。

3.［奥］尤根·埃里希：《法律社会学基本原理》，叶名怡、袁震译，中国社会科学出版社 2009 年版。

4.［澳］柯武刚、［德］史漫飞、［美］贝彼得：《制度经济学：财产、竞争、政策》，商务印书馆 2018 年版。

5.［波］彼得·什托姆普卡：《信任：一种社会学理论》，程胜利译，中华书局 2005 年版。

6.［德］F.拉普：《技术哲学导论》，刘武、康荣平、吴明泰译，辽宁科学技术出版社 1986 年版。

7.［德］贝克：《风险社会》，何博闻译，译林出版社 2004 年版。

8.［德］哈贝马斯：《在事实与规范之间——关于法律和民主法

治国的商谈理论》,童世骏译,生活·读书·新知三联书店2003年版。

9.[德]克劳斯·施瓦布:《第四次工业革命》,李菁译,中信出版社2019年版。

10.[德]马蒂亚斯·赖曼、莱因哈德·齐默尔曼编:《牛津比较法手册》,高鸿钧等译,北京大学出版社2019年版。

11.[德]马克斯·韦伯:《法律社会学:非正当性的支配》,康乐、简惠美译,广西师范大学出版社2010年版。

12.[德]马克斯·韦伯:《经济与社会》,林荣远译,商务印书馆1997年版。

13.[德]马克斯·韦伯:《论经济与社会中的法律》,张乃根译,中国大百科全书出版社1998年版。

14.[德]尼古拉·杰因茨:《金融隐私——征信制度国际比较》,万存知译,中国金融出版社2009年版。

15.[德]尼古拉斯·卢曼:《风险社会学》,孙一洲译,广西人民出版社2020年版。

16.[德]尼克拉斯·卢曼:《信任:一个社会复杂性的简化机制》,瞿铁鹏、李强译,上海人民出版社2005年版。

17.[德]齐佩利乌斯:《法学方法论》,金振豹译,法律出版社2009年版。

18.[德]托马斯·威施迈耶:《人工智能与法律的对话》,韩旭至、李辉等译,上海人民出版社2020年版。

19.[德]尤尔根·哈贝马斯:《作为"意识形态"的技术与科学》,李黎、郭官义译,学林出版社1999年版。

20.[法]埃哈尔·费埃德伯格:《权力与规则:组织行动的动力》,张月等译,格致出版社、上海人民出版社2016年版。

21.[法]孟德斯鸠:《论法的精神》(上),张雁深译,商务印书馆

1995 年版。

22.〔荷〕玛农·奥斯特芬:《数据的边界:隐私与个人数据保护》,曹博译,上海人民出版社 2020 年版。

23.〔荷〕尤瑞恩·范登·霍文、〔澳〕约翰·维克特主编:《信息技术与道德哲学》,赵迎欢、宋吉鑫、张勤译,科学出版社 2013 年版。

24.〔加〕雷蒙·安德森:《信用评分工具:自动化信用管理的理论与实践》,李志勇译,中国金融出版社 2017 年版。

25.〔美〕E.博登海默:《法理学—法哲学及其方法》,邓正来译,华夏出版社 1987 年版。

26.〔美〕阿拉斯戴尔·麦金太尔:《追寻美德:道德理论研究》,宋继杰译,译林出版社 2011 年版。

27.〔美〕埃尔菲·艾恩:《奖励的惩罚》,程寅、艾斐译,生活·读书·新知三联书店 2006 年版。

28.〔美〕埃莉诺·奥斯特罗姆:《公共资源的未来:超越市场失灵和政府管制》,郭冠清译,中国人民大学出版社 2015 年版。

29.〔美〕昂格尔:《现代社会中的法律》,吴玉章,周汉华译,译林出版社 2008 年版。

30.〔美〕道格拉斯·C.诺斯:《制度、制度变迁与经济绩效》,杭行译,格致出版社、上海三联书店、上海人民出版社 2014 年版。

31.〔美〕约翰·D.多纳休、查理得·J.泽克豪泽:《合作:激变时代的合作治理》,徐维译,中国政法大学出版社 2015 年版。

32.〔美〕弗朗西斯·福山:《信任:社会道德与创造经济繁荣》,郭华译,广西师范大学出版社 2016 年版。

33.〔美〕弗里德曼:《法律制度》,李琼英、林欣译,中国政法大学出版社 2002 年版。

34. 〔美〕弗里德曼:《经济学语境下的法律规则》,杨欣欣译,法律出版社 2004 年版。

35. 〔美〕富勒:《法律的道德性》,郑戈译,商务印书馆 2009 年版。

36. 〔美〕赫伯特·马尔库塞:《单向度的人:发达工业社会意识形态研究》,上海译文出版社、重庆出版社 2016 年版。

37. 〔美〕赫斯特:《美国史上的市场与法律:各利益间的不同交易方式》,郑达轩、石现明、李健译,法律出版社 2006 年版。

38. 〔美〕简·芳汀:《构建虚拟政府:信息技术与制度创新》,邵国松译,中国人民大学出版社 2010 年版。

39. 〔美〕凯西·奥尼尔:《算法霸权:数学杀伤性武器的威胁》,马青玲译,中信出版社 2018 年版。

40. 〔美〕劳伦斯·莱斯格:《代码 2.0:网络空间中的法律》,李旭、沈伟伟译,清华大学出版社 2018 年版。

41. 〔美〕劳伦斯·雷席格:《网络自由与法律》,刘静怡译,台湾商周出版社 2002 年版。

42. 〔美〕理查德·塞勒、〔美〕卡斯·桑斯坦:《助推:如何作出有关健康、财富与幸福的最佳决策》,刘宁译,中信出版社 2018 年版。

43. 〔美〕理查德·斯图尔特:《美国行政法的重构》,沈岿译,商务印书馆 2002 年版。

44. 〔美〕卢克·多梅尔:《算法时代:新经济的新引擎》,胡小锐、钟毅译,中信出版社 2016 年版。

45. 〔美〕路易斯·亨金:《权利的时代》,信春鹰、吴玉章、李林译,知识出版社 1997 年版。

46. 〔美〕罗伯特·克赖特纳、安杰洛·基尼奇:《组织行为学》

(第6版),顾琴轩等译,中国人民大学出版社2007年版。

47.［美］罗纳德·德沃金:《认真对待权利》,信春鹰、吴玉章译,中国大百科全书出版社1998年版。

48.［美］罗斯科·庞德:《通过法律的社会控制》,沈宗灵译,商务印书馆2017年版。

49.［美］马奇等著:《规则的动态演变》,童根兴译,上海人民出版社2005年版。

50.［美］曼纽尔·卡斯特:《网络社会的崛起》,夏铸九等译,社会科学文献出版社2001年版。

51.［美］弥尔顿·L.穆勒:《网络与国家:互联网治理的全球政治学》,周程等译,上海交通大学出版社2015年版。

52.［美］米尔斯:《社会学的想象力》,中国传媒大学出版社2016年版。

53.［美］欧文·戈夫曼:《日常生活的自我呈现》,冯钢译,北京大学出版社2008年版。

54.［美］塞缪尔·P.亨廷顿:《变化社会中的政治秩序》,王冠华等译,上海人民出版社2017年版。

55.［美］史蒂芬·霍尔姆斯、凯斯·R.桑斯坦:《权利的成本:为什么自由依赖于税》,毕竞悦译,北京大学出版社2004年版。

56.［美］斯蒂文·K.沃格尔:《市场治理术:政府如何让市场运作》,毛海栋译,北京大学出版社2020年版。

57.［美］托马斯:《信用评分及其应用》,王晓蕾译,中国金融出版社2005年版。

58.［美］托马斯·卡吉尔:《金融部门、金融监管和中央银行政策》,韩汉君、徐美芳译,上海社会科学院出版社2019年版。

59.［美］亚当·斯密:《道德情操论》,商务印书馆1998年版。

60.〔美〕伊恩·艾瑞斯:《大数据思维与决策》,宫相真译,人民邮电出版社 2014 年版。

61.〔美〕约瑟夫·熊彼特:《经济分析史》(第二卷),杨敬年译,商务印书馆 1992 年版。

62.〔美〕朱迪·弗里曼:《合作治理与新行政法》,毕洪海、陈标冲译,商务印书馆 2010 年版。

63.〔日〕大贺须明:《生存权论》,林浩译,法律出版社 2001 年版。

64.〔日〕福田雅树:《AI 联结的社会:人工智能网络化时代的伦理与法律》,宋爱译,社会科学文摘出版社 2020 年版。

65.〔日〕米丸恒治:《私人行政——法的统制的比较研究》,洪英、王丹红、凌维慈译,中国人民大学出版社 2010 年版。

66.〔日〕穗积陈重:《法律进化论》,黄尊三等译,中国政法大学出版社 1997 年版。

67.〔日〕五十岚清:《人格权法》,〔日〕铃木贤、葛敏译,北京大学出版社 2009 年版。

68.〔英〕阿里尔·扎拉奇、〔美〕莫里斯·E.斯图克:《算法的陷阱——超级平台、算法垄断与场景欺骗》,余潇译,中信出版社 2018 年版。

69.〔英〕安东尼·吉登斯:《现代性的后果》,田禾译,译林出版社 2000 年版。

70.〔英〕卡尔·波兰尼:《大转型:我们时代的政治与经济起源》,冯钢、刘阳译,当代世界出版社 2020 年版。

71.〔英〕卡尔·波普尔:《客观的知识:一个进化论的研究》,舒炜光等译,中国美术学院出版社 2003 年版。

72.〔英〕凯伦·杨、〔英〕马丁·洛奇:《驯服算法:数字歧视与算法规制》，彭诚信主编，林少伟、唐林垚译，上海人民出版社2020年版。

73.［英］罗杰·科特雷尔：《法律、文化与社会：社会理论镜像中的法律观念》，郭晓明译，北京大学出版社2020年版。

74.［英］马丁·雅克：《当中国统治世界：中国的崛起和西方世界的衰落》，张莉等译，中信出版社2010年版。

75.［英］维克托·迈尔-舍恩伯格、肯尼斯·库克耶：《大数据时代》，盛杨燕、周涛译，浙江人民出版社2013年版。

76.［英］休·柯林斯：《规制合同》，郭小莉译，中国人民大学出版社2014年版。

77.［英］珍妮·斯蒂尔：《风险与法律理论》，韩永强译，中国政法大学出版社2012年版。

78.艾洪德、范南：《市场经济中的个人信用问题研究》，经济科学出版社2004年版。

79.曾康霖、邱伟：《中国转型期信用制度研究》，中国金融出版社2007年版。

80.曾康霖、王长庚：《信用论》，中国金融出版社2003年版。

81.陈昌曙：《技术哲学引论》，科学出版社2012年版。

82.春杨：《晚清乡土社会民事纠纷调解制度研究》，北京大学出版社2009年版。

83.翟学伟主编：《中国社会信用：理论、实证与对策研究》，中国社会科学出版社2017年版。

84.电子商务法起草组：《中华人民共和国电子商务法条文释义》，法律出版社2018年版。

85.丰霏：《法律制度的激励功能研究》，法律出版社2014年版。

86. 封红梅:《信用评级法律制度研究》,法律出版社 2014 年版。

87. 付子堂:《法律功能论》,中国政法大学出版社 1999 年版。

88. 高鸿钧、申卫星主编:《信息社会法治读本》,清华大学出版社 2019 年版。

89. 关伟、袁星煜、周泽伽:《第三方信用机构发展与变革》,中央编译出版社 2017 年版。

90. 郭道晖:《社会权力与公民社会》,译林出版社 2009 年版。

91. 郭锐:《人工智能的伦理和治理》,法律出版社 2020 年版。

92. 郭星华主编:《法社会学教程》,中国人民大学出版社 2014 年版。

93. 郭瑜:《个人数据保护法研究》,北京大学出版社 2012 年版。

94. 洪艳蓉:《金融监管治理——关于证券监管独立性的思考》,北京大学出版社 2017 年版。

95. 胡滨主编:《金融风险与监管:国际研究镜检》,经济管理出版社 2016 年版。

96. 胡大武、杜军等:《征信法律制度研究》,法律出版社 2012 年版。

97. 胡泳、王俊秀主编:《连结之后:公共空间重建与权力再分配》,人民邮电出版社 2017 年版。

98. 胡元聪:《外部性问题解决的经济法进路研究》,法律出版社 2010 年版。

99. 黄毅:《银行监管法律研究》,法律出版社 2009 年版。

100. 江平:《江平文集》,中国法制出版社 2000 年版。

101. 姜奇平:《分享经济:垄断竞争政治经济学》,清华大学出版社 2017 年版。

102. 金自宁:《风险中的行政法》,法律出版社 2014 年版。

103. 李朝晖:《个人征信法律问题研究》,社会科学文献出版社 2008 年版。

104. 李凌燕:《消费信用法律制度研究》,法律出版社 1999 年版。

105. 李曙光:《中国征信体系框架与发展模式》,科学出版社 2006 年版。

106. 李晓安等:《社会信用法律制度体系研究》,社会科学文献出版社 2003 年版。

107. 李新庚:《社会信用体系运行机制研究》,中国社会出版社 2017 年版。

108. 李新庚:《信用论纲》,中国方正出版社 2004 年版。

109. 厉以宁:《经济学的伦理问题》,生活·读书·新知三联书店 1999 年版。

110. 林达:《扫起落叶好过冬》,生活·读书·新知三联书店 2013 年版。

111. 刘金瑞:《个人信息与权利配置——个人信息自决权的反思和出路》,法律出版社 2017 年版。

112. 刘文杰:《从责任避风港到安全保障义务:网络服务提供者的中介人责任研究》,中国社会科学出版社 2016 年版。

113. 龙海波:《信用政府建构及治理能力现代化:社会资本视角的考察》,中国社会科学出版社 2016 年版。

114. 龙西安:《个人信用、征信与法》,中国金融出版社 2004 年版。

115. 罗豪才、宋功德:《软法亦法:公共治理呼唤软法之治》,法律出版社 2009 年版。

116. 罗培新:《社会信用法:原理、规则、案例》,北京大学出版社 2018 年版。

117. 马本江:《信用、契约与市场交易机制设计》,中国经济出版社 2011 年版。

118. 马俊驹:《人格和人格权理论讲稿》,法律出版社 2009 年版。

119. 倪正茂:《激励法学探析》,上海社会科学出版社 2012 年版。

120. 彭诚信:《现代权利理论研究:基于"意志理论"与"利益理论"的评析》,法律出版社 2017 年版。

121. 齐爱民:《大数据时代个人信息保护法国际比较研究》,法律出版社 2015 年版。

122. 商庆军:《转型时期的信用制度构建》,生活·读书·新知三联书店 2014 年版。

123. 沈岿主编:《风险规制与行政法新发展》,法律出版社 2013 年版。

124. 沈伟、侯利阳主编:《多元化社会的风险治理》,生活·读书·新知三联书店 2018 年版。

125. 盛学军等:《新时期金融法变革中的消费者保护研究》,法律出版社 2019 年版。

126. 苏志伟、李小林:《世界主要国家和地区征信体系发展模式与实践——对中国征信体系建设的反思》,经济科学出版社 2014 年版。

127. 孙建国:《信用的嬗变:上海中国征信所研究》,中国社会科学出版社 2007 年版。

128. 孙智英:《信用问题的经济学分析》,中国城市出版社 2002 年版。

129. 谈李荣:《金融隐私权与信用开放的博弈》,法律出版社 2008 年版。

130. 腾讯研究院、中国信通院互联网法律研究中心、腾讯 AI Lab 等:《人工智能》,中国人民大学出版社 2017 年版。

131. 田涛:《千年契约》,法律出版社 2012 年版。

132. 万存知:《征信业的探索与发展》,中国金融出版社 2018 年版。

133. 汪路:《征信:若干基本问题及其顶层设计》,中国金融出版社 2018 年版。

134. 王利明:《人格权法研究》,中国人民大学出版社 2012 年版。

135. 王胜明主编:《中华人民共和国侵权责任法释义》,法律出版社 2013 年版。

136. 王淑芹等:《信用伦理研究》,中央编译出版社 2005 年版。

137. 王泽鉴:《人格权法:法释义学、比较法、案例研究》,北京大学出版社 2013 年版。

138. 王忠:《大数据时代个人数据隐私规制》,社会科学文献出版社 2014 年版。

139. 吴晶妹:《三维信用论》,当代中国出版社 2013 年版。

140. 吴晶妹、林跃钧主编:《信用经济学》,高等教育出版社 2015 年版。

141. 谢次昌主编:《消费者保护法通论》,中国法制出版社 1994 年版。

142. 徐恪、李沁:《算法统治世界:智能经济的隐形秩序》,清华大学出版社 2017 年版。

143. 徐子沛:《大数据:正在到来的数据革命,以及它如何改变政府、商业与我们的生活》,广西师范大学出版社 2015 年版。

144. 杨才勇等:《互联网消费金融:模式与实践》,中国工信出版集团电子工业出版社 2016 年版。

145. 杨开湘:《宪法隐私权导论》,中国法制出版社 2010 年版。

146. 姚佳:《个人金融信用征信的法律规制》,社会科学文献出版社 2012 年版。

147. 叶世清:《征信的法理与实践研究》,法律出版社 2010 年版。

148. 应飞虎:《信息、权利与交易安全:消费者保护研究》,北京大学出版社 2008 年版。

149. 张才琴、齐爱民、李仪:《大数据时代个人信息开发利用法律制度研究》,法律出版社 2015 年版。

150. 张红:《人格权总论》,北京大学出版社 2012 年版。

151. 张建锋:《数字政府 2.0:数据智能助力治理现代化》,中信出版社 2019 年版。

152. 张民安主编:《信息性隐私权研究——信息性隐私权的产生、发展、适用范围和争议》,中山大学出版社 2014 年版。

153. 张民安主编:《隐私权的性质和功能》,中山大学出版社 2018 年版。

154. 张维迎:《博弈论与信息经济学》,上海三联书店、上海人民出版社 1999 年版。

155. 张维迎:《产权、政府与信誉》,生活·读书·新知三联书店 2001 年版。

156. 张维迎:《信息、信任与法律》,生活·读书·新知三联书店 2003 年版。

157. 张文显:《法哲学范畴研究》,中国政法大学出版社 2001 年版。

158. 张文显:《法哲学通论》,辽宁人民出版社 2009 年版。

159. 张孝昆:《大数据风控》,机械工业出版社 2017 年版。

160. 郑成思:《信息、信息产权与个人信息保护立法》,法律出版社 2004 年版。

161. 郑也夫:《信任论》,中国广播电视出版社 2001 年版。

162. 周辉:《变革与选择:私权力视角下的网络治理》,北京大学出版社 2016 年版。

163. 周学峰、李平主编:《网络平台治理与法律责任》,中国法制出版社 2018 年版。

164. 周怡主编:《我们信谁? 关于信任模式与机制的社会科学探索》,社会科学文献出版社 2014 年版。

165. 邹浩:《美国消费信用体系初探》,中国政法大学出版社 2006 年版。

(二)期刊论文类

1. [德]埃博哈博·施密特-阿斯曼:《受规制的自我规制——作为行政法体系建构的组成部分》,金健译,载《公法研究》2020 年第 20 卷。

2. [德]韩博天:《中国经济腾飞中的分级制政策试验》,丁磊译,载《开放时代》2008 年第 5 期。

3. [法]玛丽-克劳德·斯莫茨:《治理在国际关系中的正确运用》,肖孝毛译,载《国际社会科学杂志》(中文版)1999 年第 2 期。

4. [日]山本敬三:《基本权利的保护与私法的作用》,刘涛译,载《交大法学》2010 年第 1 期。

5. 鲍静、张勇进:《政府部门数据治理:一个亟需回应的基本问题》,载《中国行政管理》2017 年第 4 期。

6. 宾凯:《法律如何可能:通过"二阶观察"的系统建构——进入卢曼法律社会学的核心》,载《北大法律评论》2006 年第 7 卷第 2 辑。

7. 白云:《个人征信体系中知情权与信息隐私权平衡的理念》,载《政治与法律》2008 年第 11 期。

8. 蔡培如、王锡梓:《论个人信息保护中的人格保护与经济激励机制》,载《比较法研究》2020 年第 1 期。

9. 蔡星月:《数据主体的"弱同意"及其规范结构》,载《比较法研究》2019 年第 4 期。

10. 陈吉栋:《个人信息的侵权救济》,载《交大法学》2019 年第 4 期。

11. 陈金钊、宋保振:《法治国家、法治政府与法治社会的意义阐释——以法治为修辞改变思维方式》,载《社会科学研究》2015 年第 5 期。

12. 陈历幸:《我国金融业统一征信平台建设中的问题及其法律应对》,载《法学》2011 年第 4 期。

13. 陈美:《德国开放政府数据中的个人隐私保护研究》,载《图书馆》2018 年第 8 期。

14. 陈鹏:《算法的权力:应用与规制》,载《浙江社会科学》2019 年第 4 期。

15. 陈实:《个人征信体系国际比较及其启示》,载《金融论坛》2012 年第 10 期。

16. 陈思:《算法治理:智能社会技术异化的风险及应对》,载《湖北大学学报(哲学社会科学版)》2020 年第 1 期。

17. 陈锋、于茜虹：《信用消费体系建设中的法律思考》，载《比较法研究》2013 年第 3 期。

18. 程啸：《论我国民法典中的个人信息合理使用制度》，载《中外法学》2020 年第 4 期。

19. 程啸：《论我国民法典中个人信息权益的性质》，载《政治与法律》2020 年第 8 期。

20. 崔聪聪：《网络关键信息基础设施范围研究》，载《东北大学学报（哲学社会科学版）》2017 年第 4 期。

21. 崔俊杰：《个人信息安全标准化进路的反思》，载《法学》2020 年第 7 期。

22. 戴昕、申欣旺：《规范如何"落地"——法律实施的未来与互联网平台治理的现实》，载《中国法律评论》2016 年第 4 期。

23. 戴昕：《重新发现社会规范：中国网络法的经济社会学视角》，载《学术月刊》2019 年第 2 期。

24. 邓辉：《我国个人信息保护行政监管的立法选择》，载《交大法学》2020 年第 2 期。

25. 丁晓东：《个人信息的双重属性与行为主义规制》，载《法学家》2020 年第 1 期。

26. 丁晓东：《个人信息私法保护的困境与出路》，载《法学研究》2018 年第 6 期。

27. 丁晓强：《个人数据保护中同意规则的"扬"与"抑"——卡-梅框架视域下的规则配置研究》，载《法学评论》2020 年第 4 期。

28. 丁宇翔：《跨越责任鸿沟——共享经营模式下平台侵权责任的体系化展开》，载《清华法学》2019 年第 4 期。

29. 杜荷花：《我国政府数据开放平台隐私保护评价体系构建研究》，载《情报杂志》2020 年第 3 期。

30. 杜辉：《挫折与修正：风险预防之下环境规制改革的进路选择》，载《现代法学》2015 年第 1 期。

31. 杜恂诚：《二十世纪二三十年代中国信用制度的演进》，载《中国社会科学》2002 年第 4 期。

32. 范佳佳：《中国政府数据开放许可协议（CLOD）研究》，载《中国行政管理》2019 年第 1 期。

33. 范为：《大数据时代个人信息保护的路径重构》，载《环球法律评论》2016 年第 5 期。

34. 房绍坤、曹相见：《论个人信息人格利益的隐私本质》，载《法制与社会发展》2019 年第 4 期。

35. 冯果、蒋亦飒：《从"权利规范模式"走向"行为控制模式"的数据信托——数据主体权利保护机制构建的另一种思路》，载《法学评论》2020 年第 3 期。

36. 冯果：《由封闭走向公开——关于商事信用的若干理论思考》，载《吉林大学社会科学学报》2003 年第 1 期。

37. 高富平：《个人信息保护：从个人控制到社会控制》，载《法学研究》2018 年第 3 期。

38. 高富平：《数据流通理论：数据资源权利配置的基础》，载《中外法学》2019 年第 6 期。

39. 高富平：《数据生产理论——数据资源权利配置的基础理论》，载《交大法学》2019 年第 4 期。

40. 高富平：《个人信息处理：我国个人信息保护法的规范对象》，载《法商研究》2021 年第 2 期。

41. 高秦伟：《个人信息概念之反思和重塑——立法与实践的理论起点》，载《人大法律评论》2019 年第 1 辑。

42. 高秦伟：《社会自我规制与行政法的任务》，载《中国法学》

2015 年第 5 期。

43. 韩春霖:《反垄断审查中数据聚集的竞争影响评估——以微软并购领英案为例》,载《财经问题研究》2018 年第 6 期。

44. 韩旭至:《数据确权的困境及破解之道》,载《东方法学》2020 年第 1 期。

45. 韩旭至:《信息权利范畴的模糊性使用及其后果——基于对信息、数据混用的分析》,载《华东政法大学学报》2020 年第 1 期。

46. 何柏生:《西方法律形式合理性形成中的数学因素》,载《法制与社会发展》2007 年第 6 期。

47. 洪延青:《藏匿于科学之后? 规制、科学与同行评审间关系之初探》,载《中外法学》2012 年第 3 期。

48. 洪延青:《个人金融信息收集和共享的基本原理:基于中美规则的展开》,载《中国银行业》2019 年第 12 期。

49. 侯健:《三种权力制约机制及其比较》,载《复旦学报(社会科学版)》2001 年第 3 期。

50. 胡斌:《私人规制的行政法治逻辑:理念与路径》,载《法制与社会发展》2017 年第 1 期。

51. 胡凌:《超越代码:从赛博空间到物理世界的控制/生产机制》,载《华东政法大学学报》2018 年第 1 期。

52. 胡凌:《论地方立法中公共数据开放的法律性质》,载《地方立法研究》2019 年第 3 期。

53. 胡凌:《论赛博空间的架构及其法律意蕴》,载《东方法学》2018 年第 3 期。

54. 胡凌:《商业模式视角下的"信息/数据"产权》,载《上海大学学报(社会科学版)》2017 年第 6 期。

55. 胡凌:《数字社会权力的来源:评分、算法与规范的再生产》,载《交大法学》2019 年第 1 期。

56. 胡凌:《网络隐私保护:信息生产与架构的视角》,载《法律和社会科学》2009 年第 2 期。

57. 胡文涛:《我国个人敏感信息界定之构想》,载《中国法学》2018 年第 5 期。

58. 黄其松、刘强强:《大数据与政府治理革命》,载《行政论坛》2019 年第 1 期。

59. 季卫东:《5G 对社会与法治的影响》,载《探索与争鸣》2019 年第 9 期。

60. 季卫东:《法治与普遍信任——关于中国秩序原理重构的法社会学视角》,载《法哲学与法社会学论丛》2006 年第 1 期。

61. 季卫东:《法治中国的可能性——兼论对中国文化传统的解读和反思》,载《战略与管理》2001 年第 5 期。

62. 季卫东:《风险社会与法学范式的转换》,载《交大法学》2011 年第 2 卷。

63. 季卫东:《人工智能开发的理念、法律以及政策》,载《东方法学》2019 年第 5 期。

64. 季卫东:《依法风险管理论》,载《山东社会科学》2011 年第 1 期。

65. 季卫东:《中国:通过法治迈向民主》,载《战略与管理》1998 年第 4 期。

66. 姜海燕、吴长凤:《机器人投顾领跑资管创新》,载《清华金融评论》2016 年第 12 期。

67. 姜明安:《论法治国家、法治政府、法治社会建设的相互关系》,载《法学杂志》2013 年第 6 期。

68. 姜明辉、许佩、任潇等:《个人信用评分模型的发展及优化算法分析》,载《哈尔滨工业大学学报》2015 年第 5 期。

69. 姜奇平:《回到意义本身——波普尔、黑格尔与信息化元理论(上)》,载《互联网周刊》2005 年第 16 期。

70. 蒋美玲、王芹:《大数据时代公共信用信息数据归集的原则与策略——基于苏州市的分析》,载《电子政务》2018 年第 6 期。

71. 金耀:《数据治理法律路径的反思与转进》,载《法律科学》2020 年第 2 期。

72. 金自宁:《风险规制与行政法治》,载《法制与社会发展》2012 年第 4 期。

73. 孔祥稳:《网络平台信息内容规制结构的公法反思》,载《环球法律评论》2020 年第 2 期。

74. 黎四奇:《社会信用建构:基于大数据征信治理的探究》,载《财经法学》2021 年第 4 期。

75. 李敏:《金融科技的系统性风险:监管挑战与应对》,载《证券市场导报》2019 年第 2 期。

76. 李婷婷:《协作治理:国内研究和域外进展综论》,载《社会主义研究》2018 年第 3 期。

77. 李晓安:《我国社会信用法律体系结构缺陷及演进路径》,载《法学》2012 年第 3 期。

78. 李重照、黄璜:《英国政府数据治理的政策与治理结构》,载《电子政务》2019 年第 1 期。

79. 李祝环:《中国传统民事契约中的中人现象》,载《法学研究》1997 年第 6 期。

80. 梁上上:《制度利益衡量的逻辑》,载《中国法学》2012 年第 4 期。

81. 梁志文:《论算法排他权:破除算法偏见的路径选择》,载《政治与法律》2020 年第 8 期。

82. 廖理:《美国个人征信业的发展阶段和制度建设》,载《人民论坛》2019 年第 21 期。

83. 林鸿潮:《社会稳定风险评估的法治批判与转型》,载《环球法律评论》2019 年第 1 期。

84. 林洹民:《个人对抗商业自动决策算法的私权设计》,载《清华法学》2020 年第 4 期。

85. 林洹民:《自动决策算法的法律规制:以数据活动顾问为核心的二元监管路径》,载《法律科学》2019 年第 3 期。

86. 林钧跃:《社会信用体系:中国高效建立征信系统的模式》,载《征信》2011 年第 2 期。

87. 凌斌:《法律救济的规则选择:财产规则、责任规则与卡梅框架的法律经济学重构》,载《中国法学》2012 年第 6 期。

88. 刘丹冰:《金融创新与法律制度演进关系探讨》,载《法学杂志》2013 年第 5 期。

89. 刘铭卿:《论电子商务信用法律机制之完善》,载《东方法学》2019 年第 2 期。

90. 刘权:《论网络平台的数据报送义务》,载《当代法学》2019 年第 5 期。

91. 刘权:《网络平台的公共性及其实现——以电商平台的法律规制为视角》,载《法学研究》2020 年第 2 期。

92. 刘伟忠:《我国协同治理理论研究的现状与趋向》,载《城市问题》2012 年第 5 期。

93. 刘宗华:《银行导向型和市场导向型金融体系的比较分析》,载《当代财经》2003 年第 5 期。

94. 柳经纬、许林波：《法律中的标准：以法律文本为分析对象》，载《比较法研究》2018 年第 2 期。

95. 柳经纬：《标准的类型划分及其私法效力》，载《现代法学》2020 年第 2 期。

96. 柳经纬：《标准与法律的融合》，载《政法论坛》2016 年第 6 期。

97. 龙海明、王志鹏：《征信系统、法律权利保护与银行信贷》，载《金融研究》2017 年第 2 期。

98. 龙卫球：《我国网络安全管制的基础、架构与限定问题——兼论我国〈网络安全法〉的正当化基础和适用界限》，载《暨南学报（哲学社会科学版）》2017 年第 5 期。

99. 卢代富、刘云亮：《社会信用体系属性的经济法认知》，载《江西社会科学》2018 年第 5 期。

100. 鲁楠：《科技革命、法哲学与后人类境况》，载《中国法律评论》2018 年第 2 期。

101. 罗培新：《遏制公权与保护私益：社会信用立法论略》，载《政法论坛》2018 年第 6 期。

102. 马长山：《智慧社会背景下的"第四代人权"及其保障》，载《中国法学》2019 年第 5 期。

103. 马长山：《智能互联网时代的法律变革》，载《法学研究》2018 年第 4 期。

104. 满洪杰：《被遗忘权的解析与构建：作为网络时代信息价值纠偏机制的研究》，载《法制与社会发展》2018 年第 2 期。

105. 梅夏英：《在分享和控制之间：数据保护的私法局限和公共秩序构建》，载《中外法学》2019 年第 4 期。

106. 孟小峰、杜治娟：《大数据融合研究：问题与挑战》，载《计算机研究与发展》2016 年第 2 期。

107. 倪蕴帷:《隐私权在美国法中的理论演进与概念重构》,载《政治与法律》2019 年第 10 期。

108. 聂勇浩、李霞:《迂回策略:监管部门如何破解数字化治理中的协同困境》,载《电子政务》2018 年第 1 期。

109. 宁园:《个人信息保护中知情同意规则的坚守与修正》,载《江西财经大学学报》2020 年第 2 期。

110. 庞正:《法治秩序的社会之维》,载《法律科学》2016 年第 1 期。

111. 彭箫剑:《平台型政府及行政法律关系初论》,载《兰州学刊》2020 年第 7 期。

112. 漆世濠:《多元化信用服务市场发展与信息主体权益保护的权衡——美国信用修复市场监管的矛盾与启示》,载《征信》2018 年第 5 期。

113. 齐爱民:《论个人信息的法律保护》,载《苏州大学学报》2005 年第 2 期。

114. 乔恩·弗罗斯特、莱昂纳多·甘巴科尔塔、黄毅等:《大型科技公司来敲门:金融结构的消融》,载《金融市场研究》2019 年第 9 期。

115. 邱泽奇:《技术化社会治理的异步困境》,载《社会发展研究》2018 年第 4 期。

116. 清华大学中国金融研究中心:《第二届中国消费金融研讨会综述》,载《经济研究》2011 年第 1 期。

117. 任森春、姚然:《欧美国家失信惩戒制度及启示》,载《安徽商贸职业技术学院学报(社会科学版)》2007 年第 3 期。

118. 阮神欲:《民法典视角下个人信息的侵权法保护——以事

实不确定性及其解决为中心》,载《法学家》2020 年第 4 期。

119. 申卫星、刘云:《法学研究新范式:计算法学的内涵、范畴与方法》,载《法学研究》2020 年第 5 期。

120. 沈岿:《社会信用体系建设的法治之道》,载《中国法学》2019 年第 5 期。

121. 沈岿:《因开放、反思而合法——探索中国公法变迁的规范性基础》,载《中国社会科学》2004 年第 4 期。

122. 沈毅龙:《论失信的行政联合惩戒及其法律控制》,载《法学家》2019 年第 4 期。

123. 盛学军:《互联网信贷监管新规的缘起与逻辑》,载《政法论丛》2021 年第 1 期。

124. 司艳、郑祖玄:《非强制性标准与法律》,载《世界经济情况》2006 年第 24 期。

125. 宋华琳:《当代中国技术标准法律制度的确立与演进》,载《学习与探索》2009 年第 5 期。

126. 宋华琳:《风险规制与行政法学原理的转型》,载《国家行政学院学报》2007 年第 4 期。

127. 苏宇:《算法规制的谱系》,载《中国法学》2020 年第 3 期。

128. 谈李荣:《英美银行保密义务的理论渊源及其演进与发展》,载《社会科学研究》2003 年第 6 期。

129. 谭必勇、陈艳:《加拿大联邦政府数据治理框架分析及其对我国的启示》,载《电子政务》2019 年第 1 期。

130. 谭启平、应建均:《强制性标准对合同效力的影响及规范路径》,载《求是学刊》2017 年第 4 期。

131. 谭启平:《符合强制性标准与侵权责任承担的关系》,载《中国法学》2017 年第 4 期。

132. 田培杰:《协同治理概念考辨》,载《上海大学学报(社会科学版)》2014 年第 1 期。

133. 田野:《大数据时代知情同意原则的困境与出路——以生物资料库的个人信息保护为例》,载《法制与社会发展》2018 年第 6 期。

134. 田玉麒:《制度形式、关系结构与决策过程:协同治理的本质属性论析》,载《社会科学战线》2018 年第 1 期。

135. 王冬一、华迎、朱峻萱:《基于大数据技术的个人信用动态评价指标体系研究——基于社会资本视角》,载《国际商务》2020 年第 1 期。

136. 王芳等:《跨部门政府数据共享:问题、原因与对策》,载《图书与情报》2017 年第 5 期。

137. 王珏:《现代社会信任问题的伦理回应》,载《中国社会科学》2018 年第 3 期。

138. 王利明:《和而不同:隐私权与个人信息的规则界分和适用》,载《法学评论》2021 年第 2 期。

139. 王利明:《民法典人格权编的亮点与创新》,载《中国法学》2020 年第 4 期。

140. 王利明:《人格权法的新发展与我国民法典人格权编的完善》,载《浙江工商大学学报》2019 年第 6 期。

141. 王利明:《数据共享与个人信息保护》,载《现代法学》2019 年第 1 期。

142. 王利明:《我国民法典中的人格权制度的构建》,载《法学家》2003 年第 4 期。

143. 王名、蔡志鸿、王春婷:《社会共治:多元主体共同治理的实践探索与制度创新》,载《中国行政管理》2014 年第 12 期。

144. 王瑞雪:《政府规制中的信用工具研究》,载《中国法学》2017 年第 4 期。

145. 王思锋:《网络销售中信用构建与消费者隐私权法律保护的国际经验考察》,载《消费经济》2011 年第 1 期。

146. 王铮、曾萨、安金肖等:《欧盟〈一般数据保护条例〉指导下的数据保护官制度解析与启示》,载《图书与情报》2018 年第 5 期。

147. 魏娜、范梓腾、孟庆国:《中国互联网信息服务治理机构网络关系演化与变迁——基于政策文献的量化考察》,载《公共管理学报》2019 年第 2 期。

148. 温昱:《大数据的法律属性及分类意义》,载《甘肃社会科学》2018 年第 6 期。

149. 吴汉东:《论信用权》,载《法学》2001 年第 1 期。

150. 吴旭莉:《大数据时代的个人信用信息保护——以个人征信制度的完善为契机》,载《厦门大学学报(哲学社会科学版)》2019 年第 1 期。

151. 相丽玲、陈秀兰:《个人征信信息保护研究综述》,载《情报科学》2019 年第 9 期。

152. 肖冬梅、成思雯:《欧盟数据保护官制度研究》,载《图书馆情报工作》2019 年第 2 期。

153. 谢贵春:《金融信息基础设施:功能、层次与制度建构》,载《云南大学学报》2015 年第 5 期。

154. 徐国栋:《客观诚信与主观诚信的对立统一问题——以罗马法为中心》,载《中国社会科学》2001 年第 6 期。

155. 徐清飞:《地方选择性试验及其规制》,载《法学》2014 年第 2 期。

156. 许娟:《中国个人信息保护的权利构造》,载《上海大学学报(社会科学版)》2019 年第 2 期。

157．闫海：《论经济法的风险规制范式》，载《法学论坛》2016
年第 1 期。

158．颜苏：《金融控股公司框架下数据共享的法律规制》，载
《法学杂志》2019 年第 2 期。

159．杨帆：《金融监管中的数据共享机制研究》，载《金融监管
研究》2019 年第 10 期。

160．杨华权、崔贝贝：《论反不正当竞争法中的公共利益——
以网络竞争纠纷为例》，载《北京理工大学学报(社会科学版)》2016
年第 3 期。

161．杨宇焰：《金融科技背景下个人征信权益保护研究》，载
《西南金融》2019 年第 1 期。

162．姚佳：《征信的准公共性与大数据运用》，载《金融法苑》
2018 年第 12 期。

163．姚佳：《中国消费者法理论的再认识——以消费者运动与
私法基础为观察重点》，载《政治与法律》2019 年第 4 期。

164．姚志伟：《公法阴影下的避风港——以网络服务提供者的
审查义务为中心》，载《环球法律评论》2018 年第 1 期。

165．叶名怡：《个人信息的侵权法保护》，载《法学研究》2018
年第 4 期。

166．叶名怡：《论个人信息权的基本范畴》，载《清华法学》2018
年第 5 期。

167．叶世清：《征信：一个法律的悖论》，载《经济体制改革》
2007 年第 1 期。

168．叶正国：《我国网络规制的组织构造及其优化路径》，载
《中国行政管理》2018 年第 9 期。

169. 殷继国:《大数据市场反垄断规制的理论逻辑与基本路径》,载《政治与法律》2019 年第 10 期。

170. 于风霞:《完善社会信用体系促进我国共享经济发展的思考与建议》,载《电子商务》2018 年第 8 期。

171. 于连超:《标准支撑法律实施:比较分析与政策建议》,载《求是学刊》2017 年第 4 期。

172. 余盛峰:《法律的"死亡":人工智能时代的法律功能危机》,载《华东政法大学学报》2018 年第 2 期。

173. 余炫朴、李志强、段梅:《个人信用评分体系比较研究及其当代价值》,载《江西师范大学学报(哲学社会科学版)》2019 年第 4 期。

174. 俞可平:《治理和善治引论》,载《马克思主义与现实》1999 年第 5 期。

175. 詹馥静、王先林:《反垄断视角的大数据问题初探》,载《价格理论与实践》2018 年第 9 期。

176. 张继红:《大数据时代个人信息保护行业自律的困境与出路》,载《财经法学》2018 年第 6 期。

177. 张继红:《个人信用权益保护的司法困境及其解决之道——以个人信用权益纠纷的司法案例(2009—2017)为研究对象》,载《法学论坛》2018 年第 3 期。

178. 张继红:《论我国金融消费者信息权保护的立法完善——基于大数据时代金融信息流动的负面风险分析》,载《法学论坛》2016 年第 6 期。

179. 张凌寒:《风险防范下算法的监管路径研究》,载《交大法学》2018 年第 4 期。

180. 张凌寒:《算法自动化决策与行政正当程序制度的冲突与

调和》,载《东方法学》2020 年第 6 期。

181. 张平:《〈反不正当竞争法〉的一般条款及其适用——搜索引擎爬虫协议引发的思考》,载《法律适用》2013 年第 3 期。

182. 张青波:《自我规制的规制:应对科技风险的法理与法制》,载《华东政法大学学报》2018 年第 1 期。

183. 张守文:《经济法的法治理论构建:维度与类型》,载《当代法学》2020 年第 3 期。

184. 张素华、李雅男:《数据保护的路径选择》,载《学术界》2018 年第 7 期。

185. 张维迎、邓峰:《信息、激励与连带责任——对中国古代连坐、保甲制度的法和经济学解释》,载《中国社会科学》2003 年第 3 期。

186. 张小强:《互联网的网络化治理:用户权利的契约化与网络中介私权力依赖》,载《新闻与传播研究》2018 年第 7 期。

187. 张欣:《数字经济时代公共话语格局变迁的新图景——平台驱动型参与的兴起、特征与机制》,载《中国法律评论》2018 年第 2 期。

188. 张新宝、许可:《网络空间主权的治理模式及其制度构建》,载《中国社会科学》2016 年第 8 期。

189. 张新宝:《个人信息收集:告知同意原则适用的限制》,载《比较法研究》2019 年第 6 期。

190. 张新宝:《我国个人信息保护法立法主要矛盾研讨》,载《吉林大学社会科学学报》2018 年第 5 期。

191. 张圆:《论技术标准的法律效力——以〈立法法〉的法规范体系为参照》,载《中国科技论坛》2018 年第 12 期。

192. 赵宏:《从信息公开到信息保护:公法上信息保护研究的

风向流转与核心问题》，载《比较法研究》2017 年第 2 期。

193. 赵涛:《网络、建构主义与世界 3》，载《南京社会科学》2003 年第 8 期。

194. 赵旭东:《商事信用的界定与制度构成》，载《浙江工商大学学报》2019 年第 5 期。

195. 郑成思:《个人信息保护立法——市场信息安全与信用制度的前提》，载《中国社会科学院研究生院学报》2003 年第 2 期。

196. 郑观:《个人信息对价化及其基本制度构建》，载《中外法学》2019 年第 2 期。

197. 郑彧:《论金融法下功能监管的分业基础》，载《清华法学》2020 年第 2 期。

198. 郑志峰:《通过设计的个人信息保护》，载《华东政法大学学报》2018 年第 6 期。

199. 中国人民银行征信中心与金融研究所联合课题组:《互联网信贷、信用风险管理与征信》，载《金融研究》2014 年第 10 期。

200. 周汉华:《个人信息保护的法律定位》，载《法商研究》2020 年第 3 期。

201. 周汉华:《探索激励相容的个人数据治理之道——中国个人信息保护法的立法方向》，载《法学研究》2018 年第 2 期。

202. 周辉:《平台责任与私权力》，载《电子知识产权》2015 年第 6 期。

203. 周辉:《网络平台治理的理想类型与善治——以政府与平台企业间关系为视角》，载《法学杂志》2020 年第 9 期。

204. 周斯佳:《个人数据权与个人信息权关系的厘清》，载《华东政法大学学报》2020 年第 2 期。

205. 周素萍:《征信国家失信惩戒机制的建立及启示》，载《经济纵横》2007 年第 7 期。

206.朱太辉、龚谨、张夏明：《助贷业务的模式运作、潜在风险和监管演变研究》，载《金融监管研究》2019 年第 11 期。

（三）博士论文类

1.艾茜：《个人征信法律制度研究》，中国政法大学 2006 年博士学位论文。

2.陈鹏飞：《社会信用管理法律制度研究》，西南政法大学 2009 年博士学位论文。

3.韩冰：《信用制度演进的经济学分析》，吉林大学 2005 年博士学位论文。

4.胡大武：《侵害信用权民事责任研究》，西南政法大学 2008 年博士学位论文。

5.李颖：《我国个人信用征信体系研究》，同济大学 2005 年博士学位论文。

6.李士涛：《金融发展中的征信体系功能研究》，辽宁大学 2017 年博士学位论文。

7.鲁良：《失信行为的社会学研究》，武汉大学 2014 年博士学位论文。

8.骆毅：《互联网时代社会协同治理研究》，华中科技大学 2015 年博士学位论文。

9.刘云亮：《失信惩戒法律制度研究》，西南政法大学 2019 年博士学位论文。

10.类延村：《规则之治——社会诚信体系治理模式研究》，西南政法大学 2013 年博士学位论文。

11.尚国萍：《个人信用的民法调整研究》，中国政法大学 2018 年博士学位论文。

12. 夏和国:《吉登斯风险社会理论研究》,首都师范大学 2014 年博士学位论文。

13. 杨咏婕:《个人信息的私法保护研究》,吉林大学 2013 年博士学位论文。

14. 周恒:《网络社群在法治社会建设中的功能研究》,南京师范大学 2019 年博士学位论文。

15. 曾小平:《美国社会信用体系研究》,吉林大学 2011 年博士学位论文。

16. 赵博:《网络环境下信用权民法保护研究》,黑龙江大学 2014 年博士学位论文。

二、外文类参考文献

(一)著作类

1. Alexy, *The Argument from Injustice:A Reply to Legal System*, Oxford:Clarendon Press, 2002.

2. Atiyah, *Essays on Contract*, Oxford:Clarendon Press, 1990.

3. Ayres, Braithwaite, *Responsive Regulation:Transcending the Deregulation Debate*, New York:Oxford University Press, 1995.

4. Bamberger, Mulligan, *Privacy on the Ground:Driving Corporate Behavior in the United States and Europe*, Cambridge:MIT Press, 2015.

5. Cohen, *Between Truth and Power:The Legal Constructions of Informational Capitalism*, Oxford:Oxford University Press, 2019.

6. Cook ed., *Trust in Society*, New York:Russell Sage

Foundation, 2001.

7. Cunha, *Market Integration Through Data Protection: An Analysis of the Insurance and Financial Industries in the EU*, Dordrecht: Springer, 2013.

8. Ellul, *The Technology Society*, New York: Vintage Books, 1964.

9. Evans, Hagiu, Schmalensee R., *Invisible Engines: How Software Platforms Drive Innovation and Transform Industries*, Cambridge: The MIT Press, 2006.

10. Ezrachi, Stucke, *Virtual Competition: The Promise and Perils of the Algorithm-driven Economy*, Massachusetts: Harvard University Press, 2016.

11. Frischmann, *Infrastructure: The Social Value of Shared Resources*, New York: Oxford University Press, 2012.

12. Giddens, *Modernity and Self-Identity: Self and Society in the Late Modern Age*, Cambridge: Polity Press, 1991.

13. Goldsmith, Eggers, *Governing by Network-the New Shape of Public Sector*, Washington: Brookings Institution Press, 2004.

14. Habermas, *Communication and the Evolution of Society*, Oxford: Polity Press, 1979.

15. Alt and Shepsle ed., *Perspectives on Positive Political Economy*, Cambridge: Cambridge University Press, 1990.

16. Lauer, *Creditworthy: A History of Consumer Surveillance and Financial Identity in America*, New York: Columbia University Press, 2017.

17. Lynskey, *The Foundations of EU Data Protection Law*,

Clarendon：Oxford University Press，2015.

18. Miller，*Credit Reporting Systems and the International Economy*，London：MIT Press，2003.

19. Morris，*Rethinking Risk and the Precautionary Principle*，Oxford：Butterworth-Heinemann，2000.

20. OECD，*Public-Private Partnerships：In Pursuit of Risk Sharing and Value For Money*，Paris：OECD Publishing，2008.

21. Raz，*The Morality of Freedom*，Oxford：Clarendon Press，1988.

22. Rosenblatt，*Credit Data and Scoring：The First Triumph of Big Data and Big Algorithms*，London：Academic Press，2020.

23. Rothman，*The Right of Publicity：Privacy Reimagined for a Public World*，Cambridge，Massachusetts：Harvard University Press，2018.

24. Scott，*Organizations：Rational，Natural and Open Systems*，New Jersey：Prentice Hall，2003.

25. Shapiro，Glicksman，*Risk Regulation at Risk：Restoring a Pragmatic Approach*，California：Stanford University Press，2003.

26. Tapscott，Tapscott，*Blockchain Revolution：How the Technology Behind Bitcoin is Changing Money，Business and the World*，New York：Penguin，2016.

27. Thylstrup，*The Politics of Mass Digitization*，Cambridge：The MIT Press，2018.

28. Westin，*Privacy and Freedom*，New York：Atheneum，1967.

（二）论文类

1. Aitken, *"All Data is Credit Data"*: *Constituting the Un-banked*. Competition and Change 21, 2017.

2. Akerlof, *The Market for "Lemons" Qualitative Uncertainty and the Market Mechanism*. The Quarterly Journal of Economics 84, 1970.

3. Alqudah, *Bank's Duty of Confidentiality in the Wake of Computerized Banking*. Journal of International Banking Law 10, 1995.

4. Benkler, *Law, Innovation, and Collaboration in Networked Economy and Society*. Annual Review of Law and Social Science 13, 2017.

5. Berberich, Steiner, *Blockchain Technology and the GDPR-How to Reconcile Privacy and Distributed Ledgers*. European Data Protection Law Review 2, 2016.

6. Berger, Udell, *Lines of Credit and Relationship Lending in Small Firm Finance*. Journal of Business 68, 1995.

7. Bradford, *Full Data-sharing Could Stem Over-indebtedness Concerns*. Credit Risk International 11, 2004.

8. Bumacov, Ashta, Singh, *Credit Scoring: A Historic Recurrence in Microfinance*. Strategic Change 26, 2017.

9. Campbell-Verduyn, Goguen, Porter, *Big Data and Algorithmic Governance: The Case of Financial Practices*. New Political Economy 22, 2017.

10. Cerny, *The dynamics of Financial Globalization: Technology, Market Structure, and Policy Response*. Policy Sciences

27，1994.

11. Cinnamon，*Social Injustice in Surveillance Capitalism*. Surveillance and Society 15，2017.

12. Citron，Pasquale，*The Scored Society：Due Process for Automated Predictions*. Washington Law Review 89，2014.

13. Diamond，*Monitoring and Reputation：The Choice between Bank Loans and Directly Placed Debt*. Journal of Political Economy 99，1991.

14. Elkin-Koren，Salzberger，*Law and Economics in Cyberspace*. International Review of Law and Economics 19，1999.

15. Ellul，*The Technology Order*. Technology and Culture 3，1962.

16. Emerson，Nabatchi，Balogh，*An Integrative Framework for Collaborative Governance*. Journal of Public Administration Research and Theory 22，2012.

17. Farrell，Weiser，*Modularity，Vertical Integration，and Open Access Policies：Towards Convergence of Antitrust and Regulation in the Internet Age*. Harvard Journal of Law and Technology 17，2003.

18. Ferretti，*Re-thinking the Regulatory Environment of Credit Reporting：Could Legislation Stem Privacy and Discrimination Concerns?* Journal of Financial Regulation and Compliance 14，2006.

19. Ferretti，*The "Credit Scoring Pandemic" and the European Vaccine：Making Sense of EU Data Protection Legislation*. Journal of Information，Law and Technology 1，2009.

20. Ferretti, *The Legal Framework of Consumer Credit Bureaus and Credit Scoring in the European Union: Pitfalls and Challenges-Overindebtedness, Responsible Lending, Market Integration, and Fundamental Rights.* Suffolk University Law Review XLVI, 2013.

21. Fuller, Perdue, *The Reliance Interest in Contract Damages.* Yale Law Journal 46, 1936.

22. Guinchard, *Taking Proportionality Seriously: The Use of Contextual Integrity for a More Informed and Transparent Analysis in EU Data Protection Law.* European Law Journal 24, 2018.

23. Harel, *What Demands are Rights? An Investigation into the Relations between Rights and Reasons.* Oxford Journal of Legal Studies 17, 1997.

24. Hertza, *Fighting Unfair Classifications in Credit Reporting: Should the United States Adopt GDPR-inspired Rights in Regulating Consumer Credit.* New York University Law Review 93, 2018.

25. Hooman, Marthandan, Yusoff, Omid, Karamizadeh, *Statistical and Data Mining Methods in Credit Scoring.* The Journal of Developing Areas 50, 2016.

26. Howells, *Data Protection, Confidentiality, Unfair Contract Terms, Consumer Protection and Credit Reference Agencies.* Journal of Business Law 4, 1995.

27. Hurst, *Sharing Performance Data through Credit Reference Agencies: Levelling the Playing Field.* Credit Management, 1998.

28. Jappelli, Pagano, *Information Sharing, Lending and De-*

faults：*Cross-Country Evidence*. Journal of Banking and Finance 26，2002.

29. Keast，Brown，Mandell，*Getting the Right Mix*：*Unpacking Integration Meaning and Strategies*. International Public Management Journal 10，2007.

30. Levmore，*Unifying Remedies*：*Property Rules*，*Liability Rules*，*and Startling Rules*. Yale Law Journal 106，1997.

31. Lewis，Weigert，*Trust as a social reality*. Social Forces 63，1985.

32. LeBaron，Carstarphen，*Negotiating Intractable Conflict*：*The Common Ground Dialogue Process and Abortion*. Negotiation Journal 13，1997.

33. Moore，*Law and Social Change*：*The Semi-Autonomous Social Field as an Appropriate Subject of Study*. Law and Society Review 7，1973.

34. Nimmer，*The Right of Publicity*. Law and Contemporary Problems 19，1954.

35. Oliver，*Determinants of Interorganizational Relationships*：*Integration and Future Directions*. Academy of Management Review 15，1990.

36. Onay，Öztürk，*A Review of Credit Scoring Research in the Age of Big Data*. Journal of Financial Regulation and Compliance 26，2018.

37. Pollman，Barry，*Regulatory Entrepreneurship*. Southern California Law Review 90，2017.

38. Posner，*Law*，*Economics*，*and Inefficient Norms*. Uni-

versity of Pennsylvania Law Review 144, 1996.

39. Putnam, *The Prosperous Community: Social Capital and Public Life*. American Prospect 4, 1993.

40. Raz, *Rights and Individual Well-being*. Ratio Juris 5, 1992.

41. Richman, *Firms, Courts, and Reputation Mechanisms: Towards a Positive Theory of Private Ordering*. Columbia Law Review 104, 2004.

42. Sarat, Grossman, *Courts and Conflict Resolution: Problems in the Mobilization of Adjudication*. The American Political Science Review 69, 1975.

43. Shackelford, *Toward Cyberpeace: Managing Cyberattacks through Polycentric Governance*. American University Law Review 62, 2013.

44. Sreenivasan, *A Hybrid Theory of Claim Rights*. Oxford Journal of Legal Studies 25, 2005.

45. Stiglitz, Weiss, *Credit Rationing in Markets with Imperfect Information*. The American Economic Review 71, 1981.

46. Victor, *The EU General Data Protection Regulation: Toward a Property Regime for Protecting Data Privacy*. Yale Law Journal 123, 2013.

47. Werbach, *The Song Remains the Same: What Cyberlaw Might Teach the Next Internet Economy*. Florida Law Review 69, 2017.

48. Winn, *The Secession of the Successful: The Rise of Amazon as Private Global Consumer Protection Regulator*. Arizona

Law Review 58，2016.

49. Zarsky，*Understanding Discrimination in the Scored Society*. Washington Law Review 89，2014.

50. Zech，*A Legal Framework for A Data Economy in the European Digital Single Market：Rights to Use Data*. Journal of Intellectual Property Law and Practice 11，2016.

后　记

　　平台企业生产个人信用分与利用个人信用分开展数字信用共治，是源于中国本土需求的特殊信用治理机制。本书尝试从历史视角分析个人信用分的形态与功能，梳理其基本流程与实践样态，提出其具有征信的本质属性。在宏观层面，本书力图廓清与透视个人信用分对传统征信规制理论的冲击，有针对性地继承与更新征信规制理论基础，使其能够为本土的数字信用共治实践提供理论支撑。⑭在微观层面，本书尽可能准确地勾勒出个人信用分法律机制的抽象轮廓，填补个人信用分法律机制的核心制度与配套措施，构建相对完整的法律规范体系。

　　个人信用分是平台规范化治理的一个缩影，其伴随消费信用的发展而产生，相比平台的其他个人信用治理机制而言，例如消费者画像、消费者标签、区块链存证，是更为成熟的机制。正如本书力图阐释的，信用由社会培育并随社会变迁而演化，设立稳定的征

---

⑭　当前，经济法领域的数字经济治理研究存在的一个重要问题是缺乏系统的理论支撑。参见张守文：《经济法的法治理论构建：维度与类型》，载《当代法学》2020 年第 3 期。

信法律规范在某种程度上是难以一蹴而就的工作。个人信用分只是信用治理机制当中的一种具体手段。其在从商事惯例向正式征信的转化中,可能保持与当前无异的独立外在形态,也可能被其他信用治理工具所吸收。然而,大数据与人工智能技术的发展不会倒退,个人信用治理与大数据应用的关系只会日益紧密。本书提出的个人征信规制理论与具体制度建立在大数据应用的基础上,具有应对技术发展的制度前瞻性,将能为个人信用治理领域的大数据应用指明应有的发展方向。经过分析与论证,本书得出以下结论:

第一,个人信用分存在合理性问题。个人信用分起源于缓解网络交易信息不对称的商业需求。在数字信用共治的历史背景下,个人信用分又从网络空间迈向社会领域。随着平台成为数字社会的新生规制力量,个人信用分尽管在经济领域具有一定的权威性,亦被用于社会信用治理,却并不构成具有公信力的信用评价。个人信用分的"形式合理性"与"实质合理性"之间存在冲突。

第二,个人信用分存在利益冲突问题。大数据和人工智能技术的应用深刻地改变了征信的运行方式,导致传统的征信规制机理在作用于个人信用分时往往力所不逮。随着"数字要素市场"概念的提出,个人征信的规制理念已从"单纯强调信息保护"升级为"信息保护与信息利用并重"。然而,个人征信规制原则的长期缺位以及个人征信制度与大数据应用的衔接不畅,使得既有制度难以发挥激励作用,甚至可能成为制约因素。一个突出的表现就是在个人信用分的生产与运用活动中,征信公共利益、平台经济利益、个人信息权益三者之间呈现出日益紧张的冲突关系,难以通过现行个人征信法律制度获得调和。

第三,基于信用治理具有融合渐进的特征,个人征信制度必须在保持核心规范稳定的前提下,正视与回应该特征带来的挑战。为此,在继承与更新个人征信规制机理时应该坚守以下立场:(1)坚守保护信息弱者的宗旨,建立向信息弱者倾斜的法律机制,纠正新型征信活动中日益严重的信息不对称与市场自发机制失灵问题,消除不当信息处理行为的负外部性。(2)发挥激励技术发展的功能,将信用评价算法应用及其带来的风险一并纳入征信法律机制,与数字时代相得益彰。(3)重视市场竞争的价值,加快研究与技术风险相配的主体资质条件,逐步放开个人征信的严格管制,形成博弈均衡的市场结构。三个维度贯穿于个人信用分从生产到运用的全过程,并各有侧重地体现在信息收集、评分生成与评分应用环节。

第四,在信息获取环节,应遵循的制度理念包括:(1)引入情境完整性理论,在应用情境中定义个人信息或信息组合是否具有评价个人信用的属性、功能、价值与相应的风险。(2)利用个人信息保护制度促进信息处理公法规范与私法规范的衔接。相应的制度内容包括:(1)征信领域的信息处理原则应当包括风险最小、必要、客观三项特殊原则,也包括《个人信息保护法》规定的一般性个人信息保护原则。特别原则与一般原则的关系是:当同时涉及风险最小原则与最小化原则时,优先适用前者;特别原则中的必要原则相较于一般原则中的必要原则更为严格;客观原则是仅适用于征信领域的特别原则。(2)以被评价者同意以及法律明确规定的特定公共利益作为征信领域信息处理合法基础。(3)通过三个步骤检验平台企业能够处理与不能处理的信息类型。(4)当平台企业生产个人信用分的信息来源于政府部门时,应适用强化信息处理者义务的信息处理规则。

第五,在评分生成环节,产品责任与算法规制融通的规制理念要求构建以信用评价算法规制制度为核心、以信用评价算法产品责任制度为辅助、以基金制度为补充的多级法律机制：(1)信用评价算法规制制度着眼于在算法全生命周期中，保护被评价者的知情、查询、异议、纠错权益与预期财产利益，包括算法检测与认证程序、算法风险评估程序、信用评分异议与修复程序、算法行政备案程序、算法审计程序五方面内容。(2)信用评价算法产品责任制度在信用评价算法缺陷的识别认定准据与举证责任分配两个方面有别于产品责任制度的一般规则。其中，信用评价算法规制制度为产品责任制度提供算法缺陷的检测时点，降低算法缺陷的认定困难。平台可利用信用评价算法规制的各项规定，做出有利于己的证明。(3)除了上述主要的法律机制以外，还可合理地引入一些补充机制。由于责任保险制度难以适用于征信领域，可考虑设立信用评价算法致害救济基金。此类基金是参考医疗人工智能产品的救助机制而创设，目的在于分散信用评价算法对被评价者利益带来的风险。

第六，在评分应用环节，个人征信市场的新型治理机制包括：(1)在事前监管环节，应当将符合条件的平台通过立法明确为数字市场的基础设施，妥善地设计监管活动中各主体的权限、义务、责任内容。(2)在事中干预环节，充分发挥行业协会、征信机构、消费者保护团体、信用评价算法审计机构等多元主体的监督作用。(3)在事后处罚环节，应当由个人信息保护管理部门、金融监督管理部门、市场监督管理部门、反垄断执法部门紧密配合，综合运用各类监管工具，构建新型市场监管框架。

本书研究仍存在不足之处，很大程度上源于个人信用治理的复杂性。在数字信用共治的历史背景下，个人信用分具备一定的国家属性，需要遵循国家治理的基本逻辑。个人信用治理机制中呈现的征信公共利益、平台经济利益、个人信息权益紧张关系,与国家治理的内在逻辑基调至少在三个层面上密切相关。第一,社会信用体系庞大,主体多元。这意味着,个人信用分的法律规制不仅需要从法律制度层面展开,还需要嵌入其他社会关联机制,形成协调的规范体系与提供充足的演化空间,以确保国家治理体系与治理能力现代化目标的实现。第二,随着人类技术能力的不断提升,人工智能、区块链、大数据等深入开发必然带来更多的技术应用空间与技术规制难题。需要在确保经济法核心规范安定性的基础上,考量已知的与潜在的风险因素,随经济与社会发展而适时调整法律机制。第三,个人信用分的法律规制困境,本质上是生产方式从工业革命向数字经济变迁过程中的利益平衡问题。数据和算法的经济价值归属难以达成理论与实务共识,背后的问题则是法学领域在厘清数据法律属性、完善数据基础制度等基本问题上有待形成统一的学术话语。

基此,本书研究内容的取舍受到一定影响,易因技术与理论持续发展面临研究难以周延的问题。同时,信用的跨学科属性亦为从单一学科视角研究带来一定的难度。本书的研究仅是开始,希望能够为社会信用建设做出微薄的贡献。随着社会信用治理的不断完善,对于以个人信用分为代表的现代信用治理而言,研究空间与研究视野也必将更为宽广。

本书是在我的博士学位论文基础上修订而成的,能够得到上海师范大学与上海人民出版社的大力支持并呈现在读者面前,实在非常幸运。在此,感谢我的博士导师盛学军教授。感谢我的学术引路人马长山教授、蒋传光教授、马英娟教授、刘作翔教授、岳彩申教授、卢代富教授、张怡教授、唐烈英教授、江帆教授、许明月教授、王煜宇教授、邓纲教授、叶明教授、胡元聪教授、王怀勇教授、胡大武教授、黄茂钦教授、李玉虎教授、李满奎教授、万江教授、陈步雷教授、胡凌教授、杨知文教授、张欣副教授、刘志伟副教授等诸位师长。本书的部分内容曾在《重庆大学学报(社会科学版)》《大连理工大学学报(社会科学版)》《现代经济探讨》《电子政务》《南京社会科学》等刊物发表,在此一并对相关刊物的编辑老师致以诚挚谢意。此外,文稿虽几经易稿,但是难免会有瑕疵和疏漏,很多观点仍需推敲和斟酌,欢迎学界各位同仁批评指正。

最后,感谢上海人民出版社冯静编辑等诸位老师对本书出版细致入微和不辞辛苦的工作。

图书在版编目(CIP)数据

个人信用分：平台企业大数据应用的法律规制/蒋
传光主编；杨帆著.—上海：上海人民出版社，2023
ISBN 978-7-208-18012-3

Ⅰ.①个… Ⅱ.①蒋… ②杨… Ⅲ.①网络企业-数
据处理-法律-研究-中国 Ⅳ.①D922.84

中国版本图书馆 CIP 数据核字(2022)第 204394 号

责任编辑 冯 静
封面设计 一本好书

个人信用分
——平台企业大数据应用的法律规制
蒋传光 主编
杨 帆 著

出 版 上海人民出版社
 (201101 上海市闵行区号景路 159 弄 C 座)
发 行 上海人民出版社发行中心
印 刷 上海商务联西印刷有限公司
开 本 635×965 1/16
印 张 18.5
插 页 4
字 数 212,000
版 次 2023 年 5 月第 1 版
印 次 2023 年 5 月第 1 次印刷
ISBN 978-7-208-18012-3/D·4034
定 价 88.00 元